U0603597

权威·前沿·原创

皮书系列为
"十二五""十三五"国家重点图书出版规划项目

新兴经济体蓝皮书
BLUE BOOK OF
EMERGING ECONOMY

金砖国家发展报告
（2017）

ANNUAL REPORT ON BRICS DEVELOPMENT
(2017)

机制完善与成效提升

顾　问／于洪君　刘承功
主　编／林跃勤　周　文
副主编／刘文革　蔡春林

社会科学文献出版社
SOCIAL SCIENCES ACADEMIC PRESS（CHINA）

图书在版编目（CIP）数据

金砖国家发展报告. 2017：机制完善与成效提升 /
林跃勤，周文主编 . -- 北京：社会科学文献出版社，
2017. 8

（新兴经济体蓝皮书）

ISBN 978 - 7 - 5201 - 1162 - 1

Ⅰ.①金…　Ⅱ.①林…②周…　Ⅲ.①世界经济 - 经
济发展 - 研究报告 - 2017②社会发展 - 研究报告 - 世界 -
2017　Ⅳ.①F112②D569

中国版本图书馆 CIP 数据核字（2017）第 185090 号

新兴经济体蓝皮书

金砖国家发展报告（2017）

——机制完善与成效提升

主　　编 / 林跃勤　周　文
副 主 编 / 刘文革　蔡春林

出 版 人 / 谢寿光
项目统筹 / 周　丽　王玉山
责任编辑 / 王玉山

出　　版 / 社会科学文献出版社·经济与管理分社（010）59367226
　　　　　　地址：北京市北三环中路甲 29 号院华龙大厦　邮编：100029
　　　　　　网址：www. ssap. com. cn
发　　行 / 市场营销中心（010）59367081　59367018
印　　装 / 北京季蜂印刷有限公司

规　　格 / 开本：787mm × 1092mm　1/16
　　　　　　印张：21.25　字数：319 千字
版　　次 / 2017 年 8 月第 1 版　2017 年 8 月第 1 次印刷
书　　号 / ISBN 978 - 7 - 5201 - 1162 - 1
定　　价 / 89.00 元

皮书序列号 / PSN B - 2011 - 195 - 1/1

新兴经济体蓝皮书编委会

主要编撰者简介

林跃勤 湖南人，经济学博士，研究员，毕业于俄罗斯国立圣彼得堡大学。现任中国社会科学杂志社国际二部主任，中国社会科学院研究生院硕士生导师，MBA 导师。主要学术兼职有：金砖国家智库理事会中方理事、中国社会科学院经济研究所经济发展与转型研究中心副秘书长、新兴经济体研究会常务理事兼副秘书长、中国发展战略学研究会经济发展专业委员会副主任、拉丁美洲研究会常务理事。近年，主持完成国家社会科学基金项目、中国社会科学院国情调研项目、中纪委委托课题、人社部委托课题等多项，同时参与国家社会科学基金重大招标课题等多项。在国内外学术期刊上发表论文数十篇，出版译著、编著多部。主要研究方向为国际经济、转型经济等。

周　文 重庆人，现任复旦大学中国研究院常务副院长，兼任世界政治经济学会常务理事，中国新兴经济体研究会常务理事，中国经济规律研究会常务理事，中国社会科学院全球治理研究中心研究员、经济转型与发展研究中心副理事长。2012 年在墨西哥荣获"世界政治经济学杰出成果奖"，主要从事政治经济学、发展经济学、金砖国家经济发展、中国经济发展与转型研究，先后发表学术论文 100 多篇，出版有《分工、信任与企业成长》等著作。

刘文革 黑龙江人，博士，教授，博士生导师。2008 年入选教育部新世纪优秀人才、北京市宣传系统"四个一批"人才。2000 年在吉林大学获得世界经济博士学位，其后又在辽宁大学、中央财经大学从事博士后科研工作，现为浙江工商大学特聘教授。长期致力于转型经济、经济体制的比较制度分析、中国宏观经济等领域的研究，尤其对转型国家改革与发展模式比较、金砖国家经济发展与经贸合作等方面长期进行理论跟踪和研究，取得了丰硕成果。主要学术兼职：中国经济发展研究会常务理事、中国世界经济学会团体会员负责人、中国数量经济学会理事等。出版专著3部，在《经济研究》等期刊上发表多篇论文。主持国家社会科学基金、国家自然科学基金、教育部社会科学基金等课题多项，获3项省部级科研奖项。

蔡春林　浙江瑞安人，经济学博士，广东工业大学经济与贸易学院教授，新兴经济体论坛秘书长。现任金砖国家智库合作中方理事会理事，广东工业大学金砖国家研究中心主任、新兴经济体研究所所长、校学术委员会副主任、校本科教学指导委员会副主任，中国新兴经济体研究会常务理事兼副秘书长，中国拉丁美洲学会常务理事，中国世界经济学会理事，广东省新兴经济体研究会会长兼"一带一路"研究院院长，广州市天河区第九届人大代表。

2005年以来致力于金砖国家经济与贸易、投资与产业合作研究，在国内外学术刊物上发表论文55篇，出版著作17部，主持国家社科基金项目2项、省部级项目6项，负责广东省级重点平台和学校重点平台各1项。近年来有7项研究成果荣获省部级奖，其中《金砖四国经贸合作机制研究》获得2009年北京市优秀博士学位论文称号。

摘　要

合作是全球化、信息化时代的主旋律，也是每一个参与主体借力发展的强劲引擎。积极参与各种合作机制成为各个国家和地区加速自身发展的重要选择。对于后发国家而言，借助合作红利弥补发展短板是加速发展和后发赶超的关键因素。但集体合作机制成效既是机制参与者付出与收获的结果，也是影响和决定该机制存在、发展及前途命运的因素。

金砖国家致力于借助合作优势实现共享发展，其合作机制业已走过十余年历程，不断拓展、巩固、强化，如金砖国家新开发银行和应急储备基金已经设立并运行，开始为金砖国家的重要建设项目提供金融产品和为金融稳定提供支持；金砖国家连续成功举办了8届峰会以及一系列的部长级会晤，建立了其他领域和层次的会晤和交流机制，为金砖国家重大合作奠定了稳固基础；金砖国家共同参与成立亚投行、促进了参与者彼此互补优势的发挥以及增长；金砖国家通过协商机制在诸多国际问题上协调立场，提升了在国际舞台的话语权；等等。但也得承认，金砖合作机制并未取得令人满意的成效，合作机制本身尚不成熟稳固，机制化、法制化不足，导致其稳定性、可预期性及效率性不高等，均是金砖国家合作机制面临的困境和挑战。因此，深入探讨集体合作机制建设与合作效率之间的内在规律以及通过机制建设达到提升合作成效的机理与途径，就成为成长中的金砖国家合作机制研究的焦点以及创新、成熟发展实践的核心问题。

本报告在对金砖国家合作机制及其对经济社会发展所产生的推动作用进行回顾的基础上，对创新该合作机制对于提升集体合作成效、提高合作机制生命力、竞争力和影响力的重大意义、存在的挑战和短板、应取的对策思路等进行分析，还对"金砖五国"经济发展最新态势及参与全球经济治理状况进行了分析。

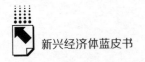

本报告分为总报告、国别报告及专题报告三大部分。

总报告"金砖国家合作机制完善与合作成效提升"在分析合作机制及其对合作效能的影响机理相关文献的基础上，分析了金砖国家合作机制建设动因、变化轨迹、成就以及深化合作机制、提升合作成效存在的挑战和基本路径。报告认为，合作机制建设成为合作组织稳定巩固、发展壮大、获取并分享合作红利的关键因素。过去十余年务实合作推动了金砖国家的共享发展，但也遇到合作机制不够健全、创新滞后，对全面务实合作保障促进不够有力、效率不尽如人意等问题。为此，报告建议要提高战略共识，全方位推进作机制化建设，将机制化建设作为未来金砖国家全面务实合作的有机组成部分，启动包括建设秘书处、扩员规则、合作协议、商讨、执行及监测程序、争端仲裁等制度化建设进程，以提高合作机制稳定性、效率性和可持续性。中国尤应利用担任 2017 年第九次金砖峰会主席国契机，发挥机制创设倡导者的积极作用，推动金砖合作机制完善和合作效率提升。

"巴西推进金砖国家务实合作的政策措施"分析了希望在国际事务中发挥重要影响的巴西大国梦想以及为此一直采取的多边主义外交策略的演变过程；21 世纪以来巴西积极参与并通过与金砖国家扩大合作以确立和实现在拉美地区的领导地位和更高国际地位的战略目标，如巴西通过成功举办两场金砖峰会主场外交，在金融、贸易、气候变化、互联网治理等议题上向世界传递了"巴西声音"，巴西还对推动金砖国家合作机制化建设发挥积极作用。

"俄罗斯对金砖国家的政策态度、利益诉求及其根源"基于对俄罗斯冷战后的外交政策变迁梳理这一基点，分析俄罗斯对待金砖国家的政策态度演变，推动金砖国家合作机制建设的行为及其金砖国家外交背后的利益诉求及根源。

"印度在促进金砖国家合作机制建设中的角色地位"分析了印度当前发展态势和特点，印度致力于提升全球经济地位、通过金砖国家合作机制增强实力、推动构建全球经济新秩序的愿景，同时分析了印度在促进金砖国家合作机制建设中面临的主要问题，并展望了未来印度提升在金砖国家合作机制中的地位的前景。

　　"中国：从发展引领到合作引领"分析了当前中国经济发展趋势及在全球经济中的引领作用，分析了中国在全球经济治理中的地位提升及未来进一步强化中国在全球经济治理体系中的角色地位的基本方向。

　　"南非参与金砖国家合作的政策考量"分析了南非近年来提出的参与国际合作的"泛非主义"和"南南合作"两大核心原则和追求大国地位的外交诉求，以及因经济连年低速缓慢增长和连续出现执政党危机、经济滑坡等不利事件对南非参与金砖国家外交、提升参与全球治理地位的挑战，提出了中国加强与南非在金砖国家框架下的合作的三个基本方向。

　　"金砖国家合作回顾与总结"总结了金砖国家合作在推动全球金融治理体系改革方面取得的丰硕成果及其内在原因，提出未来推进金砖国家合作机制建设需要坚持的三大基本方向，即要秉承"和而不同"理念，深化金砖国家合作机制的包容性与互惠性；要务实推进金砖国家经济合作、政治互信和文化交流；通过与发达国家密切合作渐进式推动全球经济治理体系改革。

　　"金砖国家内外三种维度合作及政策建议"通过分析金砖国家机制存在的内部合作、"南南合作"、"南北合作"三种维度关系后指出，内部合作是合作组织的基础和凝聚核心，"南南合作"是自身可持续发展的依靠和源泉，"南北合作"是发挥影响力解决发展困境的现实要求；提出金砖国家保持战略互信和定力应以强化内部关系为基础，深化和做实现有合作机制，并奉行开放合作主义，探索以"金砖＋"方式，整体统一对外进行同心圆式合作，与现有多边、区域合作机制平台积极开展互动。

　　"全球治理创新中的金砖国家：角色、作用及策略"认为，随着近年来各种全球性问题的增多，现有全球治理体系与决策模式亟待创新并呼唤更多的新兴力量共同参与，"金砖五国"在事关人类共同利益和维护发展中国家权益等问题上共同发声、相互协作、密切配合，为全球治理体系的改革做出积极贡献并取得了实质性成果。

　　"金砖国家参与全球治理变革的机制建设"指出，面对目前全球治理呈现出的整体"失灵"状态，金砖国家应该通过加强共赢性合作机制建设、全球治理新理念普及机制建设、全球治理新模式合作机制建设，团结广大发

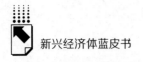

展中经济体,推动全球治理理念更新、治理主体和对象多样化、决策方式民主化、治理手段市场化等在全球治理变革竞争中胜出。

"金砖国家参与全球治理变革的条件、进展及影响"分析了金砖国家推动全球治理变革中存在的不确定性、与传统国际秩序竞争、需要面对自身机制化与能力建设、成员间利益与理念冲突、金砖国家共同体理念形成难等挑战,以及协调立场深化合作成为塑造 21 世纪全球治理领域的新的力量的愿景和前途。

"金砖国家框架下的双边与多边合作研究:基于中国视角"认为,在复杂世界形势下,金砖国家坚定信心、推动双边和多边合作,共同应对全球危机和挑战,成为世界经济中流砥柱和国际合作典范,还基于中国发展经验及在金砖国家中的规模效应,从中国视角来构建金砖国家框架下的双多边合作范式,有助于指导未来金砖国家框架下的多边合作。

"浅析金砖国家贸易投资合作机制"回顾了金砖国家贸易投资合作机制已取得的成就,剖析了深化经贸投资合作存在的基础条件薄弱、规制环境不佳及各方的战略偏差等困境,提出了进一步推进贸易投资合作需要增进互信建设、发展互补贸易、改善国内规制、扩大多边合作立场协调及从双边和多边入手进行合作机制建设等建议。

"金砖国家经贸合作前景展望"总结了 10 年来金砖国家合作机制变迁过程与成果,讨论了未来金砖国家为打造"一体化大市场"而亟须重点落实的构建"一体化大市场"的新方向及相关问题。

"金砖国家独立评级机构初探"从国际政治经济学视角,论述主权信用评级的含义与影响,并介绍了西方三大评级机构及金砖国家本土评级机构发展历程与现状,初步讨论了建立金砖国家独立评级机构的必要性与可行性并提出了相应政策建议。

"新形势下金砖国家合作前景展望"在回顾了金砖国家首脑峰会成果的基础上从全球经济治理、宏观经济调控、国际货币体系改革等方面考察了金砖国家尤其是中国取得的成就,讨论并提出了新形势下金砖国家在国际金融领域、国际贸易领域的合作机制创新、智库建设和其他可能领域深化合作的政策建议。

Abstract

Cooperation is the main theme of the globalization and information age as well as a powerful engine driving the development of every participant. Actively participating in all kinds of cooperation mechanisms has become a significant way for every nation and region to speed up its development.

Compensating for weakness in development through cooperation is crucial for late-developing nations to speed up development, and catch up with and even surpass advanced nations. The effects of collective cooperation mechanisms are both the results of the participants' efforts and critical factors which affect the existence, development and future of these mechanisms.

BRICS nations have dedicated themselves to achieving shared development through cooperative advantages. The BRICS cooperation mechanisms have been broadened, consolidated and strengthened for over 10 years. The BRICS New Development Bank and the BRICS Contingency Reserve Arrangement have been established, providing financial products to major construction projects in BRICS nations and supporting the financial stability of these nations. BRICS Summits have been successfully held for 8 years and a series of ministerial-level meetings have also been held. Meetings and communication mechanisms of multiple fields and levels have been established, laying a solid foundation for BRICS cooperation on major issues.

The Asian Infrastructure Investment Bank (AIIB), of which all BRICS nations are members, promotes the exploitation and development of the complementary advantages among AIIB members. BRICS nations coordinate their positions on many international issues through the cooperation mechanism, enhancing their voices on the international stage.

However, we must admit that BRICS cooperation mechanisms are far from satisfying. The immaturity and weak internal governance of the BRICS

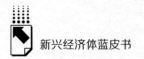

cooperation mechanisms have presented it with the challenges of instability, unpredictability and insufficiency. Therefore, the connections between the construction of a collective cooperation mechanism and cooperation efficiency should be explored. And the process of and the approaches to enhance cooperation effects through mechanism construction should also be studied. All these issues have become the focus of studies on the BRICS cooperation mechanism as well as the major subjects for innovating and refining BRICS cooperation practices.

Based on reviews of BRICS cooperation mechanisms and their influence on the social and economic development, this report analyzes the importance of innovatingthese mechanisms in terms of elevating the effects of collective cooperation and enhancing the vitality, competitiveness and influence of the BRICS cooperation mechanisms. In addition, the report also analyzes the existing challenges and weaknesses of the BRICS cooperation mechanisms and provides possible solutions. The latest condition of economic development in BRICS nations and BRICS' participation in global economic governance all attract the authors' attention.

This report is comprised of three parts: a general report, five country reports and ten special reports.

The general report "Improving BRICS Cooperation Mechanisms and Promoting Cooperation Achievements" analyzes the motives, changing process and achievements of the construction of the BRICS cooperation mechanisms. In addition, the general report also pays attention to the challenges in strengthening the mechanisms and enhancing the effects of cooperation, providing possible ways of achieving these goals.

The report suggests cooperation mechanism construction has become crucial in solidifying and developing BRICS as well as creating and sharing the dividends of cooperation. Practical cooperation in the past ten years and more has promoted shared development in BRICS. However, problems also exist, includingimperfect cooperation mechanisms, lagging innovation, inadequate support and low efficiency. Hence, the report suggests BRICS should enhance strategic consensus and promotecomprehensive construction ofcooperation mechanisms, which should be an integral part of comprehensive and practical cooperation among BRICS nations. Construction of organizational mechanisms should be initiated, including the establishment of a secretariat, rules for recruiting new members, cooperation agreements, procedures of discussion, implementation and monitoring and dispute resolution. In this way, the stability, efficiency and sustainability of the BRICS cooperation mechanism may be improved. In particular, China should seize the opportunity of its presidency of the 2017 BRICS Summit to promote the construction of BRICS cooperation mechanisms and enhance the efficiency of cooperation, demonstrating its active role in advocating mechanism innovation.

The chapter "Brazil's Policies and Measures to Promote Practical Cooperation among BRICS Countries" analyzes Brazil's dream of being a major influential power in international affairs as well as the evolution of its multilateral diplomatic strategy for realizing its dream. Brazil has actively participated in BRICS cooperation since the 21st century, through which it has tried to achieve a leading position in Latin America and a higher international status. By playing host to two successful BRICS summits, Brazil conveyed Brazil's voice to the world on issues including finance, trade, climate change and governance of the internet. Brazil also played an active role in promoting the construction of BRICS cooperation mechanisms.

The chapter "Russia's Policies on and Attitudes toward BRICS Nations and its Interests" analyzes the evolution of Russia's attitudes to and policies on BRICS by studying the trajectory of Russia's diplomatic policies after the Cold War. The report also studies Russia's activities in promoting the construction of the BRICS cooperation mechanisms as well as Russia's interests in BRICS diplomacy and the causes of its actions.

The chapter "India's Role in Promoting the Construction of Cooperation Mechanisms among BRICS Countries" analyzes the current situation and characteristics of India's development. India strives to enhance its economic status in the world, trying to enhance its strength and promote the establishment of a new international economic order through BRICS cooperation mechanisms. In addition, the report also analyzes the major challenges India faces in promoting the construction of BRICS cooperation mechanisms and India's position, influence and prospects in future cooperation.

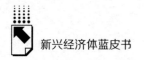

The chapter "China: From Leading Development to Leading Cooperation" analyzes current developmental trends of the Chinese economy and its leading role in the global economy. The report also studies the rise of China's status in global economic governance and the basic direction of strengthening China's role in global economic governance in the future.

In the chapter "Reviewing South Africa's Policies of Participating in BRICS Cooperation", the author investigates two core principles that South Africa has advocated in recent years—pan-Africanism and South-South cooperation, and its diplomatic interests in pursuing a major powerstatus. The report also analyzes the challenges faced by South Africa in its participating in BRICS diplomacy and pursuing a higher status in global governance, which are primarily caused by years of slow economic growth, crises of the ruling parties and economic slumps. In addition, the report also suggests three basic principles for China's strengthening cooperation with South Africa under the framework of BRICS.

The chapter "Review and Summary of BRICS Cooperation" summarizes the fruitful achievements of BRICS cooperation in promoting reforms in the international system of financial governance, as well as how these achievements were made possible. The report also suggests three fundamental principles for future construction of BRICS cooperation mechanisms. The first one is to adhere to the idea of "harmony but not uniformity", deepening the inclusiveness and reciprocity of BRICS cooperation mechanisms. Second, economic cooperation, mutual political trust and cultural exchange among BRICS nations should be promoted more practically. Last of all, BRICS may gradually promote the reforms of the international system of economic governance by strengthening cooperation with advanced nations.

In the chapter "Three Types of Cooperation Related to BRICS and Relevant Suggestions", the author analyzes three types of BRICS cooperation mechanisms—internal, South-South and South-North cooperation. Internal cooperation lays a foundation for BRICS and solidifies the organization. South-South cooperation is the source of the sustainable development of BRICS. South-North cooperation is the realistic choice for projecting BRICS influence and solving problems obstructing development. The report suggests BRICS nations should maintain their strategic mutual trust and determination. The current cooperation mechanisms should be deepened and solidified by strengthening internal relations while BRICS should also be open to cooperation with external entities, exploring the model of "BRICS plus". BRICS should be united when cooperating with external economies, actively interacting with existing multilateral and regional platforms for cooperation.

In the chapter "BRICS in Innovating Global Governance: Role, Influence and Strategy", the author suggests the existing international governance system and decision-making models require the urgent innovation and participation of more emerging powers as global problems increase in last several years. BRICS nations jointly expressed opinions, mutually collaborated and closely cooperated on issues regarding the common interests of humanity and the interests of developing nations, during which substantialachievements have been made, contributing to the reforms of the international governance system.

In the chapter "Establishing Mechanisms for BRICS to Participate in Reforming Global Governance", the author suggests BRICS nations should, in the face of the systematic failure of existing global governance, strengthen construction of the cooperation mechanisms, including the win-win model and the new model for global governance, as well as the mechanism which intends to spread new ideas for global governance. In order to achieve a favorable position during the reforms of international governance, BRICS nations should unite with developing nations, promoting the innovation of ideas of global governance, the diversification of both subjects and objects of governance, the democratization of the decision-making model and the marketization of governing approaches.

The chapter "The Condition, Progress and Influence of BRICS' Participation in Reforming Global Governance" analyzes the challenges and uncertainties faced by BRICS in promoting reforms of the global governance system. Externally, the BRICS nations would have to compete with traditional international orders. Internally, the BRICS faces the need to establish both its mechanisms and capabilities, as well as the conflicting interests and ideas among its members and the difficulty of forming an idea of a BRICS community. The report also analyzes the prospect and future of shaping a new power in global governance

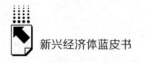
in the 21st century through coordinating positions and strengthening cooperation among BRICS nations.

In the chapter "Studies on Bilateral and Multilateral Cooperation within the Framework of BRICS: China's Perspective", the author suggests BRICS should have a strong determination, promoting bilateral and multilateral cooperation and jointly addressing global crises and challenges. In this way, BRICS could become a mainstay of the global economy and a model for international cooperation, according to the report. The report also proposes to establish bilateral and multilateral cooperation models based on both China's experience in developing the economy and the scale economy of BRICS, which could be favorable in guiding future multilateral cooperation under the BRICS framework.

The chapter "A brief Analysis of the BRICS Cooperation Mechanisms of Trade and Investment" reviews the achievements made through the BRICS cooperation mechanisms on trade and investment and analyzes the difficulties in strengthening economic, trade and investment cooperation, which include weak basic conditions, an incomplete legal environment and members' disagreement on strategic targets. In order to promote economic, trade and investment cooperation, the report suggests that BRICS nations need to promote construction of mutual trust, develop complementary trade and improve domestic legal environments. In addition, coordination of positions in multilateral cooperation should also be improved and the cooperation mechanisms should be advanced by constructing bilateral and multilateral cooperation, according to the report.

In the chapter "Outlook on BRICS Economic and Trade Cooperation", the author summarizes the evolution and achievements of the BRICS cooperation mechanism in the past 10 years. The report also discusses the construction of a new direction for a great integrated market that BRICS aims to establish in the future, with attention paid to other relevant issues.

The chapter "A Brief Analysis of Independent Rating Agencies in BRICS Countries" examines the connotations and influences of the sovereign credit rating, introducing to the readers three major rating agencies in Western countries as well as the development and current condition of BRICS domestic rating agencies. The report explores the necessity and feasibility of establishing independent BRICS rating agencies, providing certain policy advice.

The chapter "Outlook on BRICS Cooperation under New Circumstances", is based on reviewing BRICS summits, and examines the achievements made by BRICS nations, China in particular, in global economic governance, macroeconomic control and regulation, and in reforms of the international monetary system. The report also discusses and provides some policy suggestions on strengthening cooperation under the new circumstances in the fields of innovating the cooperation mechanism on international finance and trade, building think tanks and other possible issues.

目　录

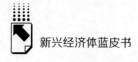

皮书数据库阅读**使用指南**

CONTENTS

I General Report

II Country Reports

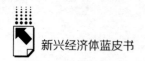
Ⅲ Special Reports

总 报 告

General Report

B.1

金砖国家合作机制完善与
合作成效提升

林跃勤 *

摘　要： 本报告在梳理合作机制及其对合作效能的影响机理相关文献
　　　　 基础上，分析了金砖国家合作机制建设动因、变化轨迹、成
　　　　 就以及深化合作机制、提升合作成效存在的挑战和基本路径。
　　　　 报告认为，合作机制建设成为合作组织稳定巩固、发展壮大、
　　　　 获取并分享合作红利的关键因素。过去十余年务实合作推动
　　　　 了金砖国家的共享发展，但也遇到合作机制不够健全、创新
　　　　 滞后、对全面务实合作保障促进不够有力、合作效率不尽如
　　　　 人意等问题。为此，报告建议要提高战略共识，全方位推进
　　　　 合作机制化建设，将机制化建设作为未来金砖国家全面务实

＊ 林跃勤，经济学博士，研究员，中国社会科学杂志社国际二部主任。

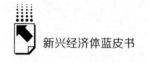

合作的有机组成部分，启动包括建设秘书处、扩员规则、合作协议、商讨、执行及监测程序、争端仲裁等制度化建设进程，以提高合作机制稳定性、效率性和可持续性。中国尤应利用担任 2017 年第九次金砖峰会主席国契机，发挥机制创设倡导者的积极作用，推动金砖合作机制完善和合作效率提升。

关键词： 金砖国家　合作机制　合作成效

一　合作、合作机制与合作效能

合作是人类社会的普遍现象，同时也是极为复杂的行为。学术界对于合作的概念、内涵及其动因、条件、机制与成效等进行了长期研究，研究成果较为丰富。

（一）合作行为的理解

一般认为，合作（cooperation）指两个或两个以上的主体（个人、个体、组织、群体及国家等）为达到共同目的而相互协调配合各自目标及行动的方式与过程。合作行为在动物界也存在，但人类是自然界中唯一可以在大规模群体中与陌生人合作的物种，真正长期大规模自觉的有组织的合作行为只存在于人类。依据美国管理学教授斯蒂芬·罗宾斯（1994）的观点，合作是按某种方式和规则组织起来的团队—集体利用各自所有资源和才智、优化资源配置和节省成本，致力于实现利益最大化的活动，团队是为了实现某一目标而由相互协作的个体所组成的正式群体，合作是一种为达到既定目标所显现出来的自愿合作和协同努力的团队精神与行为。协商、合作是解决公共难题、实现和谐持续发展的永恒主题。

有观点认为，合作成为可能，需要具备以下几个条件：第一，各方有合作需求，面临共同的威胁或挑战。合作者参与合作的动力在于合作集体或者团队解决共同的问题。在依靠单个个体自身能力无法解决面临的难题时往往会产生借助合作增强力量的需求。第二，有共同的良好预期。合作有助于为合作成员创造超过自身单一努力所能取得的价值目标。面对诸多重大挑战和风险，集体的力量远大于个体的力量，更能成功应对并取得良好成效。因而，个体通过参与集体合作机制，可望获得单个自身努力所不能获取的效果，得到集体溢出效益，即增加社会资本，减少交易成本，获得机会收益，实现合作个体与集体利益最大化。合作的本质是合作者对利益的追求，合作的最终结果是试图同时满足不同利益主体的要求。经过一定方式协商和达成约定、规范等促进集体良性公共决策以优化资源配置、实现个体利益与集体利益最大化，克服自私自利行为，抑制、控制和消除机会主义行为、侥幸获利动机以及不合作"囚徒困境"——零和博弈，避免"公地悲剧"及不和谐、不公正现象，以促进经济发展，人与自然、人与人、人与社会的和谐、稳定和持续发展。第三，存在合作的时空和迫切性。合作者可以以较小的代价在适当的时空条件下开展合作并取得积极成果。合作能带来更多人际资本，通过合作，增强互信互助，在交易中减少各种成本开支，能够获得以情感和诚信为基础的机会利益。合作是弱势群体赖以在恶劣的生存竞争环境中通过结伴形成合力更好应对外部挑战的基本手段。依据托马斯·霍布斯的观点，人类是天生利己的，支配人的行动的根本原则是自我保存。在缺乏公共权威的自然状态下，在没有一个共同权力使大家慑服的时候，人们难以摆脱令人无法忍受的相互矛盾和冲突的自然状态，要摆脱、结束人与人之间险恶无比的包括战争在内的尖锐冲突状态的唯一解决办法就是所有人将其自然权利交给他们相约而建立的利维坦，即一个作为国家政府的集权体制机构来保证人类合作无比强大、无比威严的公共权威。利维坦的实质就是合作机构和机制。

合作行为可以依据不同维度区分为多种类型。按合作性质，可分为同质合作与非同质合作。同质合作即合作者无差别地从事同一活动，如无分工地从事某种劳动。非同质合作即为达到同一目标，合作者有所分工；按照有无契约合同的标准，合作分为正式合作与非正式合作。正式合作是指具有契约性质的合作，这种合作形式明文规定了合作者享有的权利和义务，通过一定的法律程序，并受到有关机关的保护。非正式合作指无契约规定的任务和责任，不受规范、传统与行政命令的限制，多体现在初级群体或社区之中，是人类最古老、最自然和最普遍的合作形式。依据合作主体群体成员数量，可以分为双边（双方）合作与多边（多方）合作等；按照合作主体身份，可以分为自然人间的合作、组织间合作、国家间合作以及混合型合作（指多种不同性质的合作主体共同参与的合作）；按照合作涉及的范围，可以分为国家内合作、国家间合作、国际合作（区域合作及全球合作等）；按照合作领域，可以分为专业型合作与综合型合作，前者指某一领域内的合作，后者指全方位合作；按照合作紧密度，可以分为松散型合作与紧密型合作；按照合作的自觉能动性，可以分为主动合作与被动合作、强制合作与积极合作；按照合作参加者人数，可以分为个人间合作、群体间合作；等等。

合作行为的顺利实施取决于一定的条件。首先是自觉自愿、诚信、凝聚力。自觉自愿是合作集团成员平等参与合作、合作者目标一致、认识统一、相互信赖产生强大且持久协调行动力量的基础。其次是一定的物质条件。诸如人力、物力、资金、设备以及空间、时间维度的配合等是合作行为赖以实施的重要基础。最后是规章制度保证。它是指合作各方共同达成的约束各合作者无条件履行责任的公约或规则（社会规范和群体规范以及达成的实现途径和具体步骤、权责清晰、共同利益及分享、守约奖励与违规惩罚等）。

（二）合作机制的内涵、功能及意义

对合作组织及运行管理等方面的研究业已成为学术界的热点和焦点问题，成果较为丰硕。仅从中国知网收录的刊文看，从 1990 年的 52 篇、1995 年的 401 篇、2000 年的 585 篇增加到 2005 年的 2915 篇、2010 年的 7480 篇、2013 年的 9626 篇、2014 年的 10503 篇、2015 年的 11134 篇，刊文总体呈现上升态势（2016 年为 10391 篇，略有下降）。对合作机制相关成果的梳理显示，关注的焦点主要集中在以下几个方面。

1. 合作机制的概念与内涵

机制（mechanism 或 regimes），源于希腊文，原意指机器、机械，机器的构造和动作原理，兼有"机械装置""机构""结构""历程""作用过程""途径""技巧"等含义，机器的工作原理，也指有机体的结构、功能及其相互关系。"机制"一词被广泛延伸到很多其他领域，从系统论角度看，机制指要素间相互作用、相互联系、相互制约所构成的系统及其运行原理。从经济社会与制度领域看，机制指调节行为的规章制度框架等。机制被延伸到人类群体合作行为领域时称为"合作机制"，指合作主体为提出决策、达成、执行、实现合作目标、行为等的规则、手段等框架体系。合作机制的建立旨在利于合作各方成员做出准确明晰的判断，便于承诺的遵守与具体执行。从国际政治经济层面看，由约翰·鲁杰引入国际关系学界后，机制概念被理解为"对'特定领域'相互依赖关系产生影响的一系列控制性安排"，"规定行为体的角色、约束有关活动并塑造预期的一整套持久、相互联系的（正式或者非正式）规则"，"相互依赖关系发生在调节行为体行为并控制其行为结果的规则、规范和程序的网络中并受到该网络的影响"。国际合作机制是国际合作主体（主权国家及其他行为组织和个人等）为保障合作各方合作意向得到有效表达、达成合作愿景并得到有效实施的制度安排。国际机制是在国际关系特定问题领域里行为体预期（expectations）汇聚而成的一整套明示或默示的原则（principles）、规范（norms）、规则（rules）和决策程序。

国际合作机制指合作行为体为了共同的利益目标通过谈判签署相关的合作文件、制订合作计划、共同建立合作部门或者合作机构组织的一种制度设计。包含一切有关合作的制度安排、运作规范、行为体、利益、运作程序和合作方式等关键要素。学术界普遍认为，合作机制的功能或意义在于为合作组织成员设定合作愿景蓝图、行为准则、激励与保障措施等稳定、有力与可预期的规则制度等，从而维护、保证、促进合作决议的顺利实施和合作组织的正常运转与权益共享。合作机制是对合作参与者合作诉求与行动的定位、调节和约束框架的集合或体系。合作机制的完善与否影响甚至决定着合作组织的生存发展、效能与权威性。依据公共选择理论，"搭便车"是集体机制中普遍存在的一种现象。合作机制或制度框架帮助参与者调节合作所要达到的目标及行为准则，对于合作集体在国际发展与治理体系中的地位和话语权起着十分重要的作用。美国学者罗伯特·基欧汉认为，国际合作、全球治理都需要国际机制来实现。国家是建立在它们自身利益观念基础上而行动的理性行为体，为达到国家目标需要建立制度。这里所说的制度就是规范国家行为的规章、机制。国际机制一经建立就成为国际关系中的独立变量。机制也会约束集体合作者的行为。机制建设的核心含义就是制度、规范的设立和执行等。国际合作机制是一系列隐含或明确的原则、规范、规则以及决策程序，根据这些原则和程序，行为体的期望在国际关系的某个范围内趋同。国家之间的协议或条约，如布雷顿森林会议对国际货币所做的安排，均属于国际机制安排。金砖国家合作机制属于斯蒂芬·克拉斯纳定义的"国际机制"范畴。根据基欧汉的功能性机制解释框架，彼此有共同或互补利益是任何理性、自利的国家相互合作的前提，合作方将出于获取某些利益的考虑而维持或创造国际机制。一个国家之所以愿意参与创建或维持某个特定机制，是因为它想以此实现某种预期目标。故可以用机制被预期达到或从理性的角度将被期望实现的效果来解释机制形成的原因。即使在分析最初创建机制的结构性条件的变迁时，它也能解释这一机制所具有的持久性。

2. 合作机制的结构体系

依据现有研究成果，合作机制涉及合作集体及合作行为全链条和各环节（合作集团的组织合作议题商讨决策、执行落实、监督考核、问责及仲裁等）的复杂系统，包含合作主体通过一定程序共同达成的包括合作目标设置、决策、实施、激励、监测、问责以及权力分配、利益调节、责任分担等环节中的相关规制和保障措施等内涵（见图1、表1）。

合作组织机制，包括合作组织的发起、集合、成员进入退出机制、合作组织定位、合作领域范围及方向确定、合作成员的权利与责任、领导体系架构及其变动等方面的规制设计，也包括对赖以开展合作的平台架构、讨论方式、范围层次、时间保障等，如峰会、论坛、会晤、会议等的规定等。

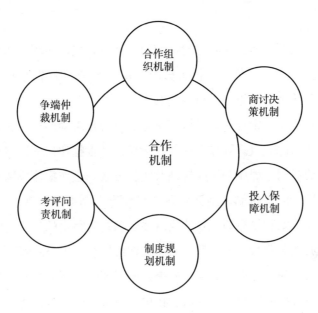

图1　合作机制结构

表1　合作机制主要结构内容

机制主要结构	内涵	环节阶段
合作组织机制	合作成员的进退，组织、合作组定位等	准备过程
商讨决策机制	合作议题商讨及决策	准备过程
投入保障机制	资金、人员、设施准备等	实施过程
制度规划机制	有关合作组织及其运行的规章制度设计与达成	实施过程
考评问责机制	对合作成员及合作事宜加以评估考核和问责	总结过程
争端仲裁机制	裁决合作组织内部矛盾纠纷	总结过程

商讨决策机制，指合作成员共同协商一致地保障合作成员方提出合作倡议、集体讨论和通过的程序和规则，保证合作集体能就需要集体讨论的议题合理提出、讨论和及时做出决议。

投入保障机制，指合作集体为保障集体合作组织及其各项合作事项等得以正常运行、实施而必需的设施条件、人员、资金、信息、智力等的动员、筹集、投入和有效使用等方面的规制，旨在保障合作机制从合作成员及其他方面通过一定方式、渠道等获得必要的合作组织正常运行的各项保障并提高

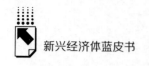

运行效率。

制度规划机制，指合作各方对如何执行业已达成的各项合作倡议等而共同商定设置的有关分工负责、权责分配、执行激励与调节等方面的制度规范，以规范和约束合作组织成员各负其责。

考评问责机制，指合作集体协商决定的对合作事项的运行各环节及各责任主体的履职情况、效果等加以评估、考核以及根据评估考核结果对责任主体加以奖惩的规则、程序等制度规则及实施方法。合作集体协调行动如果缺乏适当的考评、问责机制，则会导致"搭便车"等投机行为，进而侵蚀合作团体的整体权威和目标的有效达成。强互惠行为稳定的重要条件是强互惠者能够以低成本对背叛者进行严厉的惩罚即惩罚行为本身对背叛者造成的伤害要大于惩罚者为此付出的成本，如果人们不能够以低成本的代价施加严厉的惩罚，则维持群体内部合作的信念将很难再被坚持。依据南非学者丹尼·布莱特劳的观点，集体组织的合作决定的约束力是协调成员乐于进行协商并达成一致的前提。具有约束力的合作机制承担着很多功能。

争端仲裁机制，合作组织在推进各种合作事宜中难免会出现合作成员意见观点不一，出现矛盾、冲突等，因而，必须要有一个各方预先制定的从合作组织层面设立的评价制度以及权威仲裁机构，明确责任，调节矛盾、争端，维护公平正义，使集体合作秩序得以正常维持。

3. 合作机制的功能及意义

第一，建立合作组织设立定位、合作行为调节规制设计，保障合作组织稳定有序运行；

第二，清晰界定合作成员权利责任、协调合作成员意愿和行动的职能；

第三，协调合作组织与外部机制的互动关系；

第四，保障合作组织取得预期合作效能和成员与集体利益最大化。

合作是两个或两个以上主体为共同目标和愿景协商、协调各自行动；合作机制则是为保障合作主体提出、商讨、达成和执行共同行动的定位、条件、规则、制度等。合作是合作机制产生的土壤和基础，合作机制则是贯穿合作各主体以及合作行为各环节的合作，合作行为需要合作机制保障和助力，合作行为为合作机制的健全和完善提供基础积累与检验平台。合作与合作机制两者相互依存、相互促进。

（三）合作机制与合作效能的内在关系

合作组织建立和完善合作机制的宗旨在于以商定的规制调节、保障和促进合作组织的正常、有效运行，维持和提升合作效率。合作机制与合作成效两者相互关联、密不可分，合作机制是合作成效的前提，合作成效是检验合作机制合理与否以及促进合作机制不断创新完善的基石（见图2）。

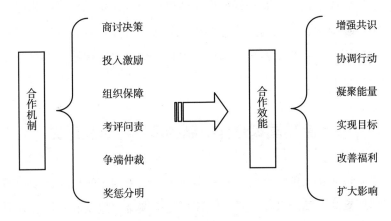

图2　合作机制与合作效能

1. 合作机制为集体合作有效运行奠定规划制度基础

合作机制可以为各项合作行为提供引导、保障和促进作用，使合作集体及成员依据共同达成的公约和规则加入集体、拥有相应的权利和承担相应的责任，为共同的目标参与议事、决策、履责并分享合作成果等，实现集体目标的同时也实现自身愿景。合作机制的设立、完善需要合作成员表现出集体愿景、智慧以及崇尚并严格遵守规制的精神氛围。

2. 合作效率为合作机制的稳固、持续和完善提供动力

集体合作的生命力在于该集体能在一定框架下集体行动取得比成员个体更大的成果并合理分享，因而，期待合作行动以达到单个个体无法获得或者

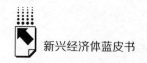
需要以更大代价获得的预期目标，是个体参与集体合作的基本出发点和动力。高效的集体合作可以为合作主体强化合作愿景提供激励，并为合作机制的健全完善提出新要求和新动能。

3. 合作机制与合作效率既相互促进也相互制约

好的合作机制凝聚并发挥合作各方的能动性，促进合作效能的提升，给予良好稳定预期以及合作利益最大化，形成良性螺旋，增强合作组织的合力、生存力和影响力；健全有效的合作机制对各个合作成员的意志与行动的统一性与执行力要求也更高，要求内部成员对合作意向的协商、磨合和执行的时间及物质成本很低。而较好的合作效能也对合作机制有更高和更严格的要求；不够健全的合作机制无法协调约束和激励合作各方的行为从而限制合作效能的发挥，导致合作者离心离德和失望，形成恶性螺旋，削弱合作组织的生存力与影响力。

二 金砖国家合作机制的基本特点及意义

从本质特征看，鉴于金砖国家基本属于发展中国家的代表，金砖国家合作是跨洲新兴国家间的合作，是在全球化变革潮流中建立的一种发展中大国的合作模式，金砖国家合作机制本质上属于"南南合作"机制范畴；通过建立经济、贸易、投资、文化参与全球治理等领域的合作机制的方式来推动各成员国的经济共享发展以及提高全球治理话语权。

（一）金砖国家合作机制的基本特点

金砖国家合作机制呈现参与主体平等性、包容开放性、软约束性和渐进性等特点。

1. 主体平等性

从机制宗旨、成员地位与权益看，它是一种新型的平等公正合作机制。金砖国家合作的宗旨与出发点在于：秉持开放、团结、平等、相互理解、包容、合作、共赢精神。金砖国家根据国际政治经济格局的发展，基于共同利益需求和良性竞争意愿，强调成员自主平等公平共享，不论成员大小，享有同等权利与责任。2011 年 3 月金砖峰会《三亚宣言》指出，在处理同其他国家的关系时，金砖国家合作机制始终尊重其他国家的意愿，从不将自己的意见强加于人，并尽可能地照顾其利益。

2. 包容开放性

金砖国家合作机制的包容性主要表现在金砖国家对各自政治制度和政治分歧的理解和宽容，淡化意识形态差异、地区民族差异，求同存异，强调互信及尊重各自的发展模式选择，淡化政治制度和经济制度冲突，抛弃狭隘的地区发展思维，弱化各成员国之间的零和博弈，在平等互利的基础上通过定期举行首脑或者高官会晤方式商讨制订成员国合作计划、建立合作机构。提倡全球各地区和各经济发展程度不同的国家开展互利共赢的经济合作，提倡发展中国家之间、发展中国家与发达国家之间的并行发展。包容性还体现在合作组织的对外开放性上。《三亚宣言》强调，我们愿加强同其他国家，特别是新兴国家和发展中国家以及有关国际、区域性组织的联系与合作。包容开放性还体现在金砖国家主张以对话而非对抗方式对国际体系中不合时宜之处逐步进行改革，着眼于建立更加公正合理的国际秩序。包容理念在推动金砖国家合作机制的发展上发挥着不可替代的重要作用。

3. 软约束性

从成员国之间合作紧密程度以及责任强度看，金砖国家合作机制目前还停留在通过领导人或政府官员会晤、论坛商谈、达成共识、发表宣言和备忘录等模式，合作意愿还只具有软约束力，缺乏法律强制约束力，这与当今世界其他各种传统区域合作（如亚太经合组织）和全球多边合作有较大差别，基本属于松散型软性合作机制。这与金砖成员国意识形态、政治制度、经济制度、经济发展程度差异性较大，各自的资源禀赋及在全球市场及价值链中的地位存在一定的替代性和竞争性，如印度、南非和巴西拥有丰富铁矿石资源，俄罗斯则拥有丰富的油气资源，而中国在铁矿石及油气资源方面处于弱势，导致巴西、印度、南非和俄罗斯都极力寻求资源利益最大化而不愿签署有约束性条款的经济合作机制文件等有关，也与各国对合作机制的目标诉

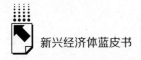

求、热情度和参与度不尽相同，彼此在吸引对外直接投资和争夺国际市场方面的利益诉求还存在较大的分歧，对其他成员国的发展存有戒心有关，还与西方势力出于对发展中国家抱团谋求世界地区领导权的担忧而采取分化拉拢的国际环境不利于金砖国家合作机制固化和高级化有关，这些情况决定了在成员组织机制方面，在合作机制稳定度、紧密度以及约束力等方面各成员国缺乏明确定位和规范。

4. 渐进性

从发育成熟度与机制水平看，与欧盟、东盟、经合组织等成熟国际合作机制相比，金砖国家合作机制启动运行时间不够长，远未成熟，在国际合作机制体系中属于后发新兴合作机制，但金砖国家试图通过不断拓宽和深化合作模式逐渐完善规制设计与制度建设，是处于逐渐完善和成长中的合作机制。

（二）金砖国家合作机制的意义

1. 合作机制完善将促进金砖国家发展模式转变和稳定持续发展

通过共建合作机制深化合作，金砖国家能够为加强各项合作增强凝聚共识、强化意志、引导行动、保障落实，加强发展战略与发展模式、发展经验的交流比较和借鉴，合理解决内部竞争，包括推动各成员国的贸易便利化［指合作国家间简化和协调贸易手续，包括贸易所需数据的搜集、展现、交流和处理，如进出口手续（许可、检验和海关等）、支付、运输形式、保险和其他金融要求］、解决贸易矛盾，大大减少经济合作成本，及时协调各方利益，提高各自发展潜能、促进战略优化、资源共享和共赢发展，还可以提升金砖国家的整体竞争力，追赶其他经济合作组织。

2. 完善金砖国家合作机制能加快全球治理变革步伐

随着全球经济一体化进程的加快，各国的联系日益紧密，各种区域合作、双边合作、多边合作机制应运而生，迄今全球有数百种合作机制，如北美贸易协定、欧盟、东盟、南美共同市场、环印度洋合作联盟以及前途难料的跨太平洋自贸区以及跨大西洋自贸区、七国集团机制等，其中很多都是封闭性、排他性的合作机制，国际合作已经成为世界各国特别是发展中国家加速自身发展以及提高在全球治理体系中地位的不二选择。为了打破不公平的国际发展格局，提高自身的国际地位，联合起来建立合作机制，打破发达国家围堵，争取提高在合作规范和机制能力基础之上的国际话语权，包括对七国集团以及由发达国家倡导的服务贸易协定（TISA）、跨太平洋战略经济伙伴协定（TPP）、跨大西洋贸易和投资伙伴协定（TTIP）等国际经贸和投资规则机制产生制衡作用，打破美欧等对世界银行和国际货币基金组织等主要国际经济治理机制的垄断和霸权，提升新兴与发展中国家群体的权益，增强在国际货币基金组织以及世界银行、世界贸易组织等全球治理重要机制中的地位和作用，作为全球治理机制中的后发、边缘国家的金砖国家形成坚定有效的内部合作机制，有助于金砖国家提高参与、重塑全球治理新规则的能力。

3. 金砖国家合作机制创新有助于夯实、丰富新型合作理论

金砖国家合作机制是一种当代新兴大国间的较为新兴和特殊的国际合作机制，还远不够完善和成熟，实践检验还不充足，有关此类新兴大国间的合作机制方面的研究还不够系统深入。对这一类注重平等、多元、稳定、务实、创新的新型合作机制的研究有助于丰富合作机制理论，也可以为"南南合作"和其他国际合作机制提供示范。

三 金砖国家合作机制建设现状及问题

十余年来，伴随着金砖国家合作的不断拓展和深化，其合作机制也日益健全和完善，并对务实合作产生了积极的保障和促进作用。

（一）合作机制建设伴随着务实合作不断健全完善

从十年前的外长会晤扩展到外长、财长和行长定期会晤，再升级到元首峰会并定期化，再到其他多部门和多领域的磋商机制的成形，金砖国家在约十年的时段内实现了从一个经济概念到具有政治经济影响的软性机制的转变，从一个会谈式的松散组织发展成实体性国际组织，从零星具体合作到开

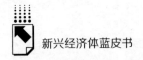

始重视和制定具有普适调节意义的规则制度等，近十年来，主要形成了以下几类合作机制：第一，多层次商讨—决策主体机制，如外长＋财长＋行长会晤机制、元首峰会、其他部门磋商—决策机制；第二，多领域合作机制，建立了经济、金融、工商、安全、环境、气候、教育、能源、文化、科技、卫生、人文、产业、城市、反恐、反腐败合作机制等；第三，多层次合作保障、支持机制，如金砖国家银行合作机制、金砖国家工商理事会、金砖国家外汇应急储备基金和金砖国家新开发银行、亚投行、智库合作机制、扩员机制、评级机制建设等提上日程。这些机制初步构成了金砖国家合作机制框架体系。

（二）合作机制的作用和功能日益完善、凸显

为促进各项务实合作，金砖国家建立了金融支持体系，包括建立金砖国家新开发银行、应急储备基金、亚投行等，开展货币互换、贸易与投资机制、教育文化合作机制、信息交流机制、智库合作等。合作执行考评与问责机制逐渐提上日程。金砖国家逐渐从偏重合作项目的提出、商讨、决议达成转向兼顾决议实施、回顾、考评、调整及完善等后决议过程的监控和提质增效，避免峰会及其他层次的合作协商成为清谈馆、停留在纸上。

（三）金砖国家合作机制对金砖国家务实合作的积极影响逐渐扩大

逐渐健全的合作机制对合作实践产生的支持保障和激励作用日益显现。如历次峰会宣言形成的银行、金融及货币政策合作，推进全球金融治理共识及相关决议等促成了金砖国家新开发银行、金砖国家应急储备基金的建成和运行以及亚投行的成立，为促成金砖国家在国际货币基金组织和世界银行等的份额权和投票权的增加提供了强大支撑；金砖国家工商理事会的成立及深度合作促进了金砖国家贸易便利化以及经贸投资活动的活跃和繁荣等。

尽管金砖国家合作机制逐渐完善和对金砖国家各项合作发挥着日益重要的作用，但是，现有的合作机制依然存在一些不足之处。

第一，金砖国家合作机制尚不够完整和健全。虽然金砖国家合作不断拓

展、深化和稳定化，但迄今金砖国家合作机制还是主要涉及经贸、金融、全球治理协调等少数领域的立场协调的松散合作机制。同时，缺乏常设机构和统一的约束性规范文件。目前金砖国家建立起来的经济合作机制主要是领导人峰会主导下的多论坛式的态度交流，各成员国就双边或多边的合作内容达成协议后签订合作文件，合作事项由金砖国家事务协调人和副协调人（各国设定一名协调人和一名副协调人，一般由外交部副部长或部长助理担任）负责督办，没有像其他经济合作组织（如北美自由贸易区、亚太经合组织、欧洲联盟等）设立各类委员会和秘书处等专门的常设机构用以统一协调各成员国的经济合作事务，也没有签订统一的对违约方所设定的约束性规范文件，没有签署诸如《北美贸易协定》那样的约束性文件。由于五个成员国规模实力差距较大，对合作机制的投入以及所愿意分担的权利平等之间难以达到均衡。如中国愿意分担更多的应急储备基金等的份额，但其他成员国不愿意承担更多，又不愿意中国出资更多。这不利于个别成员自愿做出更大投入。金砖合作机制的治理结构也不够合理，基本由政府主导，企业、团体、民间组织及智库等其他非政府主体参与的深度和广度尚有欠缺，不利于利用集体智慧探索并完善高效可行的合作机制。

第二，合作机制对于全面务实合作的支持维护功能不足。金砖国家间的合作还缺乏稳定的激励机制与保障机制，各成员方对合作决议的执行积极性和力度缺乏一致的要求以及考评奖惩措施，只能依靠各成员自觉。金砖国家合作机制迄今还只是一种对话、磋商层面的松散软机制，尚未形成协商一致的指导性规范，缺乏具有法律约束力的合作协议，缺乏日常事务处理沟通协调机构以及信息交换机制，对在合作过程中不可避免产生的摩擦和争端缺乏权威争端仲裁机构，难以得到及时有效的解决。

第三，合作机制的代表性、广泛性及稳定性不够。目前，金砖国家成员经过 2010 年 12 月扩员之后其成员也只有 5 个，其成员数量与欧盟、东盟、南美国家共同体以及环印度洋联盟等相比偏少；在新兴国家和发展中国家中的代表性不强，印度尼西亚、墨西哥、土耳其、尼日利亚等重要新兴大国没有被纳入其中；与其他一些多边组织相比，综合实力也不够，在全球治理中

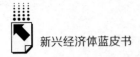
的地位和影响力自然受到限制。迄今，金砖国家还没有明确表示有接纳其他新兴经济体成员的计划及制度。在没有明确成员国的加入和退出程序的条件以及形成纲领性文件之前，金砖国家合作机制的组织及运行的可预期性和稳定性仍然存疑。

第四，金砖国家各自与其他合作机制的复杂关系制约着金砖国家合作机制的完善。金砖国家各成员国分属于不同大洲，出于经济与其他利益考量均参与了不同区域合作机制和国际合作机制，这些机制有些是排他性合作机制，对于其参与金砖合作机制形成复杂关系，有些甚至是对冲关系。巴西是2004年12月8日成立的南方国家共同体、美洲开发银行的成员国。美洲开发银行和南方国家共同体具有成立时间早、有地域文化共性、组织机构完善的优势，巴西出于自身利益考虑以及西方发达国家压力，会把更多精力和资源用于这些经济合作组织的运作上，因此也会影响其参加金砖国家自贸区建设的考量。俄罗斯是上合组织成员以及欧亚经济联盟成员等，特别是俄罗斯正大力推进欧亚经济联盟一体化进程，可能会分散其深度参与金砖国家合作机制的精力。印度和南非同属环印度洋联盟成员国，不排除印、南两国在对外政策上更加注重发展环印度洋联盟内的合作关系。南非还是南部非洲发展共同体的成员国，南非参与的两个经济合作组织更符合其内部需要和地区利益，机构设置和宗旨都比金砖国家更有凝聚力。中国是亚太经合组织、中日韩合作两个经济合作组织以及上海合作组织的成员国，这三个组织都有常设机构和秘书处，其中上合组织还设有上海合作组织实业家委员会和银行联合体。可见，各成员国会根据世界经济发展的态势和自身利益的侧重点来选择经济合作对象，如果不理清和适当处理金砖国家各成员国这种与其他区域性多边合作组织错综复杂的关系，势必会弱化金砖国家合作机制的作用，通过其他经济合作组织获得从金砖国家机制内可以获得的资源、利益，会对金砖国家机制产生替代、竞争作用，会阻碍金砖国家合作机制本身的深化与效能提升。

第五，合作机制的严肃性和执行力亟待加强。现有的金砖国家合作机制建基于会晤、商谈的意向、宣言，以及具体事项的合作备忘录等，具有原则性、意向性、协商性等特点，而缺乏规范合同、法律条约等制度化、专业化、规范化水准，因而其权威性、严肃性、约束性不高。这些决定了金砖国家达成的合作决议的可执行性、可操作性和实际效果得不到稳定、持续的保证。

第六，健全合作机制的自觉性和能动性不强。金砖国家各方在对待合作机制的态度以及在相关利益层面存在一定差异，如印度媒体关于金砖国家开发银行的建立意味着印度协助中国创建一个中国主宰的世界等论调会影响各方对合作机制建设的认同。金砖国家价值观和政治体制等差异较大。金砖国家内部凝聚力不足，尚未形成一个权威的龙头和核心，印度和俄罗斯大国抱负炽烈，特别是印度和中国存在领土争端，互信度较低。金砖国家共同推进机制建设的愿望和决心不足。有些成员害怕合作机制的固化、完善和强制化可能给成员带来较多的约束，降低自主性和灵活性，如有关成立秘书处的提议早已提出，但各方因其设置地点、人员组成、职责等一系列问题难以协调，一直未做出政治决定。

第七，合作机制建设能力不够强。一种合作机制的创新、完善和强劲有力、高效，需要较强战略投入保障，包括物质、设施、人力、资金等的投入，也包括合作倡议、战略规划、制度建设、运行经验等层面的能力。金砖国家在建设、完善金砖合作机制方面时间不长，目标共识和经验不足，制度建设能力不强，创新精神不足，高层次复合人才缺乏，物质投入方面也不够齐心，因而，合作机制建设进度不够快。此外，强化合作机制建设还需要解决合作国家相距遥远不够聚集的地缘不利因素。

四 完善金砖国家合作机制的若干思路

一种合作机制的生命力、价值在于其能有效调适合作组织成员、合作行动和环节体系，保持凝聚力、稳定性、竞争力和高效率，并给成员及整体组织带来期望目标值。因而，效能是鉴别一个合作机制存在价值、生命力和影响力的关键维度。金砖国家合作机制正迈向第二个十年，也是一个

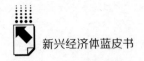

从初生到成熟的历史转折点。转折的成功与否取决于合作机制建设能否取得突破。如果说前十年主要是一些带有常识性的具体事务的点、线合作的话，那么从第二个十年开始，合作机制将转向面和系统的拓展与深化，转向内在机制的创新与建设方面，以便以比较成熟稳固的机制保证合作全面升华。世界需要金砖国家的不是新的开发银行，而是针对当今重大问题发挥更大领导作用。自身发展经验让中国、印度和巴西拒绝市场原教旨主义，使它们成为制度多样性和实用主义的天然支持者，它们可以在这一经验的基础上提出新的全球价值。因此，建立健全和创新完善合作机制是金砖国家共同对话和相互协调、深化合作、促进自身、带动全球发展、完善全球治理的共同使命。

（一）以增强合作共识夯实合作机制基础

推进金砖国家合作机制建设需要筑牢合作基础，减少或消除分歧，增进共识是核心。只有依赖共同利益、共同志趣以及其他集体行动问题得以克服的具体条件，合作伙伴才会致力于制定和维护关键原则承担责任，推动合作机制的建构并发挥最大的作用。因此，金砖国家要推进合作机制建设需要打牢坚实的合作基础，如协调国家发展战略和宏观政策；在对待诸如气候治理、区域合作、全球经济治理变革等重大国际问题方面，求同存异、加强立场协调；在国际市场分工方面避免恶性竞争、增强互补性，保持贸易结构均衡，减少贸易摩擦；促进相互投资以及本币结算等；致力于通过谈判解决中印间的边界纠纷等历史问题。

（二）做好以效能为核心目标的机制建设顶层设计

合作机制是为合作行动提供行动指南和制度保障，具有顶层设计的意义。因此，金砖国家需要高度重视合作机制建设的战略意义，不囿于、不满足于具体的合作事务级成就，而要重视从提升合作组织机制整体效能的战略高度，根据内外环境变化以及合作目标的调整，借鉴国际多边合作机制建设和有效运行的成功经验，包括欧盟、东盟、经合组织以及国际货币基金组织、世界银行等的有效经验，不断完善合作机制框架体系。一种国际合作机制是需要在发展的过程中不断地改进和完善的。国际机制具有超越其初始具体目标的潜在价值。因此，某种制度不能仅仅以在一段时间内如何有利于实现合作国家的利益来评价；相反，需要对未来那些难以确定的问题的解决究竟能够做出多大的贡献对制度价值做出充分评价。

（三）改善合作讨论决策机制

迄今，金砖国家的重大决策是由峰会会晤达成共识，以宣言的形式自觉执行为基础的，包括金砖国家新开发银行这种机制，都是各成员国一致通过的协商原则，这种决策机制固然有充分体现兼顾各方权益的平等和民主决策的优势，但也有决策主体多元、链条较长、磋商成本较高、难以一致和效率低下等不足。同时，合作倡议主要由轮值主席国提出，在峰会讨论，这种单独由主席国提出倡议、峰会期间所有成员参与讨论决策的机制难以体现集思广益、群策群力的功能。为使合作机制的倡议、提出和决策更具代表性、科学性和效率性，需要致力于发展专业化的组织和团队，促进合作知识的累积，培育合作文化与制度，提高金砖国家合作机制构建的可靠性和实用性及合作机制的专业化、组织化、制度化和服务水平。需要加强合作各成员国政府及智库机构的先期参与、提议、酝酿，由以轮值主席国独家处理改为各国政府、智库、社会、企业等多主体形成的参与酝酿、讨论、决策的综合机制，使议案的提出、讨论、形成的智慧更加广泛、准备更加充足，对于一些具体合作领域的决策，需要在全球竞聘基础上形成专业委托代理决策模式，取代由各方等额划分权限、多头决策的低效模式。

（四）健全合作机制建设投入保障激励机制

合作机制建设需要高水平的物质投入以及智力投入能力。但是由于成员国的各项能力以及愿意付出的贡献和承担的责任的愿景并不相同，因而，在合作机制内部，既要坚持平等原则，也要有鼓励多做贡献的激励制度，对于愿意为集体合作机制多做贡献的成员应制定专门的奖励机制。特别是主席轮值国担负着维护合作秩序以及完善机制的特别责任。中国在全球气候治理机制建设方面扮演了引领者角色，在金砖国家机制和其他国际机制方面同样可以如此。实际上，在建立金砖国家应急储备基金方面，以及提供金砖国家总部基地等方面，中国均为合作机制建设起到了表率作用，2017年担任金砖国家主席轮值国，可以利用这一身份在推动金砖国家合作建设方面做出突出贡献，有理由提出新的合作倡议，如确立成立金砖国家评级机构的规则、扩员规则、成立秘书处规则、仲裁委员会机制等，推动共识的形成并最终转化为新机制。

（五）建立合作危机管理机制

合作组织在其活动过程中会遇到团体内外各种威胁合作机制正常秩序和稳定的不确定性和危急状态或情境的冲击，建立和完善公共危机管理，对于提高合作组织、合作机制公信力、综合管理能力以及运行效率至关重要。某合作成员发生国家重大危机及信用危机，无法履行合作组织的责任义务，或者某个成员国突然要退出合作组织，合作组织机制某个有机组成部分出现危机，如金砖国家新开发银行、应急储备基金因对某个成员国或者重大公共项目施以援助、支持，出现清偿危机等导致金融合作机制的正常运转出现严重威胁等，合作机制是否有统一商定的预案、规制来转化危机？随着金砖国家合作机制的发展，未来成员可能增加，需要涉及的领域、事务更加纷繁复杂，面临的挑战和风险等也愈加多样和尖锐。预先探讨、建立快速协调应急综合处理机制，是金砖国家合作机制应该重视和尽快解决的命题。

（六）建立合作监督、问责与仲裁机制

一种合作机制得以正常运行的条件之一在于合作成员的权责界定分明，合作成员不仅要享有合作权益，也必须承担责任与义务，权责界定清晰以及贡献有奖、违规受罚是维持集体合作机制正常秩序、提高合作执行力从而保证合作行为取得预期效果的基本条件，也是合作机制的本来之义。建立评级机构、评估机制能帮助对合作的各主体、全过程、各环节实施评估考核，厘

清责任和贡献，有利于明晰权责，赏罚分明，形成合作机制的权威性、约束力，进而提高其执行力和取得较好的运行效果。随着合作领域和合作事宜的增多，合作复杂程度的提高，分歧、矛盾和冲突可能会增加，金砖国家需要尽快建立仲裁机制妥善应对内部的争议，防止内部的冲突影响合作大局。

参考文献

1. 王友明：《金砖机制建设的角色定位与利益融合》，《国际问题研究》2015 年第 5 期。
2. 李稻葵、徐翔：《全球治理视野的金砖国家合作机制》，《中国与全球化》2015 年第 10 期。
3. 李绍飞：《新兴经济体的全球治理新角色》，《瞭望》2011 年第 6 期。
4. 马莉莉：《金砖国家合作机制发展基础与选择》，《国际问题研究》2012 年第 6 期。
5. 苑基荣、邹松：《不断完善金砖国家合作机制》，《人民日报》2016 年 10 月 15 日。
6. 邓成功：《金砖国家合作机制步入深水区》，《中国产经新闻》2016 年 10 月 18 日。
7. 沈希希：《金砖国家的合作及其机制研究》，复旦大学硕士学位论文，2011。
8. 林鑫：《理性人假设与合作的本质》，《科技创新与应用》2016 年第 12 期。
9. 郑熙文：《开拓创新的金砖国家合作机制》，《光明日报》2011 年 4 月 20 日。

国别报告

Country Reports

B.2
巴西推进金砖国家务实合作的
政策措施

王飞　林紫琪*

摘　要：　本文分析了希望在国际事务中发挥重要影响的巴西大国梦想
以及为此一直采取的多边主义外交策略的演变过程；21世纪
以来巴西积极参与并通过与金砖国家扩大合作以实现在拉美
地区的领导地位和更高国际地位的战略目标，如巴西通过成
功举办两场金砖峰会主场外交，在金融、贸易、气候变化、
互联网治理等议题上向世界传递了"巴西声音"，巴西还为
推动金砖国家合作机制化建设发挥积极作用。

关键词：　巴西　金砖国家　务实合作　多边主义

* 王飞，经济学博士，中国社会科学院拉丁美洲研究所巴西研究中心副秘书长，研究方向为拉
美经济；林紫琪，澳门大学人文学院，研究方向为葡萄牙语语言文学与文化。

一 巴西外交与金砖合作机制

追求自主是巴西外交政策最显著的特征。在实现自主的过程中，巴西经历了疏离、参与和多元化三种外交战略方式。无论哪种方式，多边主义都贯穿始终。疏离型自主强调"南南联盟"、参与型自主涉及更广泛的参与、多元化自主则依靠南方国家，终极目标都是力争实现国际伙伴多元化，通过国家之间的平衡，巩固巴西在多极化世界中的地位。起初，南方共同市场是巴西参与国际事务的平台。21 世纪后，"金砖国家"的概念形成，金砖合作机制成为巴西外交政策当中最为倚重的一个部分。

（一）多边主义传统与巴西外交

军政府（1964～1984 年）下台后，巴西进入民主过渡时期。此时，与拉美地区其他国家一样，巴西经历着严重的经济和社会危机：债务和通货膨胀高企、人民生活水平下降、经济增长率低。国际层面，面对来自德国、日本及以巴西为代表的新兴工业化国家的竞争，美国采取了保护主义，在信息技术和专利问题上对巴西施加双重压力。经济上的"内忧外患"以及长达50 年的进口替代工业化战略，对巴西外交政策的形成起到了至关重要的作用。1992 年，塞尔索·拉斐尔就任巴西外交部长，"参与型自主"的外交理念初步形成。该理念认为，如果巴西想要在国际舞台上享有更大的空间，就不能以保护主权为由而对新的国际议题和制度敬而远之。相反，巴西应该尽力运用自己的价值观和外交传统影响国际议程。费尔南多·恩里克·卡多佐①继任外交部长后，对"参与型自主"外交理念进行了扩展和深化。他认为，巴西必须跨越专制民族主义和内向型发展阶段，努力实现对世界事务的竞争性参与。1993 年 5 月，卡多佐出任财政部长，塞尔索·阿莫林接任外交部长，巴西的外交政策表现出更明显的多元化和自主性特征。为了能够在

---

① 后来成为巴西总统，在 1992 年 10 月～1993 年 5 月任巴西外交部长。

多边论坛中面对发达国家具备更强的谈判能力，巴西努力加强与其战略伙伴之间的关系，并积极扩大在政治、经济和技术等领域的利益范围。卡多佐正式就任总统后，两届任期内形成了巴西"参与型自主"理念指导下的外交格局，外交政策符合民主政治价值和经济自由主义。在这个时期，南方共同市场是巴西参与国际事务的平台。巴西还积极寻求与全球价值和趋势更好地保持一致，积极参加包括环境保护、裁军、贸易自由化等议题在内的各种多边论坛。

自卡多佐总统时期开始，巴西一直坚持多边主义的外交战略，重视国际法，推动全球治理改革，利用实用主义原则支持其实现拉美地区领导权和世界大国地位的国际战略目标。[①] 但是在卡多佐第一任任期内，巴西重视发展与美国和欧盟等发达国家与地区的关系。"金砖四国"概念提出后，巴西的响应力度最大。金砖国家合作机制正式确立后，巴西积极参与，希望利用这一机制提升其国际地位。[②] 2001 年"9·11"事件之后，美国的多边主义倾向开始减弱，关注的重点也从贸易领域转移到中东和宗教极端主义。在此背景下，巴西的外交政策也出现了较为明显的改革迹象，在坚持倡导多边主义的基础上，优先发展经济。与此同时，中国、印度、俄罗斯和南非等新兴经济体快速发展，时任总统卡多佐开始拟定以重申自主理念为导向的外交政策，重点发展与这些国家的关系。

2003 年，劳工党主席卢拉当选总统后，更加重视加强与主要新兴经济体之间的联系。2003 年 1 月，卢拉的就职声明提到，"政府的重中之重是在民主和社会正义的基础上，建立一个政治稳定、繁荣和团结的南美洲"。2007 年 1 月，卢拉在第二任任期的就职演说中重申了巴西对于多边主义的坚持，确认了同南方世界的联系是一个重点。在卢拉总统的领导下，巴西参

---

① Cardoso, F. H., *A arte da política: a historia que vivi*, Rio de Janeiro: Cililização Brasileiro, 2006, p. 602.

② 王飞：《巴西经济社会发展及在全球发展与治理体系中的角色》，林跃勤、周文主编《金砖国家发展报告（2016）：全球治理变革与新兴国家角色》，社会科学文献出版社，2016，第47页。

与了一系列高级别的外交倡议，包括其在世界贸易组织（WTO）框架下和20国集团（G20）中的地位、反饥饿全球基金倡议以及生物燃料外交。在地区层面，巴西重构和加强南美国家的一体化。吸收委内瑞拉加入南共市，并且建立了南美国家联盟，以期巩固南美洲的领导地位。随着印度、巴西和南非"三国对话论坛（IBSA）"的成立，巴西与印度和南非的关系正常化。同时，卢拉领导下的巴西积极加强与中国和俄罗斯在商业、科技和军事等领域的合作。巴西的外交政策正式从"参与型自主"过渡到"多元化自主"，即通过"南南联盟"使巴西遵循国际原则和规范，从而打破单边主义，实现多极化和更大的平衡。[①]

卢拉政府在外交上的根本立足点是用多元化自主的理念取代参与型自主，从而使巴西巩固了一种更加积极的外交政策。卢拉坚持推行多边主义，发挥其作为建立国际政治秩序的原则的作用，并将其视为一种广泛的运动，以实现国际社会的权力分散和规范。[②] 在与超级大国的交往中强调自主，通过双边努力或国际机构来加强与南方国家的联系，部分继承了军政府时期就形成的"负责任的实用主义"[③] 传统。但是，"负责任的实用主义"与南方议程并不完全一致，这是巴西外交政策中的又一特点。例如，巴西从来不是不结盟运动的成员。

（二）巴西与金砖机制

巴西以一种较为平衡的方式发展国际关系，试图利用金砖国家合作机制谋求自主化，并且巩固其在拉美地区的领导地位。2009 年 6 月，首届"金砖国家峰会"在俄罗斯举行，正式启动了金砖国家之间的合作机制。

① 关于巴西外交政策的三种类型转变，可以参考杜鲁·维也瓦尼、加布里埃尔·塞帕鲁尼著《巴西外交政策：从萨尔内到卢拉的自主之路》，李祥坤、刘国枝、邹翠英译，社会科学文献出版社，2015，第 1～14 页。

② 杜鲁·维也瓦尼、加布里埃尔·塞帕鲁尼著《巴西外交政策：从萨尔内到卢拉的自主之路》，李祥坤、刘国枝、邹翠英译，社会科学文献出版社，2015，第 107 页。

③ "实用主义"在巴西一直可以追溯到军政府时期，1967 年之后，盖泽尔总统推行了"负责任的实用主义"政策，通过远离国际权力中心实现自主。

2010年4月，第二届"金砖国家峰会"在巴西举办，四国领导人在其首都巴西利亚重点就世界经济金融形势、国际金融机构改革、气候变化、"金砖四国"对话与合作等问题交换看法，并发表联合声明。在联合声明中，四国商定推动"金砖四国"合作与协调的具体措施，"金砖国家"合作机制初步形成。"金砖国家峰会"先后在五个成员国完成了第一轮轮回之后，2014年7月，第二个轮回的首次会议在巴西福塔莱萨举行。此次峰会的议题是"包容性增长：可持续的解决之道"，该议题的选择反映出巴西在全球经济治理架构中的态度和意愿，展现巴西在可持续和包容性增长方面取得的内外成就的同时，推动金砖国家在这一议题上的合作以及在全球发声。在这次会议上，标志着金砖国家参与全球经济治理里程碑意义的"金砖国家新开发银行"和"外汇储备库"正式成立。这是金砖国家在全球金融治理上的突破。巴西利用两次金砖主场外交向世界传递了"巴西声音"。

1. 金砖机制与谋求自主化

巴西是一个有着大国身份认同的国家，促进发展与提升国际地位是其现代化发展的两个主要目标，也是其积极参与全球治理机制变革的原动力。[1]巴西人认为，参与国际机构意味着未来有更多的政治空间，能够在一些国际规则的制定中为自身利益做出努力，拒绝可能产生不利影响的规则。[2]因此，卢拉总统上台之后，积极提高巴西的国际参与度，在重塑全球政治经济秩序、推动国际关系民主化等方面发挥了积极的作用。金砖国家合作机制确立之后，巴西积极参与，希望利用这一机制提升其国际地位，又以获得里约奥运会的主办权为最高峰。巴西和卢拉领导的劳工党积极利用这一合作平台，谋求最高的国际地位和最大权益。

---

① 王飞：《巴西经济社会发展及在全球发展与治理体系中的角色》，林跃勤、周文主编《金砖国家发展报告（2016）：全球治理变革与新兴国家角色》，社会科学文献出版社，2016，第47页。

② 格拉迪斯·莱奇尼、克拉丽莎·贾卡格里亚：《卢拉时代巴西的崛起：地区领袖还是全球参与者？》，《拉丁美洲研究》2011年第4期。

全球金融危机之后，巴西的外交政策更加灵活。在巴西外交部的第一本白皮书中提到，"金砖国家加强了巴西与其他新兴国家的联系，金砖外交的基本目的是经济社会发展和加强和平与稳定，但金砖国家不能被看成外交政策的终点"。[①] 由此可以看出，巴西长期以来从未放弃对实现大国地位的不懈追求。

巴西政府一直希望建立一个发展中国家联盟，从而在更好的政治条件下进行谈判，从而使南北交换更加公平。[②] 金砖国家合作机制恰好给了包括巴西在内的世界上发展最受瞩目的5个发展中国家这样一个机会。于是，巴西成为金砖国家合作积极倡导者，坚持"参与谋求自主"的理念，希望利用金砖国家合作机制参与全球治理，使其拉美地区领导国的地位得到国际认可，并从地区大国走向世界大国，其终极目标是寻求在联合国安理会中的位置。因此，在俄罗斯提出将虚拟的"金砖四国"转化为一个四国集团（G4）的倡议后，卢拉积极响应，希望将金砖合作升级为一个正式的政治协调机制。[③] 在成功举办第二届"金砖国家领导人峰会"之后，巴西又利用第六届"金砖国家领导人峰会"，强化了其在南美洲的领导地位。[④]

同时，在多边主义外交战略的背景下，巴西积极推进金砖国家之间的务实合作，扩大国际影响力和话语权是根本动因。首先在贸易领域，南方共同市场效果有限、南美国家联盟缺乏实质性进展，巴西与区域内的贸易距离其

---

① Brics，entre o pragmatism e a ambição. O Globo，2014 – 03 – 31.

② Andrew F. Cooper and AgataAntkiewicz，"Emerging Powers in Global Governance：Lessons from the Heiligendamm Process"，Wilfrid Laurier University Press，2008，p. 159.

③ Andrew F. Cooper and AgataAntkiewicz，"Emerging Powers in Global Governance：Lessons from the Heiligendamm Process"，Wilfrid Laurier University Press，2008，p. 157.

④ 《金砖国家领导人第六次会晤福塔莱萨宣言》中写道："……我们将在金砖国家领导人第六次会晤期间举行金砖国家同南美国家领导人对话会，促进金砖国家与南美国家合作。我们重申支持南美一体化进程，特别是认可南美国家联盟在促进区域和平和民主、实现可持续发展和消除贫困方面的重要作用。我们相信，加强金砖国家与南美国家对话可以在促进多边主义及国际合作、推动在相互依存和日趋复杂的全球化世界中实现和平、安全、经济和社会进步及可持续发展等方面发挥积极作用……"

期望的目标相去甚远。① 由美国主导建立的、维护其自身经济霸权的 TPP 和 TTIP 曾经进展较快，使多边贸易机制受到较大冲击，巴西与其他金砖国家维护自身利益的形势更加严峻。因此，推动金砖国家务实合作是现实所需。其次在金融领域，倡导国际金融公平、公正、透明地监管，符合巴西参与全球经济治理、维护自身利益的需要。历史上，巴西饱受经济和金融危机的折磨。全球金融危机后国际资本流动现状表明，现有的国际金融市场和经济运行监管机制效率低下，有必要对全球经济治理结构进行改革。但在国际金融机构改革进程滞缓的情况下，以新开发银行和应急储备库为契机，积极寻求扩大与金砖国家在金融领域的合作，不失为一种良策。巴西还通过与金砖国家签署货币互换协议保证一定的流动性。

2. 金砖主场外交

2009 年，"金砖四国"领导人首次在俄罗斯举行了会晤，"金砖四国"首脑峰会确立。2010 年 4 月，第二届"金砖四国"领导人峰会在巴西召开，商定推动"金砖四国"合作与协调的具体措施，标志着金砖国家合作机制初步形成并将年度首脑峰会常态化。此次会议发表了《金砖国家领导人第二次正式会晤联合声明》，商定推动金砖国家合作与协调的具体举措，在全球治理、国际经济金融事务、农业、消除贫困、能源、气候和恐怖主义等领域达成了合作共识。

如果说 2010 年 4 月在巴西利亚举行的第二届"金砖国家峰会"是最初的"金砖四国"探索合作机制的前期准备，那么 2014 年的第六届"金砖国家峰会"则是巴西充分展现金砖主场外交的舞台。2014 年 7 月 ~ 2015 年 3 月，巴西担任金砖国家轮值主席国。其间，巴西承办了金砖国家领导人第六次会晤。作为金砖国家领导人会晤第二轮的首场，巴西将此次会晤的主题定为"包容性增长的可持续解决方案"，体现了以巴西为代表的金砖国家采取的包容性宏观经济和社会政策以及为应对人类现实增长、包容性和环保挑战的迫切需要。

---

① 吴国平、王飞：《浅析巴西崛起及其国际战略选择》，《拉丁美洲研究》2015 年第 1 期。

2014 年 7 月 15 日，金砖国家在福塔莱萨共同发表了《金砖国家领导人第六次会晤福塔莱萨宣言》。主要内容包括：（1）重申了金砖国家维护国际法和多边主义，促进全球和平、经济稳定、社会包容、平等、可持续发展的努力方向，以及金砖国家"和平、发展、合作、共赢"的宗旨。（2）重申了加强同其他新兴经济体、发展中国家以及国际和地区组织的合作关系，愿意为实现强劲、可持续和平衡增长的共同目标做出贡献。（3）面临全球经济复苏较大风险，坚持谨慎制定政策和加强各方沟通的原则，力争使其负面效应最小化。（4）重申了将继续加强相互合作并同国际社会一道，维护金融稳定，支持可持续、强劲、包容性增长，促进有质量的就业。（5）宣布成立金砖国家开发银行，为解决成员国和其他新兴市场与发展中国家的基础设施缺口提供融资。（6）宣布签署建立初始资金规模为 1000 亿美元的应急储备安排协议，帮助成员国应对短期流动性压力，加强全球金融安全网，并对现有的国际机制形成补充。[①]

峰会的另一成果是明确制订了包括 23 项议题在内的"福塔莱萨行动计划"，覆盖了国家安全、金砖合作机制、经济、科技、教育、人口、财政金融、城市发展、禁毒合作、反腐败、气候以及体育赛事等各个方面。基于2013 年的《金砖国家领导人第五次会晤德班宣言》提出的九项合作新领域，《福塔莱萨宣言》对反腐败合作、禁毒合作、能源和体育赛事四个领域进行了扩展和推广。同时，巴西峰会还提出了五项金砖国家可以在未来开拓的新合作领域：高等教育学历学位互认、劳工和就业、外交政策规划对话、保险和再保险合作、电子商务专家研讨会。福塔莱萨峰会结束之后，巴西开启金砖国家轮值主席国任职，积极践行"福塔莱萨行动计划"，推进金砖国家务实合作。据统计（见表 1），巴西担任金砖国家轮值主席国期间，共进行了14 次议题磋商，其中有 10 次在巴西本土举办。

---

① Sixth Summit: Fortaleza Declaration and Action Plan, http：//brics. itamaraty. gov. br/category - english/21 - documents/223 - sixth - summit - declaration - and - action - plan，检索日期：2017 年 5 月 10 日。

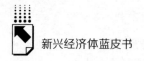

表1　巴西担任金砖国家轮值主席国期间举行的磋商

时间	地点	内容	会议公告
2014 年 5 月 14～16 日	库里提巴（巴西）	第四次金砖国家领导人会议的最后声明	有
2014 年 9 月 19 日	凯恩斯（澳大利亚）	金砖国家财长和央行行长会议	无
2014 年 9 月 25 日	纽约（美国）	金砖国家外交部长会议（联合国会议期间）	有
2014 年 11 月 15 日	布里斯班（澳大利亚）	金砖领导人会议（G20 会议期间）	有
2014 年 11 月 17～19 日	里约热内卢（巴西）	金砖国家统计机构负责人会议	无
2014 年 11 月 27～28 日	巴西利亚（巴西）	金砖国家农业合作工作组会议	无
2014 年 12 月 2～5 日	巴西利亚（巴西）	金砖国家卫生部长会议	有
2014 年 12 月 15～16 日	巴西利亚（巴西）	金砖国家经济贸易问题联络小组会议	无
2015 年 2 月 10～13 日	巴西利亚（巴西）	金砖国家人口问题专家学者研讨会	有
2015 年 3 月 2 日	巴西利亚（巴西）	金砖国家教育部长会议	有
2015 年 3 月 3～4 日	巴西利亚（巴西）	金砖国家协调人中期会议	无
2015 年 3 月 3 日	伊斯坦布尔（土耳其）	金砖国家反腐合作会议	无
2015 年 3 月 11～13 日	巴西利亚（巴西）	金砖国家农业和土地发展部长会议	有
2015 年 3 月 17～28 日	巴西利亚（巴西）	金砖国家科技创新部长会议	有

资料来源：巴西外交部，http：//brics. itamaraty. gov. br/pt_ br/pptbrasil。

　　从所取得的成果来看，金砖国家在人口问题、科技创新和知识产权等领域的合作获得了突破性进展。2015 年 2 月在巴西利亚召开的首届金砖国家人口问题部长级会议和第二届金砖国家人口问题工作组会议通过了金砖国家在这一议题上的合作日程表，明确规定在 2020 年之前需要实施合作的内容与目标。2015 年 3 月在巴西利亚举行的第二届金砖国家科技创新部长级会议则正式签署了《金砖国家政府间科技创新合作谅解备忘录》①，为此后推进金砖国家科技创新合作搭建了框架。同时，此次磋商还发布了《巴西利亚宣言》②，重申了科技创新对于推动包容性增长的核心作用，强调了金砖

---

① Meeting of BRICS Ministers of Science, Technology and Innovation, Memorandum of Understanding, http：//brics. itamaraty. gov. br/images/BRICS% 20STI% 20MoU% 20ENGLISH. pdf，检索日期：2017 年 5 月 10 日。

② II BRICS Science, Technology and Innovation Ministerial Meeting：Brasília Declaration, http：// brics. itamaraty. gov. br/category – english/21 – documents/248 – ii – brics – science – technology – and – innovation – ministerial – meeting – brasilia – declaration，检索日期：2017 年 5 月 10 日。

国家间的合作模式将包括科技创新政策和战略的信息交流、制订问题导向的长期合作计划，并提出将寻求合适的合作机制。这涵盖了科技、基础设施建设、可持续能源以及覆盖三大产业的信息共享与资金支持等各个方面。

二 巴西提议与巴西政策

"金砖巴西"的全球治理观追求的是维持目前的国际地位、巩固在拉美的大国地位以及保证其经济发展。这一理念也充分体现在了巴西推进金砖国家开展务实合作的政策措施当中。在全球经济陷入"新平庸"以及世界大宗商品繁荣周期一去不复返的大背景下，巴西积极深化同其他金砖国家之间的合作机制，以完善新开发银行和应急储备基金等金融合作为突破口，在全球事务中勇于担当、奋发有为，并以此为积累治理经验及履行更大治理职责奠定坚实基础。

（一）金砖合作机制化的"巴西角色"

作为整体，从最初投资领域的"金砖四国"到当今全球范围内最重要的新兴经济体多边合作机制，金砖国家的合作经历了一个渐进发展的历程。在各国的努力下，合作机制建设不断完善，已经从单一层次的外长会议逐步发展成为以"金砖峰会"为中心、辐射各个层级的多层次合作机制，议题也实现了扩展。其中，俄罗斯和巴西是最为积极的两个国家，这体现在前两次的"金砖国家峰会"的举办上。[1] 巴西在金砖国家中的国际话语权地位相对较高，外部影响力在国际社会中较少产生争议，国际合法性高，尤其是在可持续发展、互联网治理和环境保护等方面。

巴西通过实施互惠互利的多边主义外交策略，建立巴西、印度和南非"三国对话论坛"、基础四国等"议题导向"的多边协调机制，积极参与全

---

① 肖辉忠：《俄罗斯的金砖国家外交》，徐秀军等：《金砖国家研究：理论与议题》，中国社会科学出版社，2016，第298页。

球治理重要议题，实现了从国际规则的接受者向制定者角色的转变，国际地位和影响力得到提升。2003 年 6 月 6 日，印度、南非和巴西三国外长在巴西决定成立"三国对话论坛"，由三国外长组成"三边委员会"定期举行对话，就广泛议题进行磋商。9 月，三国领导人在联合国大会期间宣布启动"三国对话论坛"。三个国家试图以自身广泛的地区影响力加强在国际事务中的协调与合作，维护发展中国家的利益和提高国际发言权。此举可看成巴西积极推动金砖国家机制化合作的前奏。2007 年的《国情咨文》还提到，巴西政府将持续推动南南合作及伙伴关系的多样化。其中，重点关注已经建立的印度、巴西、南非对话论坛。此外，明确新的商业机遇，向发展中国家扩大巴西商品及服务出口，强化与金砖国家的政治对话、经济、科学及技术合作。自 2009 年金砖国家合作机制形成后，巴西一直将发展与金砖国家之间的合作视为其外交政策的重点之一。2010 年，巴西成立了金砖国家政策中心，成为巴西对外战略和金砖国家合作战略的重要平台，研究合作议程，制定对策安排。①

巴西积极参与金砖国家的活动，推动金砖国家合作的制度建设。金砖国家的机制化合作进程首先确立的是外交部长会晤机制。2006 年 9 月，在俄罗斯的倡议下，"金砖四国"的外交部长在联合国大会期间进行了首次会晤，并确定此后每年依例进行。在首届金砖国家领导人会晤机制建立后，四国领导人在 2010 年巴西利亚举行的第二次会晤上提出加强金砖国家合作与协调的具体举措，推动金砖国家之间的务实合作。这一年，巴西经济强劲反弹，GDP 实现了 7.5% 的高增长，帮助其在全球经济治理中获得了更加平等的对话和合作条件。巴西利亚峰会期间，巴西为金砖国家在企业家论坛、银行联合体和智库会议等议题方面搭建了合作与交流的平台。2014 年，"金砖国家峰会"再次在巴西举办，此次峰会在推动金砖各国金融领域的机制化合作方面取得了突破性进展。新开发银行和金砖国家外汇储备库的建立标志着作为新兴经济体的代表，金砖国家开始尝试在区域和全球范围内进行金融

---

① 林跃勤：《论新兴大国崛起的理论准备》，《南京社会科学》2013 年第 7 期。

公共产品的提供。新开发银行将采取市场化的运作方式，降低贷款成本，创新贷款工具，为发展中国家提供更加强劲、灵活、快捷和以客户为导向的发展融资服务。[1] 金砖各国在确立新开发银行和应急储备库的解决方案上分歧较大，巴西充分发挥了东道主的作用，积极推动各个多边、诸边议题的沟通协调，经过七轮谈判，终于达成全面共识。2015 年 3 月 18 日，巴西参议院全体会议通过了议员安德烈·菲格雷多（André Figueiredo）的提案。[2] 该议员提出成立巴西—金砖国家议会小组，旨在推动和发展金砖国家的关系，加强彼此立法机构的合作和交流。该小组由一位主席、三位副主席、三名秘书和 31 名成员组成。[3] 他认为，在经济大国控制的一些国际组织中，如世界银行和国际货币基金组织，新兴国家的参与度仍然不够。"因此，金砖国家的合作面临寻求战略的挑战，即不仅寻求需要公平均衡地发展，并且在国际舞台上显现主权和独立，不断寻求克服地区不平等和贫困的方法。"

罗塞夫总统被弹劾之后，代总统米歇尔·特梅尔刚被扶正就迅速赶到杭州参加了 G20 峰会，随后又出席了在印度举行的"金砖国家领导人峰会"，足以说明巴西对南南合作，特别是对金砖国家合作的重视。虽然当前巴西的重点是国内经济的恢复，但与金砖国家的合作无疑是助其走出政治经济危机的一把钥匙。2017 年 4 月 6 日，巴西民主运动党（PMDB）参议员罗伯托·瑞吉奥（Roberto Requião）指出，无论是在政治上还是在经济上，巴西参与国际事务和扩展海外市场都必须与地缘政治战略和外交手段相配合。计划中的措施对新市场的开拓、与其他国家建立合作伙伴关系、吸引投资都十分必要，他举例说明，巴西在非洲的投资、金砖国家开发银行的建立和南美洲国

---

① Sixth BRICS Summit – Fortaleza Declaration，http：//brics. itamaraty. gov. br/media2/press – releases/214 – sixth – brics – summit – fortaleza – declaration，检索日期：2017 年 5 月 10 日。

② Câmara dos Deputados, *Câmara Cria Grupo Parlamentar Entre Brasil e Demais Países do Brics*，http：//www2. camara. leg. br/camaranoticias/noticias/politica/483861 – camara – cria – grupo – parlamentar – entre – brasil – e – demais – paises – do – brics. html，检索日期：2017 年 5 月 20 日。

③ Câmara dos Deputados, *Grupos Parlamentares*，http：//www2. camara. leg. br/deputados/intercambio – parlamentar，检索日期：2017 年 5 月 20 日。

家联盟都是非常成功的外交措施。[①] 2017 年 4 月 25 日，巴西外交与国防委员会（Comissão de Relações Exteriores e de Defesa Nacional，CREDN）与中共中央对外联络部拉美局在巴西利亚展开对话。巴西外交与国防委员会主席、参议员布鲁纳·弗兰（Bruna Furlan）重申，"巴西与俄罗斯、印度、中国及南非的关系是外交政策中的优先选项，而且在国防方面的重要性越来越重要"。前主席佩德罗·维莱拉（Pedro Vilela）也强调，"金砖国家是需要在多方面、多领域共同努力的战略合作伙伴，这就包括国际贸易、科学、技术、创新和教育等方方面面"。[②]

（二）具体合作领域的"巴西声音"

巴西 2009 年的预算法案中提到，为了巩固多年来的工作成果，国家工业研究所（Instituto Nacional da Propriedade Industrial，INPI）将专门划拨 1.17 亿雷亚尔的预算，推动与南方市场、拉美国家和金砖国家的多方位合作。[③] 在 2011 年的预算法案中再次强调了该任务，指出国家工业研究所必须继续深化与上述各方的合作计划。[④] 近年来，巴西经济减速以及 2015 年第三季度以来的政治经济危机影响了巴西在金砖国家合作中的参与度，国内改革是其政策的重点。但是，尽管经济增长遇到困难，巴西在推动金砖国家合作方面，还是发挥了一定的作用，尤其体现在金融、贸易、气候和互联网等方面。

第一，推动国际金融体系改革是金砖国家的重要议题，其也是巴西获益最多的领域。鉴于国际金融中不稳定因素及其影响的存在，在多次试图对世

---

① Senado Federal, *Pronunciamento de Roberto Requião em 06/04/2017*, http：//www25. senado. leg. br/web/atividade/pronunciamentos/ – /p/texto/430094，检索日期：2017 年 5 月 16 日。

② Câmara dos Deputados, *PC Chinês Busca Fortalecimento do Diálogo Político com o PSDB*, http：//www2. camara. leg. br/atividade – legislativa/comissoes/comissoes – permanentes/credn/noticias/pc – chines – busca – fortalecimento – do – dialogo – politico – com – o – psdb，检索日期：2017 年 5 月 16 日。

③ Ministério Do Planejamento, Orçamento E Gestão Secretaria De Orçamento Federal，"Orçamentos Da União Exercício Financeiro 2009 Projeto De Lei Orçamentária"，Brasília：MP, SOF, 2008.

④ Mensagem Presidencial – Projeto de Lei Orçamentária 2011.

界银行和国际货币基金组织进行结构调整的努力失败后，金砖国家通过建立金砖国家开发银行和应急储备基金加强金融合作，希望以此来推动国际金融体系改革，改变全球经济治理中的权责不一致现象。[①] 金砖国家首次峰会就提出应推动国际金融机构改革，在第三次峰会上，签署了《金砖国家银行合作机制金融合作框架协议》，标志着其金融合作正式起步。[②] 2010 年 12 月，国际货币基金组织批准了关于份额和投票权改革的计划，金砖国家的份额从 11.5% 提高到 14.81%，投票权从 11.01% 提高到 14.14%。其中，巴西的份额和投票权分别为 2.32% 和 2.22%，均实现了提高。2010 年 4 月在世界银行治理结构的改革中，金砖国家的投票权也得到了整体提升，巴西的投票权份额从 2.07% 增加到 2.24%。以此为契机，巴西积极推动金砖国家之间的金融合作。

2011 年 3 月，金砖国家三亚峰会期间，巴西国家开发银行、中国国家开发银行、俄罗斯开发银行与对外经济活动银行、印度进出口银行和南非南部非洲开发银行共同签署"金砖国家银行合作机制金融合作框架协议"，拟在五国间利用本国货币进行融资、扩大本币结算、促进贸易和投资便利化。2012 年 3 月 28 日，巴西总统罗塞夫在印度参加金砖国家领导人第四次会晤时表示，联合国安理会以及国际主要金融机构，包括国际货币基金组织和世界银行都需要改革。2012 年第四次金砖峰会上金融合作首次成为主要议题并提出建立金砖国家开发银行的构想。2014 年金砖领导人第六次会晤在巴西进行，最终达成了建立金砖国家开发银行的基本框架。巴西利用"金砖峰会"主办方优势促使在最后一刻就银行总部选址争执不下的中国和印度达成共识，对于新开发银行协议的达成发挥了关键性作用。

第二，在贸易领域，巴西反对贸易保护主义，倡导贸易自由化。以巴西、印度等金砖国家为首的发展中国家，在世界贸易组织多哈回合贸易谈判中采取了较为强硬的态度，坚持要求发达国家取消其对农业的补贴。农业一

---

① 王飞：《金砖国家金融合作：全球性公共产品的视角》，《新金融》2017 年第 1 期。
② 吴国平、王飞：《金砖国家金融合作的机遇与挑战》，《中国金融》2013 年第 12 期。

直以来都是巴西的优势产业，其农产品贸易具有强大的竞争优势。多哈回合的顺利谈判将通过降低农业关税壁垒促进巴西农业的出口，提升其贸易水平。① 卢拉总统在2003年墨西哥坎昆部长会议召开前领导创建了"20国协调组"，坚持工业产品贸易自由化必须以农业产品贸易自由化为前提。巴西在以解决农业问题为核心的多哈回合贸易谈判中发挥了领导力，符合其国家利益，同时获得了其他发展中国家的支持。中国、印度和南非等国同巴西一起，发挥了核心作用。同时，巴西方面还积极探索建立金砖国家自由贸易区以及贸易保障措施。2014年在巴西福塔莱萨举行的"金砖峰会"上，金砖各国签署了出口信贷保险机构之间的合作备忘录，对于促进各国之间的贸易和投资具有保障性作用。总统弹劾案之后，处于政治经济危机中的巴西将与金砖国家之间的贸易合作看成摆脱经济困境的有效途径。例如，参议员格雷斯·霍夫曼（Gleisi Hoffmann）在2017年4月20日的发言中表示，必须加强"南南贸易"，尤其是与金砖国家和南方国家的国际贸易。②

第三，在金砖国家扩容方面，巴西坚持积极的态度。2013年，金砖国家领导人第五次峰会之后，巴西与15个非洲国家的领导人就"金砖国家和非洲在基础设施领域的合作"进行了对话。此举开创了"金砖国家+"的互惠合作模式。紧接着，2014年的巴西福塔莱萨峰会，将这一模式进行了拓展。巴西负责联系拉美国家共同体和南美洲国家联盟的代表参会，并具体设计实施了金砖国家与这两个地区性组织对话的详细内容和议题程序。此举不但彰显了巴西在拉美地区的影响力，还为金砖国家未来的发展模式开辟了一条新的道路，即金砖国家与关涉更多、覆盖更广的发展中国家建立交流与合作的途径，"以点带片"促进全球治理与互利共赢，把金砖经验推广到更广阔的发展中国家和地区。此后，由当年承办"金砖国家领导人峰会"的

① Nogueira, S. , "The International Financial Crisis and Brazil in the Doha Development Round", ICONE – Institute for International Trade Negotiations, 2009, http: //www. nsi – ins. ca/wp – content/uploads/2012/11/2009 – Brazil – presentation. pdf. 检索日期：2017年3月25日。

② Senado Federal, *Pronunciamento de Gleisi Hoffmann em 20/04/2017*, http: //www25. senado. leg. br/web/atividade/pronunciamentos/ – /p/texto/430283，检索日期：2017年5月16日。

国家邀请相关次区域内的国家和国际组织参会的规定被固定下来。这体现了金砖国家合作机制坚持开放和包容的原则。但是，针对墨西哥申请加入"金砖国家"，巴西一直坚持反对，其理由是成员国数量增加会加大磋商和协调的难度，损害工作效率。但实际上则是忌惮墨西哥利用金砖机制实现在拉美领导力的提高。

第四，气候合作方面，巴西坚持一贯的强硬态度，积极推动金砖国家的合作。由巴西、印度、中国和南非组成的"基础四国"是发展中国家组成的《联合国气候变化框架公约》下的谈判集团，于 2009 年 11 月 28 日联合国气候变化谈判哥本哈根会议召开前夕，在中国的倡议和推动下形成。自此之后，四国每季度轮流在本国主持召开气候变化部长级会议，就气候变化相关重点议题、发展中国家的关切内容进行讨论和立场协调。通过这一有效的协调机制，四国在历次气候变化国际谈判协调会和缔约方大会期间以"基础四国"名义进行统一发声，已对谈判进程产生了重大影响。第二十四次"基础四国"气候变化部长级会议于 2017 年 4 月 10 ~ 11 日在北京举行。巴西将举办下一次"基础四国"气候变化部长级会议。2015 年，中国和巴西签署了《中华人民共和国政府和巴西联邦共和国政府关于气候变化的联合声明》，两国将进一步在可再生能源、森林碳汇、节能、能效和低碳发展等领域开展务实合作。其中，双方重点提到了太阳能领域的合作，在太阳能板和电池产业上增进共识，探索商业机会，开展政策、规划、技术标准、检测认证等方面的交流以及人员培训，推动中国太阳能企业在巴西投资建厂。[1]

第五，在互联网治理和其他相关领域，巴西也提出了倡议并且在国内率先实行了相关措施和政策。早在 2011 年 12 月，巴西就与印度、南非在联合国共同提出建立"联合国互联网相关政策委员会"，加强政府层面的合作，并将私营部门和民间团体等相关方的提议纳入参考范围。由于互联网议题涉及巴西战略安全，巴西积极推动金砖国家在这方面的合作。2014 年 7 月的

---

① 《中华人民共和国政府和巴西联邦共和国政府关于气候变化的联合声明》，《人民日报》2015 年 5 月 21 日第 3 版。

金砖国家领导人第六次会晤达成的《福塔莱萨宣言》，表达对互联网成为恐怖分子活动手段的关切，强调遵守国际法原则和准则，以及通过国际合作确保和平、安全和开放的网络空间的重要性。巴西的互联网治理目标是强调国家安全和用户的隐私权。为了实现这一目标，巴西加入了金砖国家之间的海底光缆建设计划，希望通过多元化获得网络空间的战略独立性。同时，巴西颁布了《互联网民法》，努力平衡用户、政府和运营商的权利与义务，保持互联网的开放特性，加强保护网民的隐私。[①] 2017年的《巴西国防白皮书》指出，在国防方面，巴西寻求优化从更发达国家获得技术的条件。同时，鉴于金砖国家以及巴西、印度和南非"三国对话论坛"显示出的特点，在高端技术领域，发展中国家之间仍有很大的合作空间。因此，巴西将在吸收发达国家技术的同时，积极推动金砖国家之间的合作。[②]

三 结语

自卡多佐总统第二任期以来，多边主义贯穿了巴西的国际战略，劳工党两位总统、三届半任期[③]都通过实施多边主义的外交政策参与全球治理，促进南南合作，共同服务于其追求拉美地区领导权和世界大国地位的战略目标。金砖国家合作机制被巴西看成谋求自主化的有效手段，通过两场金砖主场外交，向世界传递了"巴西声音"。

巴西的金砖合作战略总体上对金砖合作起到了正面且积极的作用。2010年，巴西承办的第二届金砖国家领导人峰会，对金砖峰会机制的形成起到了巩固作用。2014年，金砖国家峰会第二轮轮回首先从巴西开始，则体现了巴西在促进团结、提振信心和巩固合作方面的重要贡献。在推进金砖国家务

---

① 何露杨：《互联网治理：巴西的角色与中巴合作》，《拉丁美洲研究》2015年第6期。

② Presidência Presidência da República, "Encaminha, Para Apreciação, os Textos da Proposta da Política Nacional de Defesa, da Estratégia Nacional de Defesa e o Livro Branco de Defesa Nacional", DCN de 09/03/2017.

③ 事实上，罗塞夫2016年被弹劾、代总统特梅尔转正之后，也坚持了实用主义和多边主义的外交政策。

实合作方面，巴西利用其国际话语权地位相对较高，外部影响力在国际社会中较少产生争议，国际合法性高等特点，积极推动各国间合作的机制化建设，尤其是在金融、气候和互联网治理等议题方面。

展望未来，虽然国内政治经济危机尚未结束，经济减速也在一定程度上影响了巴西在金砖合作中的影响力，但是巴西的多边主义外交仍然相对活跃，国内的结构性改革仍在继续，其经济影响力和发展潜力仍然巨大。与此同时，巴西国内的各种缺口恰恰成为促进金砖国家在这些领域推进务实合作的契机，无论是基础设施建设、劳工改革，还是反腐败，都为日后巴西与其他金砖国家成员国开展对话和合作提供了合作基础。

参考文献

1. 复旦大学金砖国家研究中心、金砖国际合作与全球治理协同创新中心：《全球发展中的金砖伙伴关系：金砖国家合作与全球治理年度报告（2015）》，上海人民出版社，2015。
2. 复旦大学金砖国家研究中心、金砖国际合作与全球治理协同创新中心：《国际治理与金砖国家的解决方案：金砖国家合作与全球治理年度报告（2016）》，上海人民出版社，2016。
3. 林跃勤：《金砖国家：增长问题与增长转变——国外学术界观点述评》，《国外社会科学》2013 年第 4 期。
4. 林跃勤：《治理现代化与新兴国家崛起》，《南京社会科学》2015 年第 3 期。
5. 时宏远：《印度巴西南非对话论坛：缘起、成就与挑战》，《拉丁美洲研究》2009 年第 5 期。
6. 苏宁等：《全球经济治理：议题、挑战与中国的选择》，上海社会科学院出版社，2014。
7. 徐秀军等：《金砖国家研究：理论与议题》，中国社会科学出版社，2016。
8. Alexandre Uehara and Guilherme Casaroes, "Brazil, East Asia, and the Shaping of World Politics", Perceptions, Vol. 18, No. 1, 2013.
9. Jesus, Diego Santos Vieira de, "The Benign Multipolarity: Brazilian Foreign Policy Under Dilma Rousseff", Journal of International Relations and Foreign Policy, Vol. 2, No. 1, 2014, pp. 19 – 42.

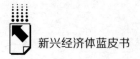
10. Pedro Seabra, "A Harder Edge: Reframing Brazil's Power Relation with Africa", Revista Brasileira de Política Internacional, Vol. 57, No. 1, 2014.

11. Steen Fryba Christensen, "Brazil's foreign policy priorities", Third World Quarterly, 2013, Vol. 34, No. 2, pp. 271 – 286.

12. Wehner, L. E. , "Role Expectations as Foreign Policy: South AmericanSecondary Powers' Expectations of Brazil as a Regional Power", Foreign Policy Analysis, 2015, Vol. 11, No. 4, pp. 435 – 455.

B.3
俄罗斯对金砖国家的政策态度、利益诉求及其根源

涂志明*

摘　要：　基于对俄罗斯冷战后的外交政策变迁梳理这一基点，本文分析了俄罗斯对于金砖国家政策态度的演变、推动金砖国家合作机制建设的行为及金砖外交背后的利益诉求及其根源。

关键词：　俄罗斯　金砖国家　利益诉求

"金砖国家"在起初由高盛公司的经济概念转变为现实机制的过程中，俄罗斯发挥了重要的推动作用。本文以俄罗斯推动金砖国家这一机制的发展为起点，探寻俄罗斯针对金砖国家的政策态度演变及其金砖外交背后的利益立足点。但是，在这之前有必要对俄罗斯冷战后的外交政策进行简单梳理，以此为研究的基点，从而更清晰地认识俄罗斯开展金砖国家机制建设背后的利益诉求及其根源。

一　俄罗斯开展金砖国家外交的基本背景

苏联解体后，俄罗斯作为苏联法理上的继承者立足于国际政治舞台，无论是国际环境还是国家间综合国力竞争方式都发生了很大转变。以美国为首

---

* 涂志明，江西师范大学马克思主义学院讲师，新华社瞭望智库特约研究员，研究方向为俄罗斯问题。

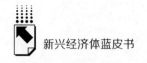

的西方国家依托自身的政治经济优势，加之对全球化进程的主导，进一步谋求扩大势力范围，不仅要巩固冷战后的既得成果，还要把这种优势推广到未被西方集团影响到的地区和国家。

普京在 2005 年的《国情咨文》中曾经指出，"苏联解体是 20 世纪最大的地缘政治灾难"。① 这种灾难不仅体现在苏联解体在领土与资源方面给俄罗斯造成的损失，还在地缘政治层面上令俄罗斯失去了重要的战略缓冲，同时，俄罗斯还不得不为了保持后苏联空间内的国家间团结与合作，在自身经济困难的前提下被动地承担起援助原先加盟共和国的任务。而且，苏联解体后，在原先领土上曾经被压抑的各种族、宗教以及领土争端纷纷涌现，加之冷战后日益凸显的恐怖主义问题，越发深刻地影响着俄罗斯的政治安全。

此外，在苏联解体初期，俄罗斯国内也面临严峻的形势。一方面，俄罗斯在经济领域接受西方开出的"药方"，实施"休克疗法"，导致本已脆弱的经济雪上加霜，而且在政治经济体制上复制西方国家的模式，也并没有使其出现预期中的"民主"模式，反而使得国内政局跌宕起伏，这种政治经济交互式的撕扯，严重制约了俄罗斯对国际事务的参与。另一方面，俄罗斯的政治制度也发生了根本变化，尽管朝着西方式的多党制、三权分立的方向改革，但是在体制转轨的过程中，充斥着各种矛盾和分歧，从而引发社会的动荡和不安。且不论以美国为首的西方集团对俄罗斯的各种战略遏制，单单就国内严重的政治经济形势，就足以对其外交政策构成重大影响。

基于苏联解体后的上述局面，俄罗斯在 20 世纪 90 年代初期的外交政策特征是非对抗性。这既出于内部政治经济局势的不稳而急需获得西方国家外部援助的需要，又是对自身在国际社会上实力下降的现实性认知。所以，俄罗斯在独立初期采取的是对西方"一边倒"的外交政策，全面加入西方主导下的国际政治与经济体系中，争取获得西方国家的援助摆脱国内的困境。在国际问题领域，基本上紧紧追随西方国家，主动向欧洲靠拢，积极配合西方国家在热点问题上的立场与政策。这一时期，在针对发展中国家的立场方面，

---

① 俄罗斯总统 2005 年度《国情咨文》，http：//kremlin.ru/。

俄罗斯在其 1993 年的对外政策学说中，强调在处理地区问题方面，发展中国家是俄罗斯成功的全球战略的潜在资源。由于该文件是立足于自由主义和亲西方的对外政策理念基础上制定的，① 所以，发展中国家在俄罗斯外交中的重要性并没有受到重视。随着俄罗斯与西方国家在战略利益上的根本分歧，以及国内对"大西洋主义""西方中心主义"政策的批评，俄罗斯开始扭转以往在西方国家外交中的卑微姿态，转而采取了更为务实的保持与西方、亚太地区以及独联体国家的"全方位外交"，这一政策框架大致持续到普京上台执政为止。

自 2000 年普京上台执政以后，国际整体的政治经济格局发生了巨大变化，一方面，以中国为首的一批新兴发展中国家呈现蓬勃发展的经济活力，在国际舞台上的政治经济影响力越来越大，俄罗斯在高涨的石油价格的推动下，加入到新兴国家的行列中，进一步谋求与发挥在地区和国际事务中的作用。另一方面，俄罗斯以高盛公司首席经济学家奥尼尔提出的"金砖四国"概念为立足点，积极把这一概念变成现实（金砖国家真正变成现实性、常态性合作机制是在 2009 年以后）。这些外交上的新局面源自俄罗斯国力的逐步复苏和领导人对国际事务的理性认知，从而为俄罗斯开展务实外交构建了新的基础，也为俄罗斯的复兴营造了一个有利的外部环境。俄罗斯在这一阶段的对外政策变化在于，除了继续保持与美欧等西方国家的合作关系外，重要的是在多极化政策理念的指导下，加强了与发展中国家的联系。对俄罗斯而言，多极化不仅暗示着国际事务中将形成多权力中心，未来世界更少具有西方特征外，还意味着新崛起的国家将形成新的经济和政治权力中心，并扩大在全球化进程中的自主权，同时，更为积极地介入国际社会新规则的塑造中去。② 由此可见，俄罗斯对发展中国家在国际政治中的地位的认识也发生了很大转变，由此前的冷眼旁观转向积极融入以新兴国家为首的政治经济格局中，并主动承担起作为新兴国家应有的责任，将俄罗斯的发展和壮大置于新兴国家群体性崛起的大背景下。

---

① Cedric de Coning, Thomas Mandrup and Liselotte Odgaard, *The BRICs and Coexistence: An Alternative Vision of World Order*, Routledge, 2015, p. 86.

② 林跃勤主编《金砖国家发展报告（2016）》，社会科学文献出版社，2016，第62页。

然而，俄罗斯在积极融入以新兴国家为代表的国际发展潮流的过程中，其与西方国家、发展中国家之间（以中国、印度、巴西、南非为主要代表）的关系出现了微妙的变化。2013 年底由于乌克兰暂停签署对欧盟的联系国协定，从而引发了对暂缓"入欧"的民众的不满情绪，导致大批抗议者聚集在基辅独立广场，强烈要求政府重返与欧盟的一体化进程，这次危机不仅成为乌克兰内部政局动荡的导火索，[①] 也进一步影响了俄罗斯与新兴国家、西方发达国家间关系，特别是金砖国家在乌克兰危机中的立场，不仅折射出俄罗斯对以金砖国家为首的新兴国家的外交政策，还反映出新兴国家群体在当今世界政治经济进程中具有怎样的影响与地位，更从本质上凸显了俄罗斯的总体外交战略的利益诉求。

总体上来看，俄罗斯在冷战后外交政策从亲西方的政策路线转变为全方位、多领域的政策，以及对新兴国家的重视，不仅意味着俄罗斯外交政策观念趋于成熟，也体现了俄罗斯对国际形势的研究与判断的理性化，在维持与以美国为首的西方国家的外交关系过程中，凭借新兴国家阵营的身份，推动西方主导下的国际秩序更加有助于实现自身的战略利益。

二 俄罗斯（国内）对金砖国家的政策态度

在分析俄罗斯开展金砖国家外交利益诉求和政策取向之前，有必要对利益本身给予一个界定。国家利益是国家对外行为和国际政治研究的基本要素，长期以来，学术界普遍认为国家利益是现实主义学派独有的，但事实上，任何学派都将国家利益视为国家的行为动机。

国际关系领域内的现实主义学派内部尽管有着诸多的分支，但是普遍都将国家利益视为一种物质性力量，权力既是国家行事的目的，也是国家利益。而新自由制度主义学派在继承和批判现实主义利益观的基础上，也提出

---

① 涂志明、张姣：《欧盟、美国与俄罗斯：新三角关系的理论与现实变迁》，《太平洋学报》2016 年第 4 期。

了自己的国家利益观。虽然代表性人物基欧汉对现实主义的利益观有所质疑，但是由于新自由制度主义在根本假设上接受了现实主义的内容，即国际体系处于无政府状态和国家是单一的理性行为体。基于新现实主义的权力分配决定体系结构无法对国家行为给予满意解释，新自由制度主义引入进程因素，强调体系进程中的国际制度和国际规制对国家利益塑造的重要性。但是，该学派强调的制度的非物质性却是以制度提供的物质回报作为国家利益背后行为的主要动因。而建构主义在强调国家利益的基础上，将利益和国家的身份挂钩。身份是利益的先决条件，因为行为体在知道自己是谁之前是无法知道自己需要什么。可以说，国家对自身身份的观念性界定直接影响到利益的实现。此外，建构主义在批判新现实主义物质性的体系与结构的基础上，强调行为体的互动和身份的认同会造就不同的体系和结构，这也就意味着国家对自身身份的不同归属（个体/团体身份、类属身份、角色身份和集体身份）会造就不同的社会环境，反过来，社会环境又会建构国家的身份和利益。因此，在解释世界政治的过程中，最好首先考虑国家观念以及国家观念所建构的利益。①

那么，针对俄罗斯开展金砖国家外交的进程中所谋求的利益，究竟是以何种学派的利益观为出发点呢？从上述俄罗斯开展金砖国家外交的基本背景和前提进行简要梳理的过程中，可以看出，俄罗斯与中、印、巴等新兴发展中国家都在崛起的过程中面临着如何看待西方国家主导的国际体系的问题，这就使得各方对推动全球治理和具体领域内的务实合作有着基本的认同感，使得俄罗斯在自我身份层面与其他金砖成员国找到了共鸣，从而能够较好地协调彼此的利益。所以，本文对俄罗斯的金砖国家外交的分析建立在亚历山大·温特的建构主义理论的基础上。

以俄罗斯为代表的新兴国家本身身份的独特性，就在于其身份是动态性发展的，也决定了它们在国际权力结构系统中的地位是随着权力消长以及它

---

① Alexander Wendt, *Social Theory of International Politics*, Cambridge University Press, 1999, p. 256.

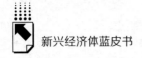

们塑造结果的能力而发生改变。① 而与这种身份相关的利益诉求也会随着身份和外在环境的变化而改变。

在探求俄罗斯自身国家利益和金砖外交的关系的过程中，虽然学者郑华以 Nexis 多语种数据库为依托，将关注点集中于俄罗斯主流媒体在 2013 ~ 2014 年的与金砖国家有关的报道上，从而分析金砖机制对俄罗斯利益塑造带来的变化（尤其是在乌克兰危机发生之后），② 具有一定的参照意义，但大体上，主流媒体的报道很大程度上必须以政府高层领导和学界代表性人物的主要观点为依据。

由于当代俄罗斯外交政策的起点是建立在对自身不足的认识的基础上，它的外交政策也是基于扭转 20 世纪 80 年代和 90 年代时期的衰落局面，以及为其重返真正大国地位奠定内部基础的观念为主导。这种政策基调就决定了俄罗斯对金砖国家的外交政策一开始就是建立在谋求恢复大国地位的基础上的。但是，作为金砖机制的主要倡导者和推动者，俄罗斯并非一开始就对金砖国家抱有积极的态度。

（一）俄罗斯官方的政策态度

在金砖机制建立的早期阶段，俄罗斯政治家曾经接受过学界对金砖国家的评估，而后者相比热情支持者而言，更多地对这一机制的建立抱有"怀疑"态度。③ 但是，自 2006 年开始，这种针对金砖国家的态度发生微妙的变化。首先从俄罗斯高层领导的态度中可以看出。2006 年，俄罗斯外长拉夫罗夫在总统梅德韦杰夫和总理普京的支持下首次提出一个观点，即建立一个包括巴西在内的额外的机构。但是俄罗斯建立金砖会议机制的倡议起初并没有得到来自印度和中国的认可。双方都认为巴西游离于亚洲的安全问题之

---

① S. Neil MacFarlane, The "R" in BRICs: Is Russia an Emerging Power?, *International Affairs*, Vol. 82, No. 1, Perspectives on Emerging Would-Be Great Powers, Jan. , 2006, p. 42.

② 郑华、程雅青:《俄罗斯对金砖国家身份的建构——基于俄罗斯主流媒体涉金砖报道的分析 (2013 ~ 2014)》,《俄罗斯研究》2015 年第 6 期。

③ Cedric de Coning, Thomas Mandrup and Liselotte Odgaard, *The BRICs and coexistence: An Alternative Vision of World Order*, Routledge, 2015, p. 77.

外。而且，金砖国家（BRIC）术语的创造者奥尼尔在 2001 年回忆提出该术语后的最初几年，观察家们和投资者们都不相信"BRIC"中的"B"。

但是，由于中、俄、印三国早就形成了固定的三边会议机制，在移民、反恐等安全问题上取得了积极成果，所以，俄罗斯倡导的"中俄印 + 巴西"机制具备了一定的基础，并和当下流行的 BRIC 观点有很多一致的地方，而且，巴西自身的经济发展成就和代表性以及谋求国际影响力的诉求，贴合俄罗斯冷战后形成的多边外交理念，并不对其本身的任何外交政策思想构成挑战。2006 年 9 月 20 日，第六次联合国大会期间，俄罗斯外长拉夫罗夫和巴西外长塞尔索 - 阿莫林（Celso Amorim）决定就巴西、俄罗斯、印度、中国在巴西驻纽约联合国代表团举行一次非正式会议。四国外长就 BRIC 作为一个联合因素而缓慢发展的议题进行了磋商，各方对 IMF 和世界银行内的权力分配以及 G8 包含新兴国家的不情愿态度表示不满。当然，会议并未达成任何特定协议或在媒体上有公开报道。①

2008 年 7 月 9 日，在日本举行的八国集团峰会期间，在俄罗斯的倡议下，金砖四国领导人举行了自叶卡捷琳堡外长会议以来的短暂会晤，四国表示同意在次年举行一次全面的峰会。在北海道峰会期间，刚上台成为总统的梅德韦杰夫公布了俄罗斯联邦新的外交政策构想。该文件积极评价金砖国家，俄罗斯表示将"全面地参与到"金砖国家当中。②

2008 年 11 月 14 至 15 日在华盛顿举行的首次 G20 峰会期间，金砖国家财长聚集起来商议并寻求协调各自的立场。自此，金砖国家财长会议成为每次 G20 会议期间的一个机制。

2009 年 6 月，四国领导人在俄罗斯的叶卡捷琳堡举行首次会晤，在金砖峰会的公开致辞中，俄罗斯总统梅德韦杰夫谨慎地指出，"最终，我们实施新的经济计划和改革国际金融关系方面的成功将在一定程度上取决于我们对彼此立场的理解以及实施的共同计划"。而且，这次峰会确认了金砖国家

① Oliver Stuenkel, *The BRICS and the Future of Global Order*, Lexington Books, 2015, p. 10.
② Cedric de Coning, Thomas Mandrup and Liselotte Odgaard, *The BRICs and Coexistence: An Alternative Vision of World Order*, Routledge, 2015, p. 78.

在国际舞台上的政治重要性。俄罗斯总统梅德韦杰夫还宣称，"全球问题……没有金砖国家的参与是无法得到有效解决的"，同时，"有必要实施国际议程当中关于经济、外交政策和安全问题方面的较为公正的决策过程"，同时，"金砖峰会的目的在于为这一新秩序创造条件"。①

由于看到金砖国家合作机制产生的巨大潜力，南非便一直谋求加入该机制。但是，俄罗斯对于将南非纳入该组织的决策态度较为温和，因为非洲在其政策安排名单中处于较低的层面。2008 年外交政策构想将非洲置于仅高于拉美的地区政策安排地位，而 2013 年的对外政策构想则将非洲置于名单末位。俄罗斯媒体甚至指出，南非与其他四国并没有共同的政策偏好，因而会削弱金砖国家影响国际热点问题和改变世界秩序的努力。但值得注意的是，在 2013 年外交政策构想中，金砖集团在文件中的"新的世界秩序浮现"的小标题下再次被提及。这一次，它被列在 G8、上合组织和中俄印三边会议之前，完全表明俄罗斯对金砖机制态度的转变和对这一机制的重视程度的提高。② 虽然，2010 年 12 月，南非作为成员正式加入"金砖国家"机制，但是，俄罗斯内部对新成员进入导致的差异性仍然有所质疑。

在 2012 年 3 月总统大选前夕，普京在《外交政策》杂志上刊登主题文章，对金砖集团经济的增长给予了特别评论。他认为金砖集团是"单极世界向更为公正的世界秩序过渡的重要标志"。在俄罗斯，金砖集团被视为推动当前国际关系体系民主化的手段。因为其正处于欧洲和亚洲的边缘，俄罗斯领导需要塑造一个有效的安全政策目的就是在全体体系中发挥更大作用。③

2013 年，在南非德班举行的金砖国家峰会中，俄罗斯总统普京再次强调，金砖集团内的事务是俄罗斯的外交政策优先安排之一。俄罗斯的中长期

---

① Oliver Stuenkel, *The BRICS and the Future of Global Order*, Lexington Books, 2015, pp. 25 - 26.

② Cedric de Coning, Thomas Mandrup and Liselotte Odgaard, *The BRICs and Coexistence：An Alternative Vision of World Order*, Routledge, 2015, pp. 80 - 81.

③ Stephen Kingah and Cintia Quiliconi, *Global and Regional Leadership of BRICS Countries*, Springer, 2016, p. 99.

战略就是巩固金砖集团作为政治、法律、金融和经济领域内全球治理体系的一个关键组成部分。这将有助于发展金砖集团与主要国际和地区组织间的常规性交流,并与联合国及其相关机构建立系统性合作。①

从俄罗斯政府对金砖机制的态度变化中可以看出,俄罗斯的立场一方面取决于以中、印等国为首的新兴国家的快速发展对国际政治产生的重要影响力,通过谋求联合新兴国家以"组团"的方式推动国际力量格局的变化,而且,这种"抱团取暖"的方式,并不是传统意义上的结盟关系,而是对两极体制崩溃、冷战后世界秩序单极模式的一种反应,它既建立在传统的次地区或地区基础上,同时又相当广泛。② 另一方面外在的国际环境变化也是俄罗斯积极推动金砖机制发展的诱因,这点从 2008 年全球金融危机后俄罗斯力促金砖国家领导人会晤的过程中可以看出。从温特的认知、理解和身份、利益的角度来看,每个金砖国家对国际政治问题的态度是理解这些国家如何定位自身的关键因素。俄罗斯金砖外交的动力之一就是改革关键的经济和安全结构以增加像俄罗斯这样的新兴国家的话语权和代表性。③ 而恰恰全球金融危机的兴起成就了金砖机制,俄罗斯通过抓住机遇,进行充分的准备,推动了金砖平台的成功搭建。某种意义上,金砖机制之于俄罗斯,类似于"一带一路"倡议之于中国,是本身利益的关键所在,是地区身份向国际身份的投射,也是全面参与塑造未来国际秩序的利益之体现,更是俄罗斯实现重返大国地位的标志。

乌克兰危机发生后,金砖国家共同在西方国家发起的联合国大会上就俄方接受克里米亚公投的决议案投了弃权票,进一步说明了俄罗斯与金砖机制的关系密切度,这一点可以从 2014 年 3 月 18 日普京发言人迪米特里·

---

① Putin, V. (2013). Statement by Russian President Vladimir Putin after the Plenary Session of the 5th BRICS Summit, Durban, 27th Mar 2013, http://www.brics.utoronto.ca/docs/130327 - putinstatement.html.

② БРИК как новая форма многосторонней дипломатии//Международная Жизнь, 2010 No1, С. 46.

③ Cynthia Roberts, Russia's BRICs Diplomacy: Rising Outsider with Dreams of an Insider, *Polity*, Vol. 42, No. 1 (January 2010), p. 65.

佩斯科夫（Dmitry Peskov）接受 BBC 采访中看出，他强调，俄罗斯在受到欧盟与美国强加的经济制裁时，会转向新的伙伴。同时，现代世界已不是单极世界，尽管俄罗斯希望保持与西方伙伴的良好关系，尤其是欧盟，毕竟双方有着诸多的经济交易和共同项目，但俄罗斯也与其他国家有着密切的联系。①

（二）俄罗斯学者与媒体的政策态度

随着金砖国家在国际事务中的影响力逐步提升，俄罗斯国内对金砖机制的研究也逐渐受到政府和学界、媒体的重视。当然，学界和媒体对金砖国家外交的研究也和政府对金砖外交的态度一样，从一开始的"怀疑"慢慢转为认同。例如，俄罗斯的《独立报》围绕首次金砖国家部长级会议（即2008 年 5 月在俄罗斯叶卡捷琳堡举行的外交部长会议）给予了评论，曾经指出过学界专家的争论，并对"'新兴市场的经济相似性'能否导致政治上的团结"持有疑问。当然，该报对叶卡捷琳堡峰会的后续报道给出的答案是肯定的。而该报认为最后所达成的协议预示着一个很好的前景，即使在政治上达成成果有限。② 所以，该报一位评论员就指出，"金砖国家走出了阴影"。③ 而且，随着俄罗斯的经济发展以及金砖国家在国际经济领域内地位的上升，俄罗斯媒体对金砖议题的报道主要集中在经济领域，如金砖国家的经济发展趋势。但是，随着乌克兰危机的爆发，俄罗斯媒体对金砖国家的态度，转变为希望利用金砖国家的合作来反制西方的制裁。④

特别是美国进入 2000 年以后实施的一系列战略部署，某种意义上对多

① Irina Sukhoparova, "Sanctions Effect: Russia to Change Its Ecomonic Partners", March 21, 2014, http://rt.com/op-edge/russia-switch-to-brics-sanctions-357.

② Артур Блинов, Мировая политика с уральским акцентом, 19.05.2008, http://www.ng.ru/week/2008-05-19/12_world.html

③ Артур Блинов, БРИК выходит из тени, 15.05.2008, http://www.ng.ru/world/2008-05-15/1_brik.html.

④ 郑华、程雅青：《俄罗斯对金砖国家身份的建构——基于俄罗斯主流媒体涉金砖报道的分析（2013～2014）》，《俄罗斯研究》2015 年第 6 期。

极化世界格局构成了严重挑战，不管是 2003 年的伊拉克战争和欧亚大陆的
"颜色革命"，还是 2008 年的格鲁吉亚战争以及后来的乌克兰危机，都可以
看到以美国为首的西方国家在地缘政治层面给俄罗斯带来的负面影响。所
以，俄罗斯政治家、学者和评论员都渴望将国内和国际观众的注意力带到金
砖集团规范性的权力维度。在 2013 年 9 月圣彼得堡举行 G20 峰会后，普京
多次声明，"金砖国家是世界上最大的市场，拥有世界人口的 40%（29 亿）
人口"，所以，不论何时金砖国家谈论什么，世界都应该倾听。克里姆林宫
控制下的电台（"今日俄罗斯"）进一步采取步骤，在解释 G20 峰会上支持
叙利亚的军事行动的国家代表"仅仅"9.24 亿人口，而受到阿根廷与印度
尼西亚支持的金砖国家则代表了 332 亿人口。[1]

　　相对于媒体的报道，俄罗斯国内则兴起了一批研究金砖国家的学术/政
府机构，这些机构主要有俄罗斯世界基金会（фонд Русский мир）、俄罗斯
科学院远东所（Институт Дальнего Востока РАН академик）以及俄罗斯科
学院拉美所（Институт Латинской Америки РАН）等。同时，2011 年 9
月，在俄罗斯总统的指示下，又成立了金砖国家研究国家委员会
（Национальный комитет по исследованию БРИКС）。[2] 这些机构针对金砖
国家在国际政治经济中的立场以及俄罗斯在金砖国家中的地位开展了有效的
研究，其中，以俄罗斯拉美所的达维多夫所编撰的《"金砖四国"的前景和建
立多极世界的一些问题》（В. М. Давыдов，Перспективы БРИК и некоторые
вопросы формирования многополюсного мира，2008）较具代表性[3]，该书将
金砖四国置于世界秩序原则的追求的框架之下，一定程度上也折射出俄罗斯
对金砖国家的外交政策理念，即将自身放在了金砖国家的大框架之中，推动
俄罗斯能够在国际事务中发挥更大作用。同时，他在《金砖四国面临的危

---

①　"G20 Syria Divide：World's Largest Nations Speak out Against US – led Strike"，Russia Today（6
September 2013），https：//www. rt. com/news/g20 – against – syria – strike – 527.

②　Национальный комитет по исследованию БРИКС：организация и задачи，14. 09. 2011，来
源：http：//nkibrics. ru/posts/show/53fce0c26272697ee4010000.

③　ИЛА РАН，http：//www. ilaran. ru/？ n = 495.

机考验》（*экзамен кризиса для БРИК*，2010）的论文中进一步阐释金砖国家如何在经济层面协调行动，充分利用各自的国内市场，在重构世界经济结构和金融结构方面进行合作。[①] 当然，大部分俄罗斯学者和机构与主流媒体的关注重心类似，都将着力点放在经济层面，鲜有专门论述俄罗斯与金砖机制的政治安全关系的材料，但是，我们依然可以从俄罗斯学者倡导的多极化思想中总结出，俄罗斯对金砖国家外交的动机之一在于，针对金砖集团的外交政策旨在缩小（经济、政治）损失，促使俄罗斯在多极国际体系中重返大国地位的环境。

然而，并非所有俄罗斯学者和媒体都抱有支持态度，也有部分学者对俄罗斯的金砖机制的外交政策持有怀疑态度。莫斯科国际关系学院的一位学者奥应尔就曾指出，"（金砖国家）成员国并没有共同的历史，属于不同的文明，它们不是由长期的共同利益所连接起来，而仅仅是通过快速的经济增长标准而联合在一起，金砖国家的经济、社会和科技以及教育发展水平的差异太大，彼此间的冲突是存在的……金砖国家的未来合作有着政治上的象征性。在集团内部，国家间的分歧和不同目标方向干扰了实现联合的意图。金砖集团毫无前景"。[②] 而且，相比其他金砖成员国，俄罗斯的工业化程度更高，而且也不是来自传统意义上的"南方"。这就令其在金砖集团中的位置比较尴尬。同时，在关于金砖国家经济发展的前景方面，奥尼尔是在把金砖国家与西方国家进行比较的基础上得出的结论，立足点是在一定的时间框架内，但是，经济的动态式发展使得金砖国家不可能长期保持强劲的经济发展势头，俄罗斯在乌克兰危机以后显示出的经济疲软现象，加上2008年蔓延全球的金融危机对其他金砖国家也有一定的负面影响，这些都从侧面影响了俄罗斯内部学术界对金砖国家未来前景的质疑。

不管是乐观主义的观点，还是怀疑性质的评价，由于看待问题的角度不同，所以造成俄罗斯国内对金砖集团的态度有很大差异。但是目前，包括俄

---

① 蔡同昌：《俄罗斯人如何看待"金砖国家"》，《俄罗斯中亚东欧研究》2012年第1期。

② Людмила Окунева，БРИКС：Проблемы и перспективы，Москва：Московский Государственный Институт Международные Отношения，2014. С. 14.

罗斯政府在内的机构和学者，大致上还是将金砖国家视为俄罗斯在国际舞台上实施战略外交的重要手段。俄罗斯与中、印等国在全球事务中发挥作用方面有着长期而共同的信念，而且，权力转移和新成员的加入，使得俄罗斯不得不考虑，金砖集团的未来关键问题是逐步从一个讨论有限问题的论坛和协调性工具，转变为关于世界政治经济关键问题的战略互动的全方位机制。迄今为止，金砖国家已经在新能源、可再生能源及能效、自然灾害管理、水资源和污染治理、地理空间技术及其应用、天文学、高性能计算、纳米技术等19 个优先合作领域，① 相继达成《可持续发展合作与联合融资多边协议》和《非洲基础设施联合融资多边协议》，还达成了规模为 1000 亿美元的应急储备安排协议。

三 俄罗斯对金砖国家外交的战略利益诉求及其根源

如前所述，本文以国际关系建构主义学派的身份、利益为理论基础，旨在强调俄罗斯在冷战后的国家身份定位如何对其开展的金砖外交构成影响。20 世纪 90 年代，叶利钦主政下的俄罗斯以西方阵营的一员自居，在身份层面上凸显自己的“欧洲”“西方”特色。随着 20 世纪 90 年代中后期俄罗斯外交的转型以及普京的上台执政，俄罗斯逐步将外交方向转向兼顾东西方的平衡外交，但仍然将重心投射在大国外交层面。然而，不得不强调的是，俄罗斯关注并重视金砖国家的外交是在特定的时代背景下，这并不能说明俄罗斯完全把自身定义为和中国、印度等金砖成员国等同的“一类”。关于这点可以从普京在 2011 年 2 月与俄罗斯国内专家学者就 2020 年前俄罗斯社会经济发展战略问题进行讨论的会议中看出。普京指出，“它们（注：其他金砖国家）并不急于创造一个社会国家，我们有着完全不同的起点，国家过去处于管制一切的计划经济环境之下，公民期待国家的更多行动。而其他金砖

①《科技部国际合作司关于推动金砖国家框架下科技创新合作的通知》，2016 年 5 月 27 日，来源：http://www.most.gov.cn/tztg/201605/t20160527_125839.htm。

国家并不需这么做。它们是发展中国家，尽管我不想公开评价……它们在面对民众时没有这些责任，所以它们能够以公民为代价来解决一些问题。……现今，在所有的发达国家，而不是金砖国家，当然俄罗斯除外，也就是说，在所有的发达国家与俄罗斯，都在探寻新的增长模式。……我们与中国、巴西不同，我们只是形式上的金砖国家，不完全是一个金砖国家"。①

由此可以看出，俄罗斯并不是真心与金砖国家为伍，本质上仍然将自身定义为西方国家的一员。那么，俄罗斯如此的身份定位背后实际上意味着对金砖国家的外交带有强烈的工具性特色。可是，又该如何解释俄罗斯在2008年以来积极推动金砖国家机制化建设的热情呢？一方面，俄罗斯在心态上表现出不屑与金砖国家为伍的优越感；另一方面又迫切需要金砖国家这一机制来推动和缓解俄罗斯在地区层面和其他问题领域中面临的窘境，尤其是在乌克兰危机以后，同时更需要借助中国这样的成员国的经贸投资来推动本身的经济发展。

结合冷战以后俄罗斯外交转型以及俄罗斯在欧亚地区面对的各种问题，作为2015年金砖国家轮值主席国的俄罗斯在自身定位的基础上如何实施金砖外交，可以体现在如下几个方面。

（1）借多极化外交手段，推动俄罗斯在全球发挥更大的作用

冷战结束后，俄罗斯从"西方中心主义"的外交方向转向了全方位的对外政策，本质上是由于俄罗斯的实力远远落后于西方，面对以美国为首的西方国家的战略压力，俄罗斯需要借助外在手段制衡西方对其造成的政治压力。而且，以中国、印度为首的新兴发展中国家在欧亚大陆的崛起和国际影响力的提升也令俄罗斯感到担忧，所以，如何维护俄罗斯作为世界政治中有影响力的一极，便成为俄罗斯外交政策中的重要问题。

随着俄罗斯自身的经济实力提升，其逐步在思想观念上强化了对本身作

---

① Председатель Правительства Российской Федерации В. В. Путин встретился с руководителями экспертных групп по подготовке предложений по актуальным проблема стратегии социально-экономического развития России на период до 2020 года, 6 февраля 2011,来源：http://archive. government. ru/special/docs/14155/.

为新兴国家一员的认同和理解，这种身份的投射为俄罗斯的外交带来了新的变化。而金砖国家内部的合作则为俄罗斯提供了界定并投射新的国际角色的机会，这一角色不同于其传统意义上的（硬实力大国）大国形象，而是以"新兴国家"这一身份的吸引力作为寻求影响力的手段。

这种以"共同身份"为基调的多边外交给俄罗斯的外交带来重大益处。以乌克兰危机为例，金砖国家在乌克兰危机爆发后，先后在联合国大会关于克里米亚的决议案中，集体投了弃权票，同时，澳大利亚外长在表示拒绝俄罗斯参与 G20 峰会后，2014 年 3 月 24 日金砖国家外长发表联合声明，指出俄罗斯不应该被排除在同年 11 月在布里斯班举行的 G20 峰会之外。金砖国家采取集体行动的方式支持俄罗斯，不仅在于各自有着谋求国际地位的利益需要，同时也是对冷战结束后西方国家主导下的国际秩序的一种修正，推动国际秩序朝着有利于本国的方向发展。

当然，从俄罗斯的角度来看，借助金砖国家实现本国的外交目的，不仅仅是以多边外交主义为依托恢复大国地位，还在于通过这种方式可以以金砖国家为"缓冲区"缓解西方国家给俄罗斯造成的战略压力。从俄罗斯不顾一切阻止乌克兰倒向西方怀抱、阻止美国在中亚地区的渗透以及阻挠格鲁吉亚过于亲西方的政策来看，俄罗斯领导人本质上遵循的是继承于沙俄与苏联时期的传统模式，即俄罗斯应该在其边界周围维持一个缓冲区以免受到外来的威胁。这种缓冲区／影响范围的削弱会通常被视为由外国势力构成的直接挑衅所造就的，必须不惜一切代价加以制止。①

（2）依托金砖国家在全球经济领域内的影响力，促进自身经济发展并撬动西方在经济领域内的主导权

如上所述，第一次金砖国家峰会于 2009 年 6 月在俄罗斯举行，当时全球正受到金融危机冲击，俄罗斯借金融危机之机成功推动金砖国家机制这一平台的搭建。可以说，俄罗斯的金砖外交是基于重构全球经济关系和多元化世界储备货币以避免美元传导风险这一观念。通过借助金砖机制这一渠道，

---

① Robert Crane, *Building Bridges Among the BRICs*, Palgrave, 2014, pp. 77 – 78.

改革关键的经济和安全结构以增加像俄罗斯这样的新兴国家的话语权和代表性。尽管俄罗斯也是安理会常任理事国以及其他相关经济组织的重要参与者，但是相对于中国而言，俄罗斯与其他金砖国家之间的贸易密度依旧较低，这就使得其国际地位和威望都无法与其新兴国家的权力和抱负相匹配。所以，通过金砖外交，一方面，俄罗斯以集体行动的方式推动新兴国家在国际经济结构中获得更大的话语权，有助于将注意力集中在全球经济功能中需要调整的方面，并借助世界最大新兴经济体、利用它们日益增强的经济影响力，以加强新兴国家在管理国际金融体系和其他全球治理机构的意愿。正如普京于 2009 年在达沃斯会议上所指出的那样：他指责美国应该对经济危机负有责任，并强调"基于主要中心和主要强势货币……之间合作的体系"必须取代过时的单极世界概念，[①]这就刺激俄罗斯希望利用金砖机制朝着打破单极体系的方向迈进，并促使该机制能够与西方金融机构相抗衡。

另一方面，乌克兰危机以后，以美国、欧盟为首的西方集体普遍冻结俄罗斯资产、制裁俄罗斯官员和金融机构，对俄罗斯的经济也带来一定程度的影响，因此，在金砖机制的框架下，俄罗斯谋求加强与新兴国家之间的经贸联系，将俄罗斯的经济利益与其他金砖成员国"绑定"在一起，以降低被西方制裁的风险。而且，俄罗斯与金砖成员国之间的经贸关系还会使得欧盟对俄罗斯的制裁有所顾虑，很可能会产生连锁效应，影响其他国家与俄罗斯的经济联系。正如一位德国知名的俄罗斯专家拉尔（Александр Pap）所说，"对像俄罗斯这样的国家进行制裁将导致相应的反制裁，伤害的不仅是俄罗斯，还包括欧盟的经济，尤其是那些近年来与莫斯科建立了相互密切的利益关系的并在俄罗斯经济中进行了大量投资的国家会更加敏感"。[②]

此外，俄罗斯参与下的金砖机制还有很多合作项目和空间，包括能源开发、人才教育和技术交流以及与单个成员国之间的合作等，但是，所有合作

---

① Cynthia Roberts, Russia's BRICs Diplomacy: Rising Outsider with Dreams of an Insider, *Polity*, Vol. 42, No. 1 (January 2010), p. 39.

② Александр Pap, Живем в XXI веке - война невозможна, 17 апреля 2014, 来源：https://rg. ru/2014/04/16/rar. html.

中最关键的还是上述两点，即以多边外交为依托恢复大国地位和推动西方主导下的国际经济体系朝着有利于自身的方向发展。

（3）俄罗斯对金砖国家外交的利益根源

要认清俄罗斯对金砖国家外交的利益根源，首先必须要对俄罗斯的身份给予定位，即俄罗斯究竟是发达国家还是发展中国家。一方面，俄罗斯竭尽所能谋求与西方的平等地位，将昔日与美国抗衡的苏联的国际地位作为俄罗斯的外交目标，把自己视为与金砖国家不同的西方福利国家；另一方面，俄罗斯在面对西方的（政治、经济）战略压力时，又不得不依靠以中、印为代表的新兴国家，"勉为其难"地将自己定位为发展中国家的一员，这种自相矛盾的心态和特殊性有着深刻的历史根源。

其一，俄罗斯在历史上对任何形式的多边主义承诺非常有限，而且主要倾向于通过多极化或大国平衡管理大国关系。尽管俄罗斯是多极化世界的倡导者之一，但是俄罗斯所构想的多极世界，是以俄罗斯有着发言权（甚至是否决权）为基础的国际秩序，所以，俄罗斯在金砖国家中的"共存"策略某种意义上类似于苏联，其目标在于通过在高级政治问题领域采取大国协调的方式改善国际体系现实主义专断性因素带来的竞争性态势，同时致力于恢复作为后苏联国家的主导地位，推动一个新的建立在大国实力较为平衡基础上的国际秩序。

另外，大国平衡的思想使得俄罗斯除了以金砖机制为依托对美欧进行制衡外，同时，面对快速发展的中国和中俄间不断拉大的实力差距，俄罗斯也会产生心理落差，所以，以金砖国家身份自居的俄罗斯背后隐含的是防止经济实力强大的中国成为地区事务或国际事务的主导者。

其二，大国平衡心态主导下的俄罗斯会将更多的精力放到如何构筑自身的势力范围这一议程方面。冷战结束后受到西方战略挤压的俄罗斯，更加看重周边缓冲区的重要性，这使得俄罗斯会愈加不遗余力地推动与欧亚大陆主要友邻间的战略关系，其中最为重要的当数独联体地区。

在俄罗斯看来，独联体和上合组织对地区的关注影响着各自成员国人口的生活，而金砖集团的焦点在全球层面，其规范议程的设置也更为抽象，因

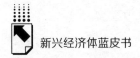

而金砖国家正如俄罗斯对外政策构成和其领导人眼中所强调的那样，被视为塑造"新兴世界秩序"过程中的行为体。同时，俄罗斯认为，金砖国家和独联体与上合组织一方面存在部分竞争性关系；另一方面又存在互补性作用。它们都从同一个水池中汲取资源（例如，金砖银行与上合组织发展银行的出资者都是中俄），但是它们又有着不同的议程。金砖国家的议程越是抽象，就越少和俄罗斯在独联体和上合组织中的抱负相冲突。[1] 所以，相比之下，一旦对俄罗斯影响更大的地区性机构与金砖机制产生内在的冲突的话，俄罗斯会将更多的精力与资源投入到像独联体与上合组织那样的具有"缓冲区意义的"地区组织中，某种意义上，这也会影响俄罗斯对金砖国家的利益诉求态度。

总体上，俄罗斯对金砖国家的政策态度及其利益诉求是理想性和现实性动机的结合。一方面，金砖国家对俄罗斯而言在谋求大国地位方面具有重要意义，俄方相信通过与其他主要国家联合起来，将会轻易地重返并维持大国地位，同时塑造未来的世界秩序，并使得西方（尤其是美国）遵守这一秩序下的规则。另一方面，俄罗斯重视与各金砖国家的经济与战略伙伴关系，仅仅是因为其规模对俄罗斯在全球地缘政治博弈中抗衡西方有着重要意义。

同时，俄罗斯对金砖国家的态度又含有一定的双重性。既把其看作推动公正、平等与和平的全球政治浪潮，又间接地表达出对金砖国家的怀疑态度。这种既支持又保持距离的"怀疑"态度本质上是俄罗斯借助金砖国家外交来推动国际秩序的改变，但并不是要推翻现有的国际体系，而是谋求在现有国际体系内发挥更大的作用。

---

[1] Cedric de Coning, Thomas Mandrup and Liselotte Odgaard, *The BRICs and Coexistence: An Alternative Vision of World Order*, Routledge, 2015, p. 82.

B.4
印度在促进金砖国家合作机制
建设中的角色地位

陈利君　和瑞芳*

摘　要：　本文分析了印度当前发展的态势和特点，印度致力于提升全
球经济地位、通过金砖国家合作机制增强实力、推动构建全
球经济新秩序的愿景，还分析了印度在促进金砖国家合作机
制建设中面临的主要问题并展望了未来印度提升在金砖国家
合作机制中的地位的作用前景。

关键词：　金砖国家　合作机制　印度角色

2015 年以来，尽管金砖国家中的巴西、南非、俄罗斯经济发展状况依
旧不佳，但巴西、俄罗斯已开始显露复苏迹象。在全球经济复苏脆弱且不均
衡的背景下，以"金砖五国"为代表的新兴市场经济体，经济稳步向好迹
象日益明显，其前景可期。2017 年 1 月 IMF 发布的《2017 年世界经济展望
报告》预计，2017 年和 2018 年新兴市场和发展中经济体的经济增长率将从
2016 年的 4.1% 上升到 4.5% 和 4.8%。其中，中国 2017 年经济增长率为
6.5%，印度为 7.2%，俄罗斯为 1.1%，巴西为 0.2%，南非为 0.8%。特
别是俄罗斯、巴西改变了前几年经济负增长的状况，南非经济增长率也比
2016 年的 0.3% 要高。2018 年印度、俄罗斯、巴西、南非的经济增长率预

---

* 陈利君，云南省社会科学院、中国（昆明）南亚东南亚研究院南亚研究所研究院、所长；和
瑞芳，博士，云南省社会科学院、中国（昆明）南亚东南亚研究院南亚研究所助理研究员。

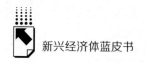
计分别为 7.7%、1.2%、1.5%、1.6%。这说明尽管金砖国家经济面临各种挑战，但金砖国家的发展潜力仍然巨大，已成为世界经济增长的重要引擎。印度作为金砖国家的重要代表，近年来在莫迪政府的推动下，积极调整内外政策，加强应对世界金融危机，已成为世界耀眼的经济增长明星。随着印度经济实力的增强，其在金砖国家乃至全球经济中的影响力不断提升，正不断推动金砖国家加强合作，促进经济增长，发挥更大作用。

在金砖国家中，印度的角色地位十分特殊。在国际舞台上，印度一直谋求做"有声有色"的大国。在现实舞台中由于自身实力和影响力却每每受挫。目前，印度更加重视现实和自身发展，既努力提升自身实力，又保持积极进取的雄心，不断拓展对外关系，加强与大国、周边国家及国际组织的合作，并将金砖国家机制、上海合作组织、南盟、环印度洋联盟及其他国际机制和论坛作为参与国际事务的重要平台，以实现大国梦的目标。

一 印度促进金砖国家合作机制的基础

印度开国总理尼赫鲁提出了做"有声有色"的大国的梦想[①]。在 20 世纪五六十年代印度领导发起了"不结盟运动"，奉行独立自主和不结盟原则，支持各国人民维护民族独立、国家主权和发展经济，这不仅使其国际地位和影响力获得极大的提升，其外交政策更加独立自主，而且也使许多第三世界国家避免卷入大国纷争，促进发展中国家走向联合自强，从而成为维护国际秩序和世界和平的重要力量。但随着国际形势的发展变化和不结盟运动不设总部、无常设机构、无章程等方面的局限性，不结盟运动的影响力逐渐下降。特别是 20 世纪 90 年代冷战结束，世界格局发生了巨大变化，和平发展成为时代潮流。印度在经历了长期低增长后也于 20 世纪 90 年代开始推行全面经济改革和扩大开放，以促进经济发展和改善民生。21 世纪以来，随着世界经济全球化、区域经济一体化加快推进，为创造良好的外部环境，加

---

① 贾瓦哈拉尔·尼赫鲁：《印度的发现》，世界知识出版社，1956，第 57 页。

快国内经济改革，促进经济发展，印度不断发展对外关系，积极参与区域合作。其中，对金砖国家合作机制走过了从怀疑到积极参与再到成为其参与的重点合作机制的历程。虽然金砖国家之间的地缘政治和经济思维并不总是同步，但在共识越来越多、共同利益增加的背景下，印度充分发挥自身优势，积极参与对话、交流、合作，促进了其经济不断发展。与此同时，印度还十分关注全球气候变化、国际金融秩序、国际贸易规则等全球性问题，这为其推进金砖国家合作机制提供了动力。[1]

（一）经济快速增长增强了印度提升国际话语权的信心

随着印度经济的快速发展，其在国际上提升话语权的诉求日益强烈。过去，人们常常认为印度是南亚大国，其经济占南亚大陆的比重为70%左右，但近年来印度经济日益发展，成为世界人口众多的最重要的新兴经济体之一，其大国地位诉求上升。即使2016年莫迪政府进行了"废钞改革"，也没有影响其执政基础，对其经济影响也十分有限。根据2017年1月16日国际货币基金组织（IMF）发布的最新世界经济展望数据[2]，2016年印度经济增长速度还是达到了6.6%，虽然低于中国6.7%的增长速度，但大大高于全球3.1%的增长速度。2016年尽管印度人均GDP约为1820美元，是金砖国家中的最低水平，但GDP总量达2.2万亿美元，居金砖国家第二位，占金砖国家的比重为10.7%，占全球经济的比重近3%。在2016年，印度经济对世界GDP增长的贡献率已经从1996年的3.9%上升至7.2%，上升了3.3个百分点。如果加上中国，两国对世界经济增长的贡献率上升了14.8个百分点。在过去20年时间里，印度和中国一直是世界新兴市场的重要代表，而新兴市场对全球经济增长的贡献率已达93.7%。与此同时，亚洲新兴经济体对全球GDP的贡献率从15.7%上升至31.6%。撒哈拉以南的非洲地区对全球GDP的贡献率也从2.4%上升至3%，独联体国家对全球GDP的

---

① Samir SaranDaniel Rubin. "BRICS and mortar for India's global role", *The Hindu*, March 26, 2013.

② IMF, "A Shifting Global Economic Landscape", *World Economic Outlook Report*, www. imf. org.

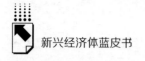
贡献额并未发生变化，而拉丁美洲发展中国家对世界 GDP 的贡献额则从 1996 年的 9.4% 下滑至 2016 年的 7.9%。①世界银行认为，未来即使新兴市场和发展中经济体的发展受国际贸易低迷、投资疲软、生产率增长缓慢等因素的影响，其增长率也远远高于其他地区。世界银行预测，2017 年亚太地区经济增长将维持在 6.2%，南亚地区增长率为 7.1%。尽管欧洲中亚地区、拉美加勒比地区、中东北非地区、撒哈拉以南非洲地区经济增长率将温和回升，但金砖国家经济增长更快，整体将达到 5.1%②。这说明亚洲新兴经济体占世界 GDP 的比重将不断上升，世界经济重心不断向东移。印度与南非、俄罗斯和巴西等国尚未走出衰退的阴影形成了鲜明对比，这也为印度在国际领域寻求话语权带来了底气③。

印度经济的结构与许多发达国家不同，目前印度是以服务业为主体的经济结构。其服务业特别是软件业具有显著的优势。印度虽然自然资源比较丰富，但重视可持续发展。因为印度是人口大国，截至 2017 年，印度人口总量达 13.4 亿人④，人均占有的自然资源并不多，再加上印度的土地制度以私有制为主，大规模征地比较困难。在人均资源有限和征地比较困难的情况下，印度充分利用人力资源的优势发展服务业。所以，在印度经济结构中，服务业占比很大，其次才是工业。2016 年印度服务业占其经济总量的比重为 52.98%，工业占比仅为 30.01%，农业占比为 17.01%。

事实上，印度政府也曾发展过重工业，但并不理想。1991 年还发生了经济危机特别是"外汇危机"。1991 年至 1992 年期间印度卢比贬值幅度达 37%。为了渡过危机，获得国际货币基金组织（IMF）的 22 亿美元紧急贷

① Jan 16, 2017. http：//www. imf. org/external/pubs/ft/weo/2017/update/01/pdf/0117. pdf,《未来 20 年印度能替代中国成为全球经济引擎吗?》,《腾讯财经》2017 年 5 月 13 日。
② International Monetary Fund, "Research Dept, Gaining Momentum?" *World Economic Outlook*, April 2017.
③ 李潮冬：《构建金砖国家合作新机制或成全球经济发展新引擎》,《中国经济网》2016 年 10 月 14 日。
④ "Population of India 2017", http：//www. indiaonlinepages. com/population/india – current – population. html.

款，印度政府以67吨的黄金储备作为抵押①。这次危机的发生，倒逼了印度实施以经济全球化、私有化、自由化为主的改革。由此，印度走上了经济持续增长的轨道。20世纪90年代，印度基础设施极为薄弱，发展工业受到许多限制，但世界信息化步伐加快，且发展数字经济、软件需要的基础设施不多。所以，印度紧紧抓住世界信息技术迅猛发展及解决"千年虫"的机遇，充分利用人力资本低的比较优势，大力发展以软件业为重点的数字经济、信息服务业，一举在全球服务业外包的产业链条上获得了优势地位，也为印度经济快速增长提供了重要支撑。印度以服务业为主的这种经济结构特征，使印度经济发展对自然资源的依赖程度不像中国以工业为主的经济结构那么大，如果其环境治理得当，也不易造成严重的工业污染。这虽然是印度被迫走上的道路，但在当前世界环境日益恶化、人们对环境保护越来越重视的今天，印度的独特经济结构仍然引起广泛关注。有人甚至认为，印度十分注重对资源的保护和合理利用，提倡可持续发展，对资源类的出口有较多限制，且鼓励本国资源优先满足本国企业的发展。② 但开始的情况并不是这样，只是后来印度对环境问题越来越重视。目前，印度的环境问题特别是大气污染十分严重，不仅每年有数十万人口死于与环境污染相关的疾病，而且每年政府都要花费数万亿卢比治理环境污染问题。2013年世界银行发布的一份报告指出，印度因环境问题而增加的健康成本约占印度GDP的3%，造成的经济损失达3.75万亿卢比（约合18.75亿元人民币）。目前，在世界环境污染严重的前20个城市中，有一半在印度，其中瓜廖尔（Gwalior）、阿拉哈巴德（Allahabad）、巴特那（Patna）、赖布尔（Raipur）以及印度首都新德里都进入了全球大气污染最严重城市的前10位。正是印度环境问题日益严重，莫迪总理发起了"清洁印度"和在新德里等城市限制汽车过快增加。

印度经济发展的另一个特点是以内需为主。尽管印度一直在扩大开放，

①　丁剑平：《中国和印度对资本项目开放的探索和比较》，《世界经济研究》2002年第1期。

②　刘世强：《"一带一路"投资政治风险研究之印度》，中国网，2015年6月24日。

但由于各种因素影响，其仍然走了一条以内需支撑的发展道路。近年来，随着印度经济快速增长，其国内消费需求稳步增长，为印度经济扩张创造了稳定的国内市场。这与中国经济发展道路不同，印度经济增长的主要动力不是依靠投资和对外贸易，而是依靠国内的私人消费。在现实生活中，印度长期对政府工作人员和知识精英等实行比较高的工资制度，他们和私营企业主一起构成了印度社会的中产阶层，并成为印度国内消费的主要力量。2016 年 7 月印度孟买大学的学者认为，印度中产阶级（日人均消费 2～10 美元的人群）已达 6 亿人，比 2004 年翻了一番。尽管其中产阶级标准偏低，但已成为庞大的群体。由于中产阶级数量众多，在当前世界经济不景气特别是在世界金融危机影响导致外需不足的情况下，其内需对其经济增长的保障作用更为重要。2016 年 11 月 8 日，印度政府为打击贪腐，突然宣布废除流通中的面值 500 卢比和 1000 卢比的纸币，导致印度市场中 86% 的货币量退出流通①。虽然印度居民对现金依赖较强，"废钞运动"所引发的大规模现金危机会在短期内打击印度国内市场的消费，但对其经济增长影响有限。所以，印度内需主导型的经济发展模式比那些高度依赖外向发展的经济体更具备抵御外部风险的能力。

在利用外资方面，印度长期设置较高门槛，阻碍较多，使得其引进外资总量有限。2014 年 5 月莫迪上台执政后，推出了一系列振兴经济的措施，除了继续推进市场化、全球化改革之外，还提出了庞大的"供给侧"改革计划，主要内容包括"印度制造"计划、"印度创业"计划、"智慧城市"战略以及税收制度改革等②，即在继续加快国内改革的同时加快了吸引外资的改革，这使印度歧视外资的政策有所改善。2016 年世界银行发布的《全球商业环境报告》将印度的排名提升了 4 位。目前，印度已放开了包括民航、制药、零售、铁路、国防等在内的大约 90% 的领域，以推动"印度制造"。例如 2015 年 5 月莫迪访华期间在上海召集了"25 人中国企业家圆桌

---

① Unni Krishnan, "India to Scrap Two Biggest Bank Notes at Midnight to Tackle Corruption", *Independent*, November 8, 2016.

② 智艳:《"莫迪新政"面面观》,《文汇报》2017 年 2 月 10 日。

会"，并见证中印两国签署了 21 项、价值超过 220 亿美元的合作谅解备忘录。随后，莫迪亲自推动放宽了长期以来针对中国的"国家安全调查政策"的管制①。2017 年 5 月莫迪政府还宣布解散运营了 25 年的负责审查外商投资项目的外商投资促进委员会（FIPB），以简化外商投资的审批流程，吸引更多外来投资，促进经济发展。由于印度不断开放，其吸引的外资比以前大大增加。

由于印度经济相对落后，交通设施、电力、通信等方面的公共基础设施缺乏，严重制约了其经济发展。在辛格总理时期印度就积极参与金砖国家峰会等国际机制，其目的之一就是希望通过这些机制吸引更多外资，改善基础设施，加快发展经济。在设立金砖国家新开发银行的过程中，印度积极争取相应的地位。在中国提出设立亚洲基础设施投资银行后，印度也很快成为其创始成员国。2016 年 10 月 15～16 日在印度果阿举行第八次金砖国家领导人峰会时，印度总理莫迪说，希望金砖国家之间加强经贸、投资、金融、农业、城镇化、基础设施以及安全等领域的合作，并完善相关机制。同时指出，在新形势下，金砖国家应当继续携手努力，共同落实 2030 年可持续发展议程，并在二十国集团、世界贸易组织等重要多边框架内发挥更大作用。另外，印度还利用轮值主席国的身份邀请了"环孟加拉湾多领域经济技术合作组织"成员国领导人与会，并发表《环孟加拉湾倡议》，以推动经济合作。这说明印度正在积极利用各种区域合作组织吸引外资、促进经济发展。这使印度有望成为继中国之后下一个吸引全球投资的热门国家。

随着印度经济的崛起，其追求大国梦想的目标、手段更加清晰，在金砖国家、二十国集团（G20）等国际合作平台不断发声，积极反映其全球治理理念与利益诉求，系统阐述其内外政策，自信心显著增强。

（二）巨大的人口红利提升了印度表达利益诉求的回旋空间

目前，国际资本都在寻求继中国之后的下一个经济热点，而印度凭借巨

---

① 《印度总理莫迪会见 25 位中国企业家　拉住马云私聊》，《凤凰财经》2015 年 5 月 16 日。

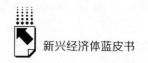
大的人口红利日益成为国际资本追逐的热点地区，这也使印度看到了未来发展的希望与国际谈判的空间。

环顾当今世界，印度是除中国之外人口最多、经济增长最快的经济体。世界资本如果要寻求投资场所，需要寻找那些人力资源丰富、成本低、经济增长快和不断扩大开放的地区，这为印度带来了机遇。目前，印度的人口结构呈金字塔状，年龄在35岁以下的人口数量占总人口的比重超过了60%，25岁以下的人口数量占全国人口的一半以上。[1][2] 印度人口多，人口红利将在未来的三十年间为印度创造很多价值，也将吸引更多国际资本进入。尽管印度人口的受教育程度整体偏低，但其拥有庞大的人口基数和相对成熟的英文教育系统。这使得印度所拥有大量的低成本的年轻劳动力，相对于劳动力成本显著提升且老龄化现象加速的中国等经济体而言，仍然显示出巨大的比较优势。

印度庞大的人口基数和年轻化的人口结构支撑着庞大的消费市场和基建项目需求。印度尽管绕开了传统的"工业化"发展模式，突出发展服务业，但其制造业发展相对不足，城市化发展水平低，导致其发展存在局限性，其中最大的挑战便是无法解决大量年轻人的就业问题。如果无法提供较为充分的就业机会，印度便难以发挥其潜在的"人口红利"，经济发展的持续性也将受到挑战。但要提供大量就业机会需要注入大量内资和外资。在很长一段时间里，印度整体投资环境并不乐观，虽然继承了英国殖民时期的制度，但基础设施条件差、政府效率低下、征地难，而且企业的劳工和环保组织力量大，中央和各个邦总共有着250个法律法规约束了印度劳动力红利的释放。2016年印度在全球营商便利指数的排名中仅排在第130位[3]，远远落后于中国的第84位。正是在此背景下，莫迪政府的改革优先集中于三个领域：改善基础设施建设、吸引更多外国投资、加快"印度制造"，并努力为其"再工业化"创造良好条件。同时，印度政府也越来越看到，印度的人口红利

① 中华人民共和国统计局：《金砖统计年鉴2016》。

② 杨晓萍：《莫迪改革与中印合作观察》，《中印对话》2016年11月22日。

③ World Bank，"Doing business in India"，*World Bank*，http：//www.doingbusiness.org/data/exploreeconomies/india.

是其对外谈判的重要砝码，要在积极吸引外资的同时，积极表达诉求，为印度争取更多利益。

（三）日益与国际流行规则对接的经济政策显示印度扩大开放的愿望

一个国家只有不断扩大开放才能参与全球化、分享全球化利益。印度近年来不断扩大开放的态势显示了其以开放促改革促发展的愿望。经过多年的改革开放，目前印度的经济政策日益与国际流行规则对接，对外经济关系不断发展，已成为金砖国家中推动国际经济合作的重要力量。中国虽然经过30多年的改革开放，经济与世界融合程度更高，但至今还没有被美国、日本和欧洲等认定为市场经济国家[①]，在对外开放中受到许多制约。而印度由于与英美等西方国家具有相近的文化和政治制度，从独立开始就被认可为市场经济国家，而且其高级人才由于通晓英语，在语言和文化上容易与国际沟通，这使得其在国际经济合作上十分方便且具有一定的竞争力。这不仅为印度本土企业的全球化发展提供了有利条件，而且也为其在国际组织寻找工作和参与国际贸易、投资提供了便利。正是由于印度有英语、时差、廉价劳动力等优势，推动了其软件业的崛起。现印度信息技术发达、人才贮备丰富、产业聚集度高、发展定位清晰，已成为全球第二大软件出口国。美国微软、惠普、康柏公司和日本富士通公司等都相继在印度设立了研发中心。不仅如此，在美国和欧洲很多大企业的 CEO 都是印度人。这使得印度在 IT 领域的技术和能力被全球公认。

由于印度人口多，国内就业不充分，不少劳动力还寻求到国外就业，这也推动了印度重视和利用海外人力资本的作用，并积极争取印度劳工的海外利益。现印度国际劳务输出在亚洲国家处于前列，境外就业已成为印度大国战略的重要组成部分。印度政府为给国内劳务人员争取更大的国际劳务市场

---

① 2017 年 6 月李克强总理访问德国后，默克尔表示，"我们支持 WTO 的原则和规则，我们也会支持欧盟履行《中国加入世界贸易组织议定书》第 15 条条约的义务"。这说明，德国已承认中国"市场经济地位"。

份额，非常注重对到海外就业人员教育的投资，以提高其竞争力。同时，印度积极争取海外就业人员的利益。1983 年印度就颁布了《移民法》，并在之后不断补充完善，这些法律在保障印度劳务输出者的权益、改善境外劳工生存条件、促进境外就业方面发挥了重要作用。2008 年以来，印度对两个涉及劳务输出的《雇员储蓄基金计划》（*Employees' Provident Fund Scheme*，1952）和《雇员养老金计划》（*Employees'Pension Scheme*，1955）也进行了修订，以降低国际协商的利益障碍。在促进与保护境外就业的立法方面，与欧洲国家签订了社会保障方面的国际合作协议。截至目前，印度政府与德国、法国①、北欧和北美地区甚至东亚地区的一些国家都签署了社会保障的双边合作协议。这使得印度海外劳工的利益得到更好的维护，也增加了印度的就业空间。

（四）不断提升在南亚地区和印度洋的影响力

印度是南亚和印度洋地区具有高度影响力的国家，对其周边的尼泊尔、不丹、孟加拉国、斯里兰卡、马尔代夫甚至中东的一些国家都有很深的政治经济渗透力，并在该区域扮演了重要角色。20 世纪 80 年代以来，随着世界经济全球化和区域经济一体化的加速推进，印度在南亚地区和印度洋地区主导构建了许多区域合作机制，以提升其影响力。这些机制主要包括南亚区域合作联盟（SAARC）、环印度洋区域合作联盟（IORA）、环孟加拉湾多领域经济技术合作倡议（The Bay of Bengal Initiative for Multi-Sectoral Technical and Economic Cooperation，BIMSTEC）、恒河—湄公河次区域合作等。除此之外，印度还在该地区推动规模较小的区域合作。例如 1997 年提出"南亚增长四角"倡议（South Asian Growth Quadrangle，SAGQ），2013 年提出"孟不印尼"次区域合作倡议（Sub-regional Cooperation between Bangladesh，Bhutan，Indiaand，Nepal，BBIN）等②。现"南亚增长四角"倡议推进较

---

① "Center for International Exchanges of Ministry of Human Resources and Social Security"，India：Sign Social Security Agreement with Germany，http：//www.cie.gov.cn/cie/zwzx/2770.htm.

② 吴兆礼：《印度推进"孟不印尼"次区域合作的政策路径——兼议其与中国经济走廊倡议对接的愿景》，《太平洋学报》2017 年第 5 期。

慢，而"孟不印尼"次区域合作较快。目前，"孟不印尼"已经建立起联合工作组机制，建立了"水资源管理/电力与水电"和"联通/交通"两个联合工作组。印度还希望"孟不印尼"向南扩展至斯里兰卡和马尔代夫，在形成"印斯马次区域合作"的基础上建立"BBIN＋2"①。

对于中国倡议的"一带一路"构想，目前印度仍然有疑虑，但对"孟中印缅经济走廊"则希望推进。2017年4月印度在加尔各答召开了"孟中印缅经济走廊"联合研究工作组第三次会议，孟加拉国、中国、印度、缅甸四个成员国有关政府部门、研究机构、金融机构和行业协会代表共计50余人出席了会议，四国联合编制的研究报告在互联互通、能源、投融资、货物与服务贸易及投资便利化、可持续发展与人文交流等重点领域的交流与合作达成了诸多共识。②

在跨地区层面，印度与非洲联盟、南部非洲共同体（SADC）、西非经济共同体（ECOWAAS）、非洲发展国际会议（TICAD）等都建立了联系，还发展了印度—巴西—南非对话论坛（IBSA）③。

在全球层面，印度除继续引领"不结盟"运动外，还成为G20成员国、上合组织观察员，以积极在国际组织中发声。2017年6月印度总理莫迪访俄会晤普京总统时表示，印度感谢普京让其成为上合组织正式成员国。还与俄总统普京共同出席在圣彼得堡举行的第18届印俄年度峰会及国际经济论坛。6月8日莫迪出席了在哈萨克斯坦阿斯塔纳举行的上合组织峰会。

以上均表明，印度目前参与国际组织的活动越来越多，积极性显著提高，并愿以多边合作安排共同解决全球化过程中的问题和面临的挑战。④

---

① 吴兆礼：《印度推进"孟不印尼"次区域合作的政策路径——兼议其与中国经济走廊倡议对接的愿景》，《太平洋学报》2017年第5期。

② 覃博雅、常红：《孟中印缅经济走廊联合研究工作组第三次会议在印度加尔各答举行》，《人民网－国际频道》，2017年4月27日。

③ 刘宗义：《印度的全球治理观与安理会常任理事国之梦》，《南亚研究季刊》2013年第3期。

④ Prof. Aparajita Biswas，"Foreign Relations of India: BRICS and India, BRICS in Africa"，*Interaffairs*，May 26，2011.

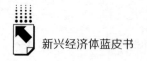

二 印度在促进金砖国家合作机制建设中的角色

进入 21 世纪以来，世界格局发生重大变化，金砖国家（BRICS）和其他一些新兴经济体在国际舞台上的地位显著提升。金砖国家的内涵主要包括两个层面：一个层面是指 5 个新兴经济体（巴西、俄罗斯、印度、中国和南非）；另一个层面是指由其组成的一个国际组织，在中国外交部网页中，"金砖国家"囊括在"国际和地区组织"栏目中。

自 2006 年金砖国家会晤以来，各个成员国就如何完善合作机制提出了许多切实可行的政策建议并开展了多项行动。印度一直是金砖合作机制的积极构建者，也是探讨金砖国家应该在哪些领域开展合作的重要角色。

（一）印度是完善金砖国家金融合作机制的重要力量

印度是完善金砖国家经济合作机制的重要力量。作为发展中国家，金砖国家的共同特征是经济增长相对较快而金融市场不太成熟，应对外部经济风险和金融冲击的能力相对不足。在很长时间里，落后的基础设施严重制约着像印度这样的发展中国家的经济增长，使得发展中国家纷纷向世行和国际货币基金组织求援，但这些现行的国际金融机构向发展中国家提供的基础设施贷款非常有限，并且通常附加各种政治经济条件，使像印度这样的发展中国家后续发展受到严重制约。因此，自 20 世纪后期以来，改革全球经济治理体系一直是很多发展中国家的强烈诉求。金砖国家也希望通过携手合作，获得与之相匹配的国际金融话语权，同时也希望共同提升发展中国家的其他话语权。印度是促进"金砖国家"概念从经贸投资合作向国际政治经济合作转变的重要力量。当前，金砖国家合作机制不仅是一个多边合作机制，而且已成为一股新的重要的国际政治力量。

印度的金融体系继承自英国殖民时期，是亚洲国家中发展历史最长的金融体系之一，有着相对完善和有效的制度基础，其公司债券市场在新兴国家市场中具有一定代表性。2012 年 3 月，印度在新德里举办了第四届金砖峰会，通过了《德里宣言》，宣布了金砖国家一体化经济的基本原则。在这次峰会上，印度积极呼吁建立金砖国家"南南发展银行"，签署了两项旨在扩大金砖国家本币结算和贷款业务规模的协议，大力推动了金砖国家间的贸易和投资合作。此外，会议还明确提出全球治理改革的诉求，提出建立更具代表性的国际金融架构，提高发展中国家的发言权和代表性。与会领导人还探讨了成立金砖国家开发银行的可能性。[①] 在此次德里峰会期间，五国开发银行共同签署了《金砖国家银行合作机制多边本币授信总协议》和《多边信用证保兑服务协议》等重要金融合作协议。这将增强金砖国家之间金融方面的合作。脱胎于这一倡议，2014 年金砖国家峰会发表了《福塔莱萨宣言》，其高达 100 条的内容描绘了金砖国家全方位、多层次合作的路线图，经贸、金融、发展领域的合作进一步加深。在本次峰会上，金砖国家决定成立法定资本额为 1000 亿美元的新开发银行和应急储备机制，这是金砖国家合作走向机制化的一个里程碑。金砖国家新开发银行（NDB）于 2014 年 7 月成立，并于 2015 年 7 月 21 日在上海正式开业。金砖国家新开发银行和应急储备机制是为改革由西方国家主导的国际金融体系和治理体系而做出的一项重要努力，也是金砖国家机制化建设逐步形成的重要标志。这一机制面向的不仅仅是金砖五国，更是面向全世界的发展中国家，目的是缓解世界范围内发展中国家基础设施建设资金紧张的局面，在国际性问题的解决、改善国际金融体系方面有着更大的发展空间。

正是由于感受到新开发银行以及中国倡建的亚洲基础设施投资银行的压力，以美国国会为代表的西方国家在 2015 年底最终通过了 2010 年版 IMF 改革方案，使中国和印度在国际货币基金组织的份额逐渐得到提升，反映了中国、俄罗斯、印度、巴西等国对世界经济增长的影响力。现金砖五国中的巴西、中国、印度和俄罗斯都跻身于 IMF 份额最高的十大成员国之列，这也标志着金砖国家在国际金融体系中的话语权得到提升。2016 年在印度果阿举行的第八次峰会，金砖国家领导人发表了《果阿宣言》，不仅强调基

---

① 王爽：《金砖国家合作机制的"前世今生"》，新华网，2014 年 7 月 14 日。

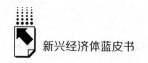
于共同利益和关键优先领域，进一步加强金砖国家团结合作，以及秉持开放、团结、平等、相互理解、包容、合作、共赢精神，进一步增强金砖国家战略伙伴关系的重要性，而且同意金砖国家在全球舞台上发出具有影响力的声音，欢迎人民币于 2016 年 10 月 1 日被纳入特别提款权（SDR）货币篮子，呼吁 IMF 改革应该提高撒哈拉以南非洲等最贫困成员的发言权和代表性。

（二）印度是建设金砖国家经济贸易合作机制的重要力量

随着国内经济高速发展，加上作为市场经济地位已被多国承认，印度始终是推动金砖国家经济贸易合作的重要角色。在新德里峰会上，印度提出金砖国家的重点之一是强化经济贸易领域合作，还对发达经济体给新兴经济体造成的压力提出了许多改善措施及建议。同时提出要携手加强彼此贸易和投资，推进各自的工业发展和增加就业。在果阿峰会上，五国对新开发银行机制落实的具体举措、新兴经济体互动发展、经济发展的国际环境等领域提出了更为具体的建议，这与印度日益繁荣的经济发展相呼应。

尤其是在果阿峰会上，印度力推的《金砖国家知识产权合作机制工作职责》是果阿经贸部长会议的一大亮点。在通过 5 年的讨论与磋商后，本次金砖国家经贸部长会议通过了这一文件，金砖国家知识产权合作机制正式建立。当前知识经济、技术创新是全球范围内一个重要的新经济增长点，金砖国家建立金砖国家知识产权、贸易促进等合作机制，对促进全球贸易增长具有重要意义。金砖国家建立这些机制既有利于保护知识产权、创新发展的动力，也有利于金砖国家之间拓展贸易合作空间，实现知识创新要素，促进经济发展要素的自由流动。

（三）印度是稳定金砖国家合作机制的重要力量

作为南亚大国和金砖重要成员国，印度始终是稳定金砖国家合作机制建设不可或缺的重要成员。2016 年 2 月印度正式接任金砖国家主席国，也是印度果阿峰会的东道主，莫迪政府力图在此次峰会中强化印度对金砖国家合作的引领作用①。其中之一就是举办金砖国家领导人同环孟加拉湾多领域经济技术合作组织（BIMSTEC）成员国领导人对话会。

早在 2015 年举办的金砖国家乌法峰会上，莫迪总理就已提出举办 2016 年第八届金砖国家峰会的十项建议，包括第一届金砖国家商品交易会、铁路研究中心、审计机构合作、数字化农业研究中心、金砖国家地方政府论坛、金砖国家城市化合作、新开发银行首批贷款用于清洁能源项目、金砖国家体育协会和年度运动会以及电影节等。此外，印度对其周边的海洋意识不断增强，决心要在外交、经济、安全方面领先周边地区，但同时也意识到自身还缺乏足够的资本和实力，逐步形成了以合作的方式解决相关问题的诉求。不论是其提出的金砖银行的建立，还是倡导建立的信用评级机构、金砖农业研究中心、金砖铁路研究网络、金砖体育理事会，或者金砖反腐合作机制都是积极而富有创意的倡议。莫迪总理还提出将城市化、基础设施、创新等作为金砖经济合作的关键举措，并为扩大金砖国家间的相互贸易提出了具体目标，即要在 2020 年实现 5000 亿美元的贸易额。为顺利实现这一目标，印度已采取了许多具体的举措。② 从这些涵盖广泛又十分具体的建议来看，印度的态度是精心准备，进一步促进金砖国家的务实合作③。

以"打造有效、包容、共同的解决方案"为主题，2016 年 10 月，第八次金砖国家领导人峰会在印度果阿举行。本次峰会金砖国家在相互合作、全球经济治理、全球和地区形势等问题上达成重要共识，可将其视为 2016 年 G20 杭州峰会的延伸、发展和落实，标志着金砖国家合作机制进入了一个新的历史阶段。在 2016 年杭州举办的 G20 峰会，参加 G20 峰会的领导人以"构建创新、活力、联动、包容的世界经济"为主题展开了广泛讨论，而在 2016 年果阿举行的金砖国家领导人峰会则以"打造有效、包容、共同

---

① 付宇：《走向成熟的金砖国家合作机制》，中国网，http://opinion.china.com.cn/opinion_11_153111.html，2016 年 10 月 26 日。

② 林民旺：《果阿峰会，金砖是否"成色依旧"？》，《新京报》2016 年 10 月 19 日。

③ 《社评：印度可以为金砖国家合作做出新贡献》，《中国评论新闻网》2016 年 2 月 28 日，http://www.CRNTT.com。

的解决方案"为主题,这表明了金砖成员在根本利益上的一致性。2016 年金砖峰会发表的《果阿宣言》有 13000 多字,涉及 109 个方面的问题,这在之前召开的历届峰会宣言中是少见的。《果阿宣言》体现出金砖国家加强合作的决心十分巨大,同意共同努力,进一步应对全球和平、安全以及实现可持续发展面临的挑战。同时重申,金砖国家有必要秉持团结、相互理解和信任的精神,加强全球事务的协调和务实合作。[①] 丰富的内容,为实现更为明确的金砖国家机制化奠定了基础。有观点认为,果阿峰会成功地将金砖国家稳定为一个机构,保持了金砖国家之间合作的势头,并维持了金砖国家的成就[②]。

（四）印度是推动金砖国家环境保护和气候变化合作机制建设的重要参与者

印度是全球重要的粮食生产国及经济大国,提倡通过国际合作来加强全球环境保护[③]。早在德里峰会上金砖国家便提出"可持续发展应成为环境领域和经济社会战略中的一种主要模式",要大力发展"绿色经济"。同时,金砖五国签署了农业研究、海关合作等方面的谅解备忘录和文件,将"举行第三届金砖国家农业部长会,并在会前召开农产品和粮食安全问题专家预备会议及第二届农业合作专家工作组会议"作为德里计划之一。2016 年印度果阿峰会上通过《果阿宣言》强调构建创新、活力、联动、包容的世界经济的重要性,欢迎 2030 年议程提出的以人为本、综合施策地实现可持续发展路径,以及对平等、公平和为所有人创造品质生活的重视。

印度是世界上最大的粮食生产国之一,其以全球 1/10 的耕地面积,养活了全球近 1/5 的人口。土地、气候、冰川、河流等是其农业用水及发展的

---

① 邓成功:《金砖国家合作机制步入"深水区"》,《中国产经新闻报》2016 年 10 月 18 日,http://business.sohu.com/20161018/n470543239.shtml。

② 多伦多大学金砖国家信息中心:《2016 年金砖国家果阿峰会研究报告》,黄婧译,中国经济网,2016 年 12 月 2 日。

③ Douglas W. Yu, Zhang Yaping, "China, India, and the Environment", *Science*, March 19, 2010.

重要支撑，使得印度较早意识到气候变化会引起农业生产环节变化，特别是气候变暖会导致冰川退化，使其河流的水量大大减少，从而对其农业发展带来很大损失。所以，近年来印度一直是应对气候变化问题的积极支持者。不仅积极参与国际气候变化谈判，倡导在可持续发展框架下应对气候变化，而且积极发表自己的观点与看法，坚持共同但有区别的责任、发展优先并兼顾气候变化、应对气候变化的行动和措施公正公平、强化应对气候变化制度安排等原则。2007 年印度建立了由总理主持的气候变化咨询委员会，积极参与国际气候变化谈判，协调国内应对气候变化行动的实施，加强对气候变化的研究。2008 年发布了《印度应对气候变化国家方案》。在《德里宣言》中也发表了共同发展"绿色经济"的倡议，并希望"'绿色经济'概念在可持续发展和消除贫困的大框架下予以理解"。2016 年 9 月 15 日至 16 日，第二次金砖国家环境部长会议在印度果阿举行，发表了《果阿环境宣言》，金砖国家在减少和控制空气和水污染、有效管理废物和可持续管理生物多样性等领域的专业技术分享方面达成了共识。

在气候变化问题的国际立场上，印度建议发达国家和发展中国家通过联合研究和开发来解决环境问题。[①] 2012 年《德里宣言》提出，"我们承诺在应对气候变化的全球努力中做出自身贡献，通过可持续和包容性增长而非限制发展以应对气候变化"，强调"《联合国气候变化框架公约》发达国家缔约方应向发展中国家提供更多资金、技术及能力建设支持，帮助其准备并实施适合本国国情的减缓措施"。由于以化石燃料为主的能源在可预测的未来将在能源构成中占主导地位，德里峰会提出金砖国家高官要"在与环境和气候相关国际场合举行磋商会议"。在果阿峰会上，气候变化仍然是热烈讨论的议题之一，并在《果阿宣言》中指出"我们认识到扩大发电能力和高效分配电力面临的挑战，以及扩大低碳燃料和其他清洁能源解决方案的必要性，并认识到可再生能源所需的投资规模"，同时指出"我们支持更广泛地

---

① 高振华：《印度气候环境合作研究——基于新自由制度主义的国际合作观视角》，上海师范大学硕士学位论文，2015。

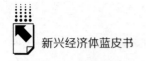

使用天然气作为更为经济和清洁的燃料,以促进可持续发展,并根据气候变化、《巴黎协定》减少温室气体排放"。这表明印度在应对全球气候变化问题上与中国的看法和观点相似。

(五)印度是落实金砖国家反恐等安全合作机制的核心成员

打击恐怖主义是近年来金砖峰会的重要话题。印度是南亚地区深受恐怖主义危害的国家之一,也是推动金砖国家反恐等安全合作机制的重要成员国。在 2012 年的德里峰会上,印度就强调了反恐的重要性,提出举行金砖国家安全事务高级代表会议,呼吁从国际法律框架、国际社会、联合国层面等进行反恐。印度和巴基斯坦是上海合作组织观察员,而上海合作组织的宗旨是加强成员国之间的互相信任与睦邻友好;鼓励成员国在政治、经济、科技、文化、教育、能源、交通、环保和其他领域的有效合作;联合致力于维护和保障地区的和平、安全与稳定;建立民主、公正、合理的国际政治经济新秩序。其中的重点之一是落实《打击恐怖主义、分裂主义和宗教激进主义公约》,尽一切必要努力保障地区安全,并在吉尔吉斯斯坦比什凯克建立了上海合作组织反恐怖中心。在 2016 年上合组织俄罗斯乌法峰会上成员国通过了《上海合作组织至 2025 年发展战略》及《关于打击毒品威胁的声明》、《批准上合组织打击"三股势力"新的合作纲要》等文件,并通过关注阿富汗局势的进展情况与伊朗核问题的谈判进程,积极推动在打击跨国有组织犯罪、网络犯罪、禁毒等方面的合作。2016 年上合组织塔什干峰会签署了关于印度、巴基斯坦加入上合组织义务的备忘录。2017 年 6 月 1 日中国外交部发言人华春莹在例行记者会上表示,中方欢迎并支持印度和巴基斯坦在 2017 年的上海合作组织阿斯塔纳峰会上正式加入上合组织。这使得印度和巴基斯坦有望在 2017 年 7 月成为上海合作组织的正式成员国。今后,印巴矛盾可在上合组织内部得到协调和管控,为世界上人口最多、面积最大的地区加强反恐等安全合作迎来前所未有的发展空间与合作潜力。

2016 年金砖国家果阿峰会上,金砖国家在反恐等行动方面的倡议仍然很多。《果阿宣言》中提及恐怖主义的有 37 次,说明大家"前所未有地谴责"恐怖主义。与 2015 年 G20 安塔利亚峰会以及历届金砖峰会相比，对恐怖主义的关注度高，且成为果阿峰会的一个核心内容。而这与印度 2016 年以来对恐怖主义的关注程度提高有极大关系。在本次金砖国家安全事务特别代表会议上，各方就反对全球和地区恐怖主义、遏制"伊斯兰国"和巴基斯坦、阿富汗等地恐怖主义势力的发展和扩张达成一致意见，并构建了分享反恐实时情报、技术和恐怖活动数据的合作机制。在《果阿宣言》中还表示金砖国家"对恐怖主义和极端主义加剧一些国家政治和安全的持续动荡表示关切，呼吁国际社会通过联合国、非盟及其他区域和国际合作伙伴，继续为非洲应对这些挑战，包括在冲突后重建和发展等方面的努力提供支持"。此外，果阿峰会也是发展和推进金砖国家成员之间双边关系的平台，其中最重要的是中、印两国在巴基斯坦问题以及俄罗斯和印度在国防问题上的关系。对印度而言，本次峰会成为谴责巴基斯坦恐怖主义并争取金砖国家成员支持的机会，但对存在争议的克什米尔问题，金砖国家力主促和劝谈而非给巴基斯坦贴上"支持恐怖主义"的标签。

（六）印度是扩大"金砖合作＋"机制建设的主要驱动力

印度在南亚和环印度洋地区有较大影响力，也是当前完善"金砖合作＋"机制的重要力量。国际上通常以合法性的有无、效率的高低和功能的大小为标准判断一个国际组织的成败得失，金砖国家的合法性虽然毋庸置疑，但金砖国家需要壮大自身力量，需要将不同地区的较为重要的新兴经济体吸纳进去。目前金砖国家合作机制有五个成员，较少的成员有利于达成共识，形成合力。二十国集团（G20）虽然成员多，但其中发达经济体成员多，导致新兴经济体的话语权难以提升。在 2016 年果阿峰会期间，金砖国家已为增强同其他新兴市场和发展中国家的联系而采取了有效的措施。金砖国家领导人同"环孟加拉湾多领域经济技术合作倡议"（BIMSTEC）成员国，包括斯里兰卡、孟加拉国、不丹、尼泊尔、缅甸、泰国等领导人或政府代表开展了对话，进一步提升了金砖国家与其他国际和地区组织的合作及影响力。

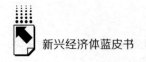
世界经济全球化虽然有利于各国实现双赢、多赢的局面，但全球化是一个长期的、复杂的、反复较量竞争的过程。特别是现存的世界经济秩序不合理，加剧了两极分化，需要进行完善，以建立国际经济新秩序。但新秩序是对现存秩序的超越，而不是全盘否定。要加强宏观调控，突出整体发展观，促进均衡发展、多极发展、可持续发展。而金砖国家愿为建立一个公正合理的造福全人类的国际经济新秩序而做出贡献。所以，当前金砖国家不仅积极地更多地参与全球经济治理，而且通力协作，将自身的发展经验与世界共享，以提升新兴经济体在构建国际经济秩序方面的话语权。

近年来，金砖国家合作机制不断完善，形成了以领导人会晤为引领，以安全事务高级代表会议、外长会晤等部长会议为支撑的机制，并在多层次、多领域开展务实合作，取得显著成效，已成为新兴市场和发展中国家在经济、金融和发展领域交流与对话的重要平台。在2016年金砖国家领导人果阿峰会期间同环孟加拉湾多领域经济技术合作组织的对话为拓展金砖国家同BIMSTEC成员国的经贸关系提供了良机。《果阿宣言》提出，"继续参与有关共同努力，通过支持区域一体化和可持续发展的措施，加强非洲的团结和力量"，这为携手推进和平、发展、民主和繁荣的共同目标提供了契机。印度作为金砖国家重要的一员，在保持独立外交传统、巩固传统盟友、推行国家利益至上的同时，积极发展和增进与新伙伴的关系，大力拓展国际关系网，推动多极世界秩序形成。这说明，印度不仅仅参与金砖国家合作机制，还将目光转移到全球，成为"金砖合作＋"机制建设的重要推动力量。

三　印度在促进金砖国家合作机制建设中面临的主要问题

自印度独立以来，尼赫鲁总理提出了要"做一个有声有色的大国"的理想，这成为历届印度政府的重要目标。现在其对世界大国地位的追求，不仅发展成为印度的国家意志，也成为政治精英的抱负和国内社会的共识，深深地影响着印度的外交战略和国家战略。但是，自20世纪五六十年代以来，印度倡导的"不结盟运动"影响力下降及不结盟的外交传统和当前较低的经济社会发展水平，给印度在发展目标和发展路径以及在促进金砖国家合作机制建设方面带来了一些问题。

（一）对中国的猜忌干扰了金砖国家合作机制建设

尽管印度一直追求做"有声有色"的大国，但其实力有限，影响了其大国目标的实现。冷战结束后，印度为其大国战略制定了"三步走"的战略路径：成为南亚霸主，控制印度洋；通过"东向战略"拓展在印太地区的战略空间；利用自身的优势，东接亚太，西接非洲和欧洲，最终成为世界性大国。所以，印度认为，中、印两国同时崛起将造成两国在战略空间上有所"重叠"，并加剧两国在战略层面上的竞争。由于印度的这一心态，影响了印度促进金砖国家合作机制建设的进程、决心和远景目标。

中印在20世纪60年代爆发的边境冲突，就与其大国目标、小国心态有关。即使在双方不断改善关系的年代，其也对中国严加防范戒备。例如20世纪80年代末中缅关系回暖，印度不仅不支持，反而大肆渲染中缅关系对印度的安全威胁。在这种威胁感知下，印度一方面加强与缅甸的军事合作[1]；另一方面也联合缅甸、孟加拉国、泰国以及斯里兰卡等成立了"孟印斯缅泰合作组织"（BIMSTEC），以平衡中国在本区域的影响力[2]。20世纪90年代印度加快"向东看"的步伐，2014年莫迪上台后依然加强印度周边外交和东向行动，并逐步将"向东看"政策演变为"东进"战略。2016年以来，中印关系再次受到一系列"具体问题"的困扰，既有边界争议这样的"老问题"，还有印度认为的中国反对其申请加入核供应国集团未得到中国大力支持、中国2016年两次"技术性搁置"印度要求安理会将武装组织"穆罕默德军"领导人马苏德·阿兹哈尔（Maulana MasoodAzhar）列入联合

[1] Nalini Kant Jha and Gaurav Kumar Jha, "India Myanmar Relations: Balancing Morality, Military and Market", *World Focus*, June 2012, p. 55.

[2] Leonora Juergens, "BCIM and BIMSTEC: Two Competing Initiatives for Northeast India?", *INDIA - ARTICLES*, May 20, 2014.

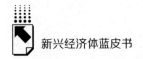

国安理会制裁名单的申请这样的"新问题",这使得其对中国的南亚政策顾虑增加,并频频对中国示强,就是在南海这样的"敏感问题"上印度也发表自己的"看法"并与南海周边国家加强军事合作。在此背景下,如何通过金砖国家合作机制构建更加紧密的合作伙伴关系,深化两国间的发展合作,是中印双方面临的十分紧迫的重要问题。

在中国倡议推进"一带一路"建设并得到越来越多国家及国际组织响应的情况下,印度仍然对中国推进的"一带一路"倡议有疑虑和戒心,这使得印度在对接中国发展战略上出现明显的"错位"。从目前印方表达的观点和看法可以看出,印度战略界普遍对中国"一带一路"倡议存在疑虑,认为"一带一路"会对印度形成长期挑战,主张发展"印度洋—太平洋"框架下的印、美、日、澳合作,打造以安全为重点的合作伙伴关系,并积极推进印非发展走廊、印太自由走廊,以牵制所谓的"中国南亚战略"或应对中国对印实施的"珍珠链"战略①。这使得印度对中国奉行"有限的经济合作、一定的战略牵制"政策。2017 年 5 月中国在北京举办"一带一路"国际合作高峰论坛,印度不仅缺席,而且从 5 月 18 日开始和新加坡海军在南海争议海域进行了为期 7 天的联合军事演习②,这是两国自 2005 年以来在南海进行的第 13 次军演。同时,莫迪总理在 5 月 23 日印度古吉拉特邦召开的非洲发展银行年会开幕式上提出建设"亚非发展走廊",以抗衡中国在非日益增强的影响力。另外,2016 年 11 月印度总理莫迪访问日本时,与日本首相安倍晋三宣布推动从亚太延伸到非洲的"自由走廊"计划,通过修建基础设施来进一步推动亚洲、非洲和中东的贸易和投资。在中国周边地区,印度还依据自身的地缘经济利益承认了越南的市场经济地位,而且与越南开展的双边防务合作以及勘探油气行为已成为印度间接涉足南海的"常规动作"③。

① 吴兆礼:《印度推进"孟不印尼"次区域合作的政策路径——兼议其与中国经济走廊倡议对接的愿景》,《太平洋学报》2017 年第 5 期。

② 喻新:《对"一带一路"态度暧昧的这两个国家,现在正在南海联合搞军演》,《参考消息》2017 年 5 月 23 日。

③ Tridivesh Maini, "BRICS bring little opportunity to India", *Global Risk Insight*, April 3, 2016.

东盟是莫迪政府的"东向行动"的重要支点，商贸、文化和联通则是印度加强与东盟国家发展关系的三根支柱。① 长期以来，印度在战略上向美国和日本倾斜，在美国的"亚太再平衡"战略中，印度是除日本之外最大的受益者。印度的"东向行动"既要向东看，又要与西方联结，特别是发展与美国、澳大利亚、日本的关系，因而"东向行动"在某种程度上也是顺应美国"亚太再平衡"战略的表现，背后的驱动因素之一便是试图牵制中国在这一地区的影响力，并以此为契机打造一个更为宽泛的印太合作联盟区域。印度之所以这么做，其原因是，认为金砖国家合作机制还不能满足其需求，需要选择与以日本、亚开行、南亚、拉丁美洲、非洲为重点的区域组织建立更紧密的联系，以便为印度提供更有利的经济发展机会。

但是，随着中国"一带一路"倡议的推进，印度的困境在于：如果不参与合作，那么中国"海上丝绸之路"建设将在经济上忽略印度，印度在南亚大陆和印度洋地区的影响力有可能减弱，而且其自身的经济发展水平还难以为其经济发展提供充足的资金改善基础设施；如果参与中国提出的"海上丝绸之路"，尽管这为印度塑造印度洋区域提供了机遇，但印度的加入将使中国介入印度洋地区事务合法化和深入化。

所以，在印度十分担心中国在南亚地区不断提升影响力的心态下，印度不愿看到印度的南亚邻国积极开展与中国的发展合作，莫迪政府提出了"邻国第一"的政策，也积极考虑、照顾和满足其邻国的发展战略诉求。例如推进"印孟尼不"、恒河—湄公河次区域合作，而印度在推进这些次区域合作上具有明显的"倾向性"和"选择性"特征，即都不将中国纳入其政策选项之内，而中国力主倡议的"孟中印缅经济走廊""中尼印经济走廊"则都考虑了印度，其做法不难看出，印度推进"印孟尼不"、恒河—湄公河次区域合作等是在一定程度上抵消中国在南亚的影响力。又如印度与日本共同建设伊朗恰巴哈尔港及特别经济区，计划投资 200 亿美元，其目的之一就

---

① 孙灿、洪邮生：《国际体系视野下的"一带一路"倡议——国家经济外交运行的"平衡术"视角》，《中国外交》2017 年第 3 期。

是应对由中国建设的巴基斯坦瓜达尔港。另外，印度还提出"季风计划"（Project Mausam）、"香料之路"（Sagar Mala，即"萨迦尔玛拉"）计划应对中国"一带一路"倡议。"季风计划"是 2014 年 6 月莫迪政府推出的深化环印度洋地区互利合作的计划，其方法是借鉴中国"一带一路""借古谋今"的做法。但目的与中国不同，中国的"一带一路"提倡"共商共建共享"，不谋求势力范围，而印度的"季风计划"谋求可持续的区域战略利益，保障其更加牢固的地区领导权，进而实现印度的全球战略抱负①。2014 年 11 月 17 日印度在科钦（Kochi）这一曾经的香料贸易中心召开了主题为"印度洋区域：印度的文化景观和海上贸易航路"的会议。2015 年 3 月莫迪总理访问塞舌尔、毛里求斯和斯里兰卡三国加快推进步伐。一方面希望加强与印度洋国家连接及与印度洋国家间建立友好关系；另一方面强化印度在印度洋地区的核心地位。

可以说，印度推进诸如"季风计划""香料之路""东向行动""连接中亚""印非发展走廊"等战略或计划，其目的之一是应对中国"一带一路"倡议的影响，为印度塑造地区影响力提供基本立足点。这无疑也是其实施大国战略目标的具体行动。

（二）印度与邻国的政治关系影响了金砖国家的经济合作

冷战结束以来，多边主义在国际关系及印度的外交政策上都得到了新的发展，并为印度扩大开放合作提供了新的空间。但印度在追求大国目标的影响下，与其邻国政治关系发展得并不顺利，再加上自身经济实力有限和把安全问题看得过重，使得印度一方面始终难以摆脱在区域合作中以政治目标为导向的意识；另一方面又影响了区域经济合作。例如印度的战略意识就与金砖国家合作机制主要以经济合作形成了一定程度的对立。在地区层面，从 20 世纪 80 年代开始，印度就主导成立了南亚区域合作联盟（SAARC）、环印度洋区域合作联盟（IORA）、环孟加拉湾多领域经济技术

---

① 陈菲：《"一带一路"与印度"季风计划"的战略对接研究》，《国际展望》2015 年第 6 期。

合作倡议（BIMSTEC）、恒河—湄公河（MGC）等组织，并与周边国家签订了多个双边、多边合作协议，但其进展并不快。究其原因是印度提倡成立的这些区域组织突出了"印度主导"的特征，重点强化政治安全合作，具有明显的防御目的，这不可避免地导致政治安全功能凌驾于经济目的之上。例如其倡导的环孟加拉湾多领域经济技术合作倡议（The Bay of Bengal Initiativefor Multi-Sectoral Technical and Economic Cooperation，BIMSTEC），其目的之一是巩固其东部尼科巴—安达曼群岛的战略地位，提升印度在印度洋地区的影响力。又如其倡导的恒河—湄公河组织，印度希望通过建设印度—湄公河经济走廊打通印度到太平洋的通道，提升其在东南亚及东亚的影响力。再如配合美国"亚太再平衡战略"推进与美国、日本、澳大利亚的联盟，与日本推进亚非洲"自由走廊"，在非洲、伊朗、斯里兰卡和东南亚国家及地区兴建多个基础建设项目，以平衡中国的区域影响力。特别是在因巴基斯坦因素导致与美国"新丝绸之路"计划（New SilkRoadPlan，NSRP）对接存在困难的背景下，通过提升与伊朗和阿富汗的三边合作（印度—伊朗—阿富汗），借伊朗与阿富汗绕开巴基斯坦，加快与中亚地区的有效连通，以促进其"连接中亚政策"（Connect Central Asia Policy，CCA）目标的实现[1]。

除此之外，印度在成为南亚大国和印度洋主导者目标的引领下，还积极寻求建立军事伙伴和扩张海军能力，打造以安全诉求为核心的目标[2]。印度从独立之初就注重本土军事工业的发展，在 20 世纪五六十年代就已经在国内建立起了比较完备的军事工业体系。进入 21 世纪，印度对安全战略进行了调整，不仅将核力量看成大国梦的捷径，对发展军事力量为主的传统安全战略调整为全方位的综合安全战略，而且特别重视发展经济和科技能力，以增强国防实力，维护国家安全。近年来，印度与非洲、澳大利亚、马来西亚、韩国等国家或地区在跨地区层面开展了广泛的多边或双边军事合作。但

---

① 邓瑞平、王佳宜：《印度自由贸易协定的发展及其对中国的启示》，《河北法学》2016 年第 11 期。

② Eleanor Albert，"Competition in the Indian Ocean，council on foreign relations"，May 19，2016.

由于印度本身实力较为落后，目前还未能开展较大规模的军事及经济贸易往来。或者说，这些合作基于对域外势力的猜忌①，导致规模不够大，也导致其制衡大国在印度洋地区影响力的目的没有完全达到。但印度仍然没有忘记对其战略目标的追求，从 2012 年开始进一步加强印度海军在马六甲海峡西部安达曼和尼科巴群岛的地位，积极打造其在印度洋的军事新边界②，加快实施"印—太"战略，与美国、新加坡等国在印度洋、南海等地开展联合军演，这些都反映出印度积极谋求南亚、东南亚、印度洋、太平洋的影响力。而这是受到美国欢迎的③，也是印度强化国内外海事安全的战略构成④。但这与金砖国家合作机制重视经济合作的目标是不相符合的。

（三）印巴关系成为影响金砖国家合作的重要因素

长期以来，印度与巴基斯坦关系不顺，既影响印巴合作，也影响南亚局势。可以说，印巴对立是造成南亚局势动荡不定的重要因素。特别是在以恐怖主义为代表的威胁在南亚地区日益泛滥的情况下，印巴关系始终处于高度紧张的对峙状态。过去，印度为了确立其在南亚次大陆的霸主地位，通过三次印巴战争，肢解了巴基斯坦和孟加拉国，造成克什米尔问题，这对南亚多国的军事外交政策造成了巨大的影响，也初步实现了印度南亚大国地位及"印度洋是印度之洋"的目标。但印度与巴基斯坦关系恶化，全面对话进程一直停滞不前。随着近年来国际恐怖主义势力的抬头，恐怖袭击事件上升，印巴对抗加剧，南亚地区的形势变化巨大，合作存在分化趋势。在金砖国家机制中，尽管各国对维护地区稳定以及打击恐怖主义已形成共识，但不是为

---

① Gurpreet S. Khurana, "China's 'String of Pearls' in the Indian Ocean and its Security Implications", *Strategic Analysis*, 2008, 32 (1): 1 – 39.

② Brahma Chellaney, "What Are Chinese Submarines Doing in the Indian Ocean?", *European Union Institute for Security Studies* (*EUISS*,) February 2016.

③ Ananth Krishnan, "China Details Indian Ocean Strategy and Interests, Discussion in 'China &Asia Pacific'", *Rock n Rolla*, Jun. 9, 2013.

④ Eva Pejsova, "Scrambling for the Indian Ocean", *European Union Institute for Security Studies* (*EUISS*), February, 2016.

打击恐怖主义而打击恐怖主义，目的更多还是加快发展，改善民生。印度在金砖国家峰会期间多次要求金砖成员支持其在克什米尔问题上的立场，但有些问题事实不清，也没有考虑其他国家的利益。例如无论是在德里峰会还是果阿峰会上，作为东道主的印度都把谴责巴基斯坦恐怖主义并争取金砖国家成员同情和支持作为机会，而巴基斯坦也是恐怖主义活动的受害者。如果一味在这些"细枝末节"上纠缠，而不关注世界不断变化的新形势、集中讨论影响金砖国家成员发展的世界性问题，必将加剧金砖国家内部的观点冲突，影响金砖国家的团结合作。

2003 年以来，俄罗斯与巴基斯坦进行的军事互动日益频繁，在反恐、打击跨国犯罪方面的合作进程加快①。为了不招印度不满，在这一过程中，俄罗斯一直强调不针对印度。但是即便如此，仍然引起印度的不满。印度认为，中俄相互支持，而俄罗斯与中国又支持巴基斯坦的话，会对印度的利益和安全构成影响。印度的这一看法必将造成金砖国家之间的利益冲突。例如在 2016 年《果阿宣言》中，中国没有满足印度要求点名巴基斯坦是支持恐怖团体的要求，俄罗斯也没有支持印度的主张，其原因印度十分清楚，也避免了本就处于高度紧张状态的南亚局势激化，但印度似乎并不领情，这不仅与其承担世界角色自相矛盾，而且其态度可能与金砖国家的重点任务越走越远。又如中巴经济走廊，印度对这一惠及地区的包容性项目并不能客观理性看待。虽然中国反复强调中巴经济走廊是经济项目，但印度仍然认为中巴经济走廊是中国对印度实行战略遏制和包围的一部分，而且还认为中巴经济走廊建设经过了印巴争议的克什米尔地区，是中国"挺巴反印"的重要表现。同时，印度也很关注中巴经济走廊建设中的瓜达尔港的建设，认为该港口极具战略意义，对印度构成了威胁。印度媒体也多次鼓吹瓜达尔港会变成中国的海军基地，从而对印度构成新的威胁。特别是在 2016 年发生两起针对印度军事人员的恐怖袭击后，印度在南亚地区及国际场合采取孤立巴基斯坦的政策，并试图将自身的反恐政策强加给巴基斯坦。中国为了避免南亚地区安

---

① 杨勇：《新世纪以来俄罗斯和巴基斯坦的关系》，《东南亚南亚研究》2016 年第 2 期。

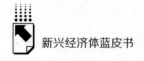

全局势恶化，要求印度将巴基斯坦定性为支持恐怖主义的国家提供证据；另外要求印巴加强对话，妥善解决问题，但印度不予理解，导致中印关系走低。由此可见，如果印巴继续对立及印度不改变立场，将对金砖国家合作造成负面影响。

（四）印度总体实力及对地区问题的关注影响金砖国家合作

莫迪政府上台以来，尽管印度希望加快发展，提高国际地位，并积极参与国际活动，但印度政府关注更多的是自身利益，而对全球治理层面问题说得多做得少。在果阿峰会上，印度一心想指责巴基斯坦，或讨论印巴双边问题，这与金砖国家合作机制建设的重点是国际事务而非国内事务的理念不相符合。印度是南亚大国，也是目前金砖国家中经济增长最快的成员国之一，尤其是在巴西、俄罗斯和南非这三个国家经济形势严峻，中国经济进入"新常态"的情况下，印度应借举办金砖国家峰会之机着眼于展现印度经济的活力，以吸引更多外国投资，提升印度国家能力，同时借此多边场合加强印度和金砖其他国家以及携手共同应对地区和全球性问题，争取在全球多边治理中发挥更大作用和提供更多的国际公共产品，但印度却在其他问题上发力。

从印度推进金砖国家合作机制看，尽管莫迪在第七届和第八届金砖峰会上提出许多建议，但比较空泛，许多项目不具体，落实比较困难。这反映出印度对推进金砖国家机制化建设还存在一些不足，与其大国地位不相匹配。目前，印度对加强金砖国家的合作体现出很大的决心，2016 年果阿峰会发表的《果阿宣言》长达 1.2 万字，涉及 109 个方面的问题，比 2009 年俄罗斯叶卡捷琳堡举行的第一次峰会发表的联合声明的 1500 字，仅涉及 16 个方面的问题，内容多得多，但由于自身实力及对问题的看法不尽相同，对金砖国家峰会提出的许多问题落实仍然有限，其目标、重点不突出，一些仍然处于空谈和难以落实的局面。

另外，印度对中国外交政策长期持怀疑态度也影响金砖国家深入合作。中国与印度存在一些矛盾和分歧，这是正常的，但印度常常对中国正常的经济项目说三道四，对"一带一路"更持怀疑态度，还把中印关系的问题同金砖国家合作联系在一起，经常患得患失，这很不利于金砖国家和谐相处，共谋发展，也不利于金砖国家的团结和印度在促进金砖国家合作机制建设方面作用的发挥。

四　印度在金砖国家合作机制中角色地位展望

尽管目前金砖国家的经济增长速度有所放缓，但仍然是推动世界经济增长的重要力量。随着金砖机制在推动全球经济治理体系方面发挥的作用越来越大，金砖国家机制需要进一步发展和完善，以进一步提升金砖国家乃至发展中国家在全球的地位和影响力。虽然在多哈回合谈判、国际金融体系改革、气候变化以及国际规则的制定和修改等领域，金砖国家的立场并非完全一致，但金砖国家成员都是本地区最大的国家，都有义务发挥引领和团结作用，维护地区和平与稳定，促进地区发展与繁荣。建设金砖国家机制，加强成员国之间的政策协调、促进共同发展，是共同的目标。印度作为金砖国家重要成员，可以在促进共同发展方面承担重要角色。

（一）推动金砖国家合作机制更加放眼于全球治理

目前，全球性问题越来越多，影响每个国家发展、威胁每个国家乃至全人类生存。随着全球化进程的加速、交通通信的发展、信息化的推进，不同国家、民族间的壁垒不断被打破，没有一个国家能够摆脱与世界的联系而获得长期稳定发展。面对这些问题，各国在促进自身发展的同时，需要全人类共同努力来缓解并解决。尽管金砖国家的经济社会发展水平及文化背景不同，但为了人类共同的利益，必须加强对话交流，达成更多共识，积极推动建立一套能够为全人类所认同、所接受、所遵守的政策与行为规范。目前，金砖国家可合作的领域很多，印度作为新兴大国，不仅开放的力度加大，经济实力显著增强，而且对世界问题越来越关注，这使得印度越来越放眼于全球治理。所以，印度在推进金砖国家参与全球治理方面将发挥更加突出的作

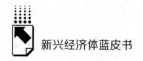
用，包括更多参与国际事务、代表新兴经济体和广大发展中国家提升话语权、打击恐怖主义活动、促进全球经济增长等。

（二）展示大国风范，提升国际影响力

自 2006 年"金砖国家"举行首次外长会晤以来，"金砖国家"合作越来越多，已成为全球最具影响力的合作机制之一。印度不仅参加了所有金砖国家领导人峰会，而且积极反映印度在金砖国家的战略诉求。这反映了印度对金砖国家机制的重视，也反映了印度在这一机制下反映诉求的愿望。近年来，随着印度经济实力的提升，印度对外政策日益多元化，在外交政策上更加突出经济外交，以吸引资金技术、保障资源，促进经济发展。同时充分利用国际舞台反映战略诉求，提升大国形象。在金砖国家机制中，印度也十分看重合作的动力和潜力，不仅坚定支持金砖机制建设，而且支持与 20 国集团等保持联系，共同发出一个更强大的声音，从而使印度更有效地参与解决全球挑战，为其经济增长保持良好外部环境。

目前，金砖国家已经建立 60 多项合作机制，涵盖经贸、金融、农业、教育、科技、文化等多个领域，印度不仅期待务实合作，而且希望通过此平台提升印度国际地位。2016 年在果阿举行金砖国家峰会期间，印度推动金砖国家与环孟加拉湾多领域经济技术合作倡议领导人会晤，就显示印度希望扩大合作范围，建立更广泛的"朋友圈"，以更好地展示大国风范，提升国际影响力。

（三）增强金砖国家间的信任

金砖国家间特别是中印之间还有许多矛盾和问题，需要共同努力来解决。中印之间除了通过双边解决问题外，还可以通过金砖国家这样的多边机制来增强信任，共同推动问题的解决。特别是印度需要克服相关心态，改变一些做法，加强与周边国家团结协作，和谐相处，共谋发展，这样才能更好地提升金砖国家在世界的整体地位及话语权。而对于印巴关系问题，中俄等国家要促进印巴对话，避免南亚安全局势恶化，共同致力于促进南亚地区的

和平与稳定。印度也需要转变观念，联合起来共同打击跨国犯罪，积极改善与巴基斯坦的关系，为地区和平、安全、发展做出贡献。

（四）发挥推动世界经济增长的作用

金砖国家人口总量占世界人口总量的 42.9%，经济总量占全球的 1/5 以上，对世界经济增长贡献率越来越大。加强金砖国家间的合作，对促进共同发展十分重要。印度作为地缘优势突出、世界重要的新兴经济体，过去与其他金砖国家间的合作并不多，影响了其作用的发挥，但随着印度经济的发展，在金砖国家中的地位作用不断上升，其战略诉求也不断增加。印度加强与其他金砖国家的合作，不仅可以学习其他国家经济发展经验，降低其对中国与巴基斯坦的疑虑，妥善解决其长期存在的贸易逆差问题，合力推动自由贸易区建设，共同打造"中印缅孟经济走廊"，而且有利于印度加强区域反恐合作、争取"入常"、参加全球治理、保障能源资源安全，为其大国地位创造良好条件。同时，也有利于金砖国家改善关系，促进经济共同发展，提升金砖国家的国际地位，为发展中国家争取更多利益。

B.5
中国：从发展引领到合作引领

张 兵*

摘 要： 本文分析了当前中国经济发展的趋势及在全球经济中的引领作用，分析了中国在全球经济治理中的地位提升及未来进一步强化中国在全球经济治理体系中的角色地位的基本方向。

关键词： 中国经济 全球合作 发展引领

改革开放以来，中国经济发展进入了新阶段，国民经济和对外经济保持了持续快速发展势头，增长速度引领全球。同时，随着在世界经济中地位和作用的不断提升，中国日益成为全球合作的引领者。

一 中国发展速度引领全球

首先，改革开放以来中国经济快速增长，经济总量呈现加速扩张态势。1978 年中国国内生产总值（GDP）仅为 3645.2 亿元，而到 2016 年则达到74.4 万亿元。1980～2017 年，中国实际国内生产总值年平均增长速度高达9.6%，明显高于美国、日本、德国等发达国家以及印度、巴西、韩国等发展中国家和新兴经济体的增长速度，比同期世界经济平均 3.5% 的增长速度高出 6.1 个百分点（见表1）。在中国经济增长速度雄冠全球的同时，中国人均国内生产总值也由 1980 年的 309.36 美元提高到 2017 年的 8480.65 美元，增长

---

* 张兵，经济学博士，南开大学经济学院教授、博士生导师。

26.4 倍。世界银行按照人均国民总收入（GNI）对世界各国（地区）的经济发展水平进行分组，最新分组标准为按照 2015 年人均 GNI 低于 1025 美元的为低收入经济体，1026～4035 美元的为中等偏下收入经济体，4036～12475 美元的为中等偏上收入经济体，高于 12476 美元的则属于高收入经济体。依照这一标准，当前中国已经步入了中等偏上收入经济体的行列。

表 1 世界主要国家实际 GDP 增长率

单位：%

年份	中国	世界	美国	日本	德国	英国	澳大利亚	韩国	印度	巴西	俄罗斯	南非
1980	7.9	2.1	-0.2	3.2	1.3	-2.0	2.9	-1.7	5.3	9.2	—	6.6
1981	5.1	1.9	2.6	4.2	0.1	-0.8	4.1	7.2	6.0	-4.4	—	5.4
1982	9.0	0.7	-1.9	3.4	-0.8	2.0	0.1	8.3	3.5	0.6	—	-0.4
1983	10.8	2.7	4.6	3.1	1.6	4.2	-0.5	13.2	7.3	-3.4	—	-1.8
1984	15.2	4.6	7.3	4.5	2.8	2.3	6.3	10.4	3.8	5.3	—	5.1
1985	13.5	3.8	4.2	6.3	2.2	4.2	5.5	7.8	5.3	7.9	—	-1.2
1986	8.9	3.6	3.5	2.8	2.4	3.2	2.4	11.2	4.8	7.5	—	0.0
1987	11.7	3.9	3.5	4.1	1.5	5.4	4.9	12.5	4.0	3.6	—	2.1
1988	11.3	4.7	4.2	7.1	3.7	5.8	4.3	11.9	9.6	0.3	—	4.2
1989	4.2	3.9	3.7	5.4	3.9	2.6	4.6	7.0	5.9	3.2	—	2.4
1990	3.9	3.4	1.9	5.6	5.7	0.7	1.5	9.8	5.5	-4.2	—	-0.3
1991	9.2	2.6	-0.1	3.3	5.0	-1.1	-1.0	10.4	1.1	1.0	—	-1.0
1992	14.3	2.3	3.6	0.8	1.5	0.4	2.7	6.2	5.5	-0.5	—	-2.1
1993	13.9	2.1	2.7	0.2	-1.0	2.5	4.0	6.8	4.8	4.7	-8.7	1.2
1994	13.1	3.2	4.0	0.9	2.5	3.9	4.9	9.2	6.7	5.3	-12.7	3.2
1995	11.0	3.4	2.7	2.7	1.8	2.5	2.9	9.6	7.6	4.4	-4.1	3.1
1996	9.9	3.9	3.8	3.1	0.9	2.5	4.3	7.6	7.6	2.2	-3.6	4.3
1997	9.2	4.0	4.5	1.1	1.9	3.1	4.3	5.9	4.1	3.4	1.4	2.6
1998	7.8	2.5	4.5	-1.1	1.8	3.2	4.7	-5.5	6.2	0.3	-5.3	0.5
1999	7.6	3.6	4.7	-0.3	1.8	3.3	4.3	11.3	8.5	0.5	6.4	2.4
2000	8.4	4.8	4.1	2.8	3.2	3.7	3.2	8.9	4.0	4.4	10.0	4.2
2001	8.3	2.5	1.0	0.4	1.8	2.7	2.5	4.5	4.9	1.4	5.1	2.7
2002	9.1	3.0	1.8	0.1	0.0	2.4	4.0	7.4	3.9	3.1	4.7	3.7
2003	10.0	4.3	2.8	1.5	-0.7	3.5	3.0	2.9	7.9	1.1	7.3	2.9
2004	10.1	5.4	3.8	2.2	0.7	2.5	4.1	4.9	7.8	5.8	7.2	4.6
2005	11.3	4.9	3.3	1.7	0.9	3.0	3.2	3.9	9.3	3.2	6.4	5.3
2006	12.7	5.5	2.7	1.4	3.9	2.5	2.7	5.2	9.3	4.0	8.2	5.6

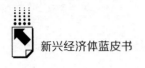
年份	中国	世界	美国	日本	德国	英国	澳大利亚	韩国	印度	巴西	俄罗斯	南非
2007	14.2	5.6	1.8	1.7	3.4	2.6	4.5	5.5	9.8	6.1	8.5	5.4
2008	9.6	3.0	-0.3	-1.1	0.8	-0.6	2.6	2.8	3.9	5.1	5.2	3.2
2009	9.2	-0.1	-2.8	-5.4	-5.6	-4.3	1.7	0.7	8.5	-0.1	-7.8	-1.5
2010	10.6	5.4	2.5	4.2	4.0	1.9	2.3	6.5	10.3	7.5	4.5	3.0
2011	9.5	4.2	1.6	-0.1	3.7	1.5	2.7	3.7	6.6	4.0	4.0	3.3
2012	7.9	3.5	2.2	1.5	0.7	1.3	3.6	2.3	5.5	1.9	3.5	2.2
2013	7.8	3.4	1.7	2.0	0.6	1.9	2.1	2.9	6.5	3.0	1.3	2.5
2014	7.3	3.5	2.4	0.3	1.6	3.1	2.8	3.3	7.2	0.5	0.7	1.7
2015	6.9	3.4	2.6	1.2	1.5	2.2	2.4	2.8	7.9	-3.8	-2.8	1.3
2016	6.7	3.1	1.6	1.0	1.8	1.8	2.5	2.8	6.8	-3.6	-0.2	0.3
2017	6.6	3.5	2.3	1.2	1.6	2.0	3.1	2.7	7.2	0.2	1.4	0.8
平均	9.6	3.5	2.6	2.0	1.7	2.1	3.2	6.1	6.3	2.4	1.6	2.3

注：2017 年的数据为预测值。

资料来源：IMF：World Economic Outlook Database，April 2017。

　　如表 2 所示，随着国民经济的持续快速发展，中国城镇居民和农村居民的收入水平也持续提升。1980～2016 年中国城镇居民人均可支配收入由 477.6 元增加到 33616 元，增长 69 倍；农村居民人均纯收入也由 1980 年的 191.3 元增加到 2015 年的 10772 元，增长 55 倍。在此过程中，中国有计划大规模地组织扶贫开发，使 7 亿多农村贫困人口摆脱了贫困，特别是在 2013～2016 年，中国农村贫困人口每年减少都超过 1000 万人，4 年间累计脱贫 5564 万人；中国的贫困发生率也从 2012 年底的 10.2% 下降到 2016 年底的 4.5%，下降了 5.7 个百分点。根据联合国提出的标准，恩格尔系数在 60% 以上为贫困；50% 至 60% 为温饱；40% 至 50% 为小康；30% 至 40% 为相对富裕；20% 至 30% 为富裕；低于 20% 为极其富裕。按照这一标准，中国城镇居民家庭的恩格尔系数由 1980 年的 56.9% 下降到 2016 年的 29.3%，生活水平已经由温饱变为富裕；中国农村居民家庭的恩格尔系数则由 1980 年的 61.8% 下降到 2016 年的 32.2%，生活水平也已经由贫困转变为相对富裕。可以说，中国经济的快速发展为世界减贫事业做出了突出贡献。

表2 中国城镇和农村居民收入及恩格尔系数

年份	城镇居民人均可支配收入（元）	农村居民人均纯收入（元）	城镇居民家庭恩格尔系数（%）	农村居民家庭恩格尔系数（%）
1980	477.6	191.3	56.9	61.8
1981	500.4	223.4	56.7	59.9
1982	535.3	270.1	58.6	60.7
1983	564.6	309.8	59.2	59.4
1984	652.1	355.3	58	59.2
1985	739.1	397.6	53.3	57.8
1986	900.9	423.8	52.4	56.4
1987	1002.1	462.6	53.5	55.8
1988	1180.2	544.9	51.4	54
1989	1373.9	601.5	54.5	54.8
1990	1510.2	686.3	54.2	58.8
1991	1700.6	708.6	53.8	57.6
1992	2026.6	784	53	57.6
1993	2577.4	921.6	50.3	58.1
1994	3496.2	1221	50	58.9
1995	4283	1577.7	50.1	58.6
1996	4838.9	1926.1	48.8	56.3
1997	5160.3	2090.1	46.6	55.1
1998	5425.1	2162	44.7	53.4
1999	5854	2210.3	42.1	52.6
2000	6280	2253.4	39.4	49.1
2001	6859.6	2366.4	38.2	47.7
2002	7702.8	2475.6	37.7	46.2
2003	8472.2	2622.2	37.1	45.6
2004	9421.6	2936.4	37.7	47.2
2005	10493	3254.9	36.7	45.5
2006	11759.5	3587	35.8	43
2007	13785.8	4140.4	36.3	43.1
2008	15780.8	4760.6	37.9	43.7
2009	17174.7	5153.2	36.5	41
2010	19109.4	5919	35.7	41.1
2011	21809.8	6977.3	36.3	40.4
2012	24564.7	7916.6	36.2	39.3
2013	26467	8896	35	37.7
2014	28844	9892	—	—
2015	31195	10772	29.7	33
2016	33616	—	29.3	32.2

注：从2013年起统计口径有所变化。2016年中国农村居民人均可支配收入为12363元。

资料来源：中华人民共和国国家统计局和2013～2016年《国民经济和社会发展统计公报》。

中国经济引领发展还突出表现在对外经济方面。从货物贸易来看，1950~1977 年中国货物进出口贸易额累计只有 1606 亿美元。随着改革开放的不断深入，中国货物贸易快速发展。如表 3 所示，中国货物贸易进出口总额从 1978 年的 206.4 亿美元猛增到 2016 年的 36849.3 亿美元，39 年中增长了 178 倍。特别是 2001 年中国加入世界贸易组织之后，对外贸易更是高速增长。2001 年中国货物进出口总额为 5096.5 亿美元，2004 年首次突破 1 万亿美元大关，2007 年突破 2 万亿美元大关，之后又于 2011 年和 2013 年分别突破 3 万亿美元和 4 万亿美元。尽管 2009 年受美国次贷危机所引发的全球金融危机的冲击，中国货物进出口贸易额有所下滑，但中国却超过德国成为世界第一出口大国，并于 2013~2015 年超过美国成为世界第一贸易大国。随着中国对外贸易的不断发展，中国在世界贸易中的地位不断提升。如表 4 所示，1983 年中国货物贸易出口额在世界货物贸易出口总额中所占比重仅为 1.2%，而到 2015 年则上升为 14.2%，分别比排名第二位和第三位的美国（9.4%）和德国（8.3%）高出 4.8 个百分点和 5.9 个百分点。

从服务贸易的发展来看，改革开放前，中国除了对外援建项目和少数外国友人来华旅游外，基本上没有对外服务。改革开放以来，中国在大力发展货物进出口贸易的同时，也积极发展服务贸易。1982 年，中国服务贸易进出口总额仅为 43 亿美元，到 2015 年则上升到 7130 亿美元。尽管 2016 年中国服务贸易进出口总额有所下滑为 6560 亿美元，但中国在世界服务贸易中的排名已高居第 2 位，其中出口 2070 亿美元，居第 5 位，占世界服务贸易出口额的比重为 4.3%；进口 4490 亿美元，居第 2 位，占世界服务贸易进口额的比重达 9.7%。[①] 同时，中国服务贸易结构逐步优化，金融、保险、通信、咨询、计算机和信息服务等高附加值服务贸易快速发展，在服务贸易出口中的比重

---

① 数据来自 WTO，"Trade Recovery Expected in 2017 and 2018, Amid Policy Uncertainty"，https：//www.wto.org/english/news_ e/pres17_ e/pr791_ e.htm。如果以人民币计价，2016 年中国服务进出口总额为 53484 亿元，比 2015 年增长 14.2%。其中，服务出口 18193 亿元，增长 2.3%；服务进口 35291 亿元，增长 21.5%。具体参见中华人民共和国国家统计局：《2016 年国民经济和社会发展统计公报》。

表3　中国货物贸易进出口额

单位：亿美元

年份	进出口总额	出口额	进口额
1978	206.4	97.5	108.9
1979	293.3	136.6	156.7
1980	381.4	181.2	200.2
1981	440.3	220.1	220.2
1982	416.1	223.2	192.9
1983	436.2	222.3	213.9
1984	535.5	261.4	274.1
1985	696.0	273.5	422.5
1986	738.5	309.4	429.1
1987	826.5	394.4	432.1
1988	1027.9	475.2	552.7
1989	1116.8	525.4	591.4
1990	1154.4	620.9	533.5
1991	1356.3	718.4	637.9
1992	1655.3	849.4	805.9
1993	1957.0	917.4	1039.6
1994	2366.2	1210.1	1156.2
1995	2808.6	1487.8	1320.8
1996	2898.8	1510.5	1388.3
1997	3251.6	1827.9	1423.7
1998	3239.5	1837.1	1402.4
1999	3606.3	1949.3	1657.0
2000	4743.0	2492.0	2250.9
2001	5096.5	2661.0	2435.5
2002	6207.7	3256.0	2951.7
2003	8509.9	4382.3	4127.6
2004	11545.6	5933.3	5612.3
2005	14219.0	7619.5	6599.5
2006	17604.4	9689.8	7914.6
2007	21761.8	12200.6	9561.2
2008	25632.6	14306.9	11325.7
2009	22075.3	12016.1	10059.2
2010	29739.9	15777.5	13962.4
2011	36418.6	18983.8	17434.8
2012	38671.2	20487.1	18184.1
2013	41589.9	22090.0	19499.9
2014	43015.2	23422.9	19592.3
2015	39530.3	22734.7	16795.6
2016	36849.2	20974.4	15874.8

资料来源：中华人民共和国国家统计局：《中国统计年鉴2016》和中华人民共和国海关总署：统计快讯，http://www.customs.gov.cn/publish/portal0/tab49666/info836859.htm。

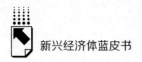

表4　各国（地区）在世界货物贸易出口额中所占比重

单位：%

年份	1948	1953	1963	1973	1983	1993	2003	2015
世界	100.0	100.0	100.0	100.0	100.0	100.0	100.0	100.0
北美	28.1	24.8	19.9	17.3	16.8	17.9	15.8	14.4
其中：美国	21.6	14.6	14.3	12.2	11.2	12.6	9.8	9.4
加拿大	5.5	5.2	4.3	4.6	4.2	3.9	3.7	2.6
墨西哥	0.9	0.7	0.6	0.4	1.4	1.4	2.2	2.4
中南美	11.3	9.7	6.4	4.3	4.5	3.0	3.0	3.4
其中：巴西	2.0	1.8	0.9	1.1	1.2	1.0	1.0	1.2
智利	0.6	0.5	0.3	0.2	0.2	0.2	0.3	0.4
欧洲	35.1	39.4	47.8	50.9	43.5	45.3	45.9	37.3
其中：德国	1.4	5.3	9.3	11.7	9.2	10.3	10.2	8.3
荷兰	2.0	3.0	3.6	4.7	3.5	3.8	4.0	3.5
法国	3.4	4.8	5.2	6.3	5.2	6.0	5.3	3.2
英国	11.3	9.0	7.8	5.1	5.0	4.9	4.1	2.9
独联体	—	—	—	—	—	1.7	2.6	3.1
非洲	7.3	6.5	5.7	4.8	4.5	2.5	2.4	2.4
其中：南非	2.0	1.6	1.5	1.0	1.0	0.7	0.5	0.5
中东	2.0	2.7	3.2	4.1	6.7	3.5	4.1	5.3
亚洲	14.0	13.4	12.5	14.9	19.1	26.0	26.1	34.2
其中：中国	0.9	1.2	1.3	1.0	1.2	2.5	5.9	14.2
日本	0.4	1.5	3.5	6.4	8.0	9.8	6.4	3.9
印度	2.2	1.3	1.0	0.5	0.5	0.6	0.8	1.7
澳大利亚和新西兰	3.7	3.2	2.4	2.1	1.4	1.4	1.2	1.4
东亚6个经济体	3.4	3.0	2.5	3.6	5.8	9.6	9.6	9.9

注：东亚6个经济体包括：韩国、新加坡、中国香港、中国台湾、泰国、马来西亚。

资料来源：WTO，"World Trade Statistical Review 2016"，p.92.

不断提高。当前，中国已基本形成了以旅游、运输等传统服务贸易为基础，以金融、保险、通信、计算机和信息服务、咨询和广告等新兴服务贸易为增长点的服务贸易全面发展格局，服务贸易已经成为中国对外贸易发展的重要组成部分。

从引进外资和对外投资的角度来看，中国的发展速度同样非常突出。改革开放前，中国基本上没有利用外资，特别是外商直接投资。改革开放以来，中国敞开大门吸引外资，利用外资规模和领域不断扩大。特别是 20 世纪 90 年代后，中国确定了积极合理有效利用外资的方针，吸引外资进入了高速发展时期。如表 5 所示，1983 年中国实际利用外资额和实际利用外商直接投资额分别只有 22.6 亿美元和 9.2 亿美元，而到 2016 年中国实际利用外商直接投资额则达到了 1260 亿美元，34 年间增长了 136 倍。自 1992 年以来中国一直为世界上吸引外资最多的发展中国家。在吸引外商直接投资不断增长的同时，中国引资的重点也逐步从改革开放初期的轻纺、家电等行业逐步发展到目前的计算机、通信、集成电路等高新技术产业以及金融、保险、信息咨询等现代服务业，外商在华设立地区总部、研发中心和营销中心等也已经成为中国吸引外资的新趋势和亮点。

表 5　中国实际利用外资和外商直接投资额

单位：亿美元

年份	实际利用外资额	实际利用外商直接投资额	年份	实际利用外资额	实际利用外商直接投资额
1983	22.6	9.2	2000	593.6	407.2
1984	28.7	14.2	2001	496.7	468.8
1985	47.6	19.6	2002	550.1	527.4
1986	76.3	22.4	2003	561.4	535.1
1987	84.5	23.1	2004	640.7	606.3
1988	102.3	31.9	2005	638.1	603.3
1989	100.6	33.9	2006	670.8	630.2
1990	102.9	34.9	2007	783.4	747.7
1991	115.5	43.7	2008	952.5	924.0
1992	192.0	110.1	2009	918.0	900.3
1993	389.6	275.2	2010	1088.2	1057.4
1994	432.1	337.7	2011	1177.0	1160.1
1995	481.3	375.2	2012	1132.9	1117.2
1996	548.1	417.3	2013	1187.2	1175.9
1997	644.1	452.6	2014	1197.1	1195.6
1998	585.6	454.6	2015	1262.7	1262.7
1999	526.6	403.2	2016	—	1260

資料来源：中华人民共和国国家统计局：《中国统计年鉴2016》和《2016 年国民经济和社会发展统计公报》。

从对外投资的发展来看，随着中国对外开放步伐的加快，特别是加入世界贸易组织以来，中国企业对外投资进入快速发展时期。2007 年，中国非金融类对外直接投资为 187 亿美元，2016 年则上升到 1701 亿美元（如图 1 所示），2007～2016 年中国非金融类对外直接投资年均增长速度高达 90%。而且自 2014 年开始中国对外直接投资超过了引进外商直接投资的规模。同时，中国对外投资的领域不断拓宽，形式逐步多样化，对外投资的层次和水平不断提升。资源采掘业、电信及石油化工等行业成为中国对外投资的主要领域，商业服务业、制造业和金融业也成为中国对外投资的重要领域。中国对外投资的形式也由单一的绿地投资向跨国并购、参股、境外上市等多种方式扩展。对外投资使中国企业通过国际化经营不断发展壮大，国际竞争力得到极大增强。2016 年，中国有 110 家企业进入美国《财富》杂志全球企业 500 强名单。

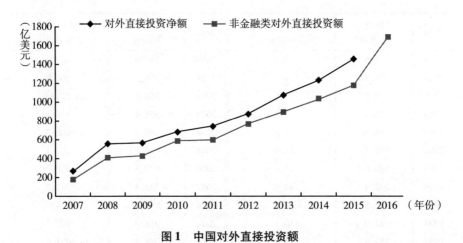

图 1　中国对外直接投资额

资料来源：中华人民共和国国家统计局：《中国统计年鉴 2016》和 2007～2016 年《国民经济和社会发展统计公报》。

中国对外贸易和吸引外资的快速发展使得中国外汇储备规模不断扩大（如图 2 所示），2014 年高达 38430.18 亿美元。近年来，虽然由于中国外贸出现下滑以及中国企业对外投资加速发展，中国外汇储备规模有所下降，但截至 2017 年 4 月仍然高达 30295.33 亿美元。可以说，充足的外汇储备既是中国对外经济贸易快速发展的体现和结果，同时也是中国发展对外经济贸易的重要条件和保障。

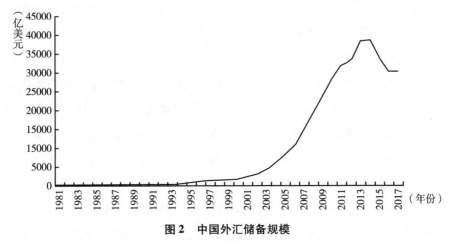

图2 中国外汇储备规模

资料来源：国家外汇管理局，http：//www. safe. gov. cn/wps/portal/sy/tjsj_ lnwhcb。

随着中国经济的快速发展，中国经济在世界经济中的地位日益提高。近年来，虽然中国经济发展进入新常态，经济增速有所放缓，但仍然保持了中高速增长，对世界经济增长的年均贡献率超过30%，持续成为世界经济增长的第一引擎。据统计，在"十二五"期间，中国经济增长对世界经济增长的年均贡献率达到30.5%，比同期美国和欧元区17.8%和4.4%的贡献率分别高出12.7个百分点和26.1个百分点。2016年中国经济增长对世界经济增长的贡献率仍居首位，高达33.2%。[1] 可以说，中国经济的高速增长和引领发展给世界各国提供了前所未有的发展机遇，对近年来世界经济的复苏繁荣和持续增长产生了举足轻重的影响。

二 中国日益成为全球合作的引领者

随着中国经济的快速发展，中国在世界经济中的地位和作用不断提升，

---

① 郭同欣：《中国对世界经济增长的贡献不断提高》，《人民日报》2017年1月13日第9版。

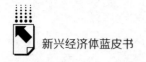
近年来中国日益成为全球合作的引领者，这突出表现在以下几个方面。

第一，提出共同构建人类命运共同体理念，得到国际社会普遍认同。

当前，人类社会正处于大发展、大变革、大调整时期，世界多极化和经济全球化深入发展，各种挑战和风险与日俱增。在此背景下，中国提出和倡导寻求共同利益和共同价值的"人类命运共同体"理念，为应对人类面临的共同挑战和全球性问题提供了中国方案。2017年1月，中国国家主席习近平在联合国日内瓦总部发表了题为"共同构建人类命运共同体"的主旨演讲，全面系统阐述了人类命运共同体理念。习近平主席指出，"世界命运应该由各国共同掌握，国际规则应该由各国共同书写，全球事务应该由各国共同治理，发展成果应该由各国共同分享"。他强调，在构建人类命运共同体理念的引领下，国际社会关键要采取"五个坚持"的实际行动：坚持对话协商，建设一个持久和平的世界；坚持共建共享，建设一个普遍安全的世界；坚持合作共赢，建设一个共同繁荣的世界；坚持交流互鉴，建设一个开放包容的世界；坚持绿色低碳，建设一个清洁美丽的世界。中国在与国际社会共同推进构建人类命运共同体的进程中，"维护世界和平的决心不会改变"，"促进共同发展的决心不会改变"，"打造伙伴关系的决心不会改变"，"支持多边主义的决心不会改变"。

中国所倡导的构建人类命运共同体、实现共赢共享的中国方案，引起了世界范围的广泛关注，日益得到国际社会普遍认同。2017年2月，联合国社会发展委员会第55届会议通过了"非洲发展新伙伴关系的社会层面"决议，呼吁国际社会本着合作共赢和构建人类命运共同体的精神，加强对非洲经济和社会发展的支持。"构建人类命运共同体"理念首次被写入了联合国决议。2017年3月，联合国安理会一致通过关于阿富汗问题的第2344号决议。该决议强调，应本着合作共赢精神推进地区合作，以有效促进阿富汗及地区安全、稳定和发展，构建人类命运共同体。"构建人类命运共同体"理念又被首次载入了联合国安理会决议。联合国决议相继载入中国所倡导的"构建人类命运共同体"的重要理念，说明国际社会对这一理念的重要意义和价值形成了共识，同时也彰显了中国对人类社会合作发展和全球治理的理念引领已经产生了重要影响。

第二，坚定支持经济全球化进程，维护世界经济的开放性。

当前，全球经济增长趋缓、国际贸易和投资增长乏力、收入与财富分配不均状况日益严重，导致反全球化思潮和形形色色的保护主义抬头，世界经济面临的不确定性和潜在风险不断增加。英国公投脱欧和唐纳德·特朗普当选美国总统则是反全球化思潮和保护主义抬头的集中体现。面对这种复杂多变的国际环境，中国积极引领经济全球化的潮流，维护世界经济的开放性，不断增强全球经济应对挑战和走出困境的信心，从而为世界发展不断注入正能量。

2016年9月，中国在杭州成功举办了二十国集团（G20）领导人第十一次峰会。本次峰会的主题为"构建创新、活力、联动、包容的世界经济"，围绕"加强政策协调、创新增长方式"、"更高效的全球经济金融治理"、"强劲的国际贸易和投资"、"包容和联动式发展"以及"影响世界经济的其他突出问题"等重点议题展开讨论。会议通过了《二十国集团创新增长蓝图》以及《二十国集团全球贸易增长战略》和全球首个多边投资规则框架《二十国集团全球投资指导原则》，重申支持多边贸易体制，反对保护主义，以释放全球经贸合作潜力，通过重振国际贸易和投资这两大引擎的作用来构建开放型世界经济。2017年1月，中国国家主席习近平在世界经济论坛2017年年会开幕式上发表了题为"共担时代责任　共促全球发展"的主旨演讲。他强调指出，经济全球化是一把"双刃剑"，面对经济全球化带来的机遇和挑战，正确的选择应当是充分利用一切机遇，合作应对一切挑战，引导好经济全球化的走向。2007年美国次贷危机的爆发引发了全球金融危机，在当前的后危机时代，世界经济长期持续低迷、复苏乏力，贫富差距、南北差距问题愈加突出，世界经济领域存在着尚未得到有效解决的三大突出矛盾：全球增长动能不足、全球经济治理滞后和全球发展失衡。而把这些困扰世界的问题简单归咎于经济全球化，既不符合事实，也无助于问题解决。要适应和引导好经济全球化，化解经济全球化的负面影响，使全球化更具活力、包容性和普惠性。要解决世界经济增长、治理和发展模式存在的突出问题，必须要坚持创新驱动，打造富有活力的增长模式；坚持协同联动，打造开放共赢的合作模式；坚持与时俱进，打造公正合理的治理模式；坚持公平包容，打造平衡普惠的发展模式。2017 年 3 月中国主办的博鳌亚洲论坛2017 年年会主题为"直面全球化与自由贸易的未来"。本届论坛发布了《博鳌亚洲论坛关于促进经济全球化的宣言》，指出经济全球化是科技进步的必然结果，经济全球化带来的新问题并不在于经济全球化本身，而是由于现行全球治理体制同世界经济格局深刻变化不相适应造成的。世界各国政府应视经济全球化为积极力量，主动顺应经济全球化，在经济主权以及权利与义务公平对等的原则基础上，通过加强对话与合作，不断改革完善国际经济秩序和全球治理体系，同时通过进一步推动贸易投资自由化和便利化进程，确保世界各国经济的共同繁荣和可持续增长。

可以说，在当前全球化遭遇质疑、反全球化思潮和保护主义抬头的背景下，中国在二十国集团领导人峰会、世界经济论坛以及博鳌亚洲论坛等重要平台不断清晰传递出坚定支持经济全球化进程、维护世界经济开放性的声音，彰显了中国作为世界大国引领各国合作发展的责任和担当，提振了人们对世界经济未来发展的信心和希望。

第三，通过"一带一路"建设引领各国合作共享发展。

2013 年中国提出共建"丝绸之路经济带"和"21 世纪海上丝绸之路"（简称"一带一路"）的重大倡议，受到国际社会广泛关注。"丝绸之路经济带"和"21 世纪海上丝绸之路"涉及 65 个国家和地区，包括东亚的蒙古国，新加坡、马来西亚、印度尼西亚、缅甸、泰国、老挝、柬埔寨、越南、文莱和菲律宾等东盟 10 国，伊朗、伊拉克、土耳其、叙利亚、约旦、黎巴嫩、以色列、巴勒斯坦、沙特阿拉伯、也门、阿曼、阿联酋、卡塔尔、科威特、巴林、希腊、塞浦路斯和埃及的西奈半岛等西亚 18 国，印度、巴基斯坦、孟加拉国、阿富汗、斯里兰卡、马尔代夫、尼泊尔和不丹等南亚 8 国，哈萨克斯坦、乌兹别克斯坦、土库曼斯坦、塔吉克斯坦和吉尔吉斯斯坦等中亚 5 国，俄罗斯、乌克兰、白俄罗斯、格鲁吉亚、阿塞拜疆、亚美尼亚和摩尔多瓦等独联体 7 国以及波兰、立陶宛、爱沙尼亚、拉脱维亚、捷克、斯洛伐克、匈牙利、斯洛文尼亚、克罗地亚、波黑、黑山、塞尔维亚、阿尔巴尼亚、罗马尼亚、保加利亚和马其顿等中东欧 16 国，等等。共建"一带一路"旨在促进经济要素有序自由流动、资源高效配置和市场深度融合，推动沿线各国实现经济政策协调，开展更大范围、更高水平、更深层次的区域合作，共同打造开放、包容、均衡、普惠的区域经济合作架构，建立一个包括欧亚非大陆在内的陆海内外联动、东西双向开放，世界各国政治互信、经济融合、文化包容的利益共同体、命运共同体和责任共同体。"一带一路"建设是中国在新的历史条件下引领各国合作共享发展的重要抓手和平台。

2015 年 3 月，中国国家发展改革委、外交部、商务部联合发布了《推动共建丝绸之路经济带和 21 世纪海上丝绸之路的愿景与行动》，明确提出了"一带一路"的共建原则、框架思路、合作重点以及合作机制等倡议，为"一带一路"建设提供了行动指南。之后，中国政府有关部门相继发布了《共建"一带一路"：理念、实践与中国的贡献》《推动"一带一路"能源合作的愿景与行动》《共同推进"一带一路"建设农业合作的愿景与行动》《关于推进绿色"一带一路"建设的指导意见》《"一带一路"建设海上合作设想》《"一带一路"生态环境保护合作规划》等文件，不断完善"一带一路"建设的顶层规划和设计。2017 年 5 月 14 日至 15 日，中国在北京成功举办了第一届"一带一路"国际合作高峰论坛。中国国家主席习近平在论坛开幕式发表了题为"携手推进'一带一路'建设"的主旨演讲，指出要坚持共商、共建、共享原则，以政策沟通、设施联通、贸易畅通、资金融通、民心相通为目标，将"一带一路"建成和平之路、繁荣之路、开放之路、创新之路、文明之路。本届高峰论坛举行了"政策沟通"、"加快设施联通"、"推动贸易畅通"、"促进资金融通"、"增进民心相通"以及"智库交流"等六场平行主题会议，发布了《"一带一路"国际合作高峰论坛圆桌峰会联合公报》，论坛成果清单涵盖了政策沟通、设施联通、贸易畅通、资金融通、民心相通五大类，共 76 大项、270 多项具体成果。"一带一路"国际合作高峰论坛的成功举办加深了全球对"一带一路"的理解，为进一步推动中国和沿线国家开展全

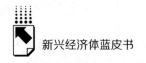
方位务实合作奠定了坚实基础。

自"一带一路"倡议提出以来，中国实施了一系列政策措施积极推动"一带一路"建设并已取得初步成效。据统计，在全球贸易持续低迷的背景下，2016年中国与"一带一路"沿线国家货物贸易总额达9478亿美元，占同期中国货物贸易进出口总额的25.7%；与"一带一路"沿线国家服务贸易进出口总额为1222亿美元，占同期中国服务贸易进出口总额的15.2%，比2015年提高3.4个百分点。2016年中国对"一带一路"沿线53个国家直接投资达145.3亿美元，占同期投资总额的8.5%。中国企业对相关61个国家新签对外承包工程项目合同8158份，新签合同额达1260.3亿美元，占同期对外承包工程新签合同额的51.6%，同比增长36%；完成营业额759.7亿美元，占同期总额的47.7%，同比增长9.7%。2017年1月中国对沙特阿拉伯、俄罗斯和印度等"一带一路"沿线主要国家的贸易分别增长了46.9%、44%和23.6%，成为全球贸易中的一大亮点。据国际货币基金组织预测，到2020年"一带一路"沿线国家和地区货物贸易总额将达到19.6万亿美元，占全球货物贸易总额的38.9%。截至2016年年底，已有100多个国家表达了对共建"一带一路"倡议的支持和参与意愿。共建"一带一路"合作倡议还先后于2016年11月和2017年3月被载入联合国决议和联合国安理会的决议。可以说，"一带一路"建设是中国引领各国合作共享发展的积极探索，通过秉持"和平合作、开放包容、互学互鉴、互利共赢"的丝绸之路精神，中国不断扩大与"一带一路"沿线国家的合作共识，已经推动共建"一带一路"由规划设计蓝图方案变为了各方积极参与的实际合作行动。

总之，改革开放以来，中国经济发展速度引领全球。中国的发展离不开世界，世界的繁荣稳定也离不开中国。在当前新的国际环境下，中国日益成为全球合作的引领者。相信随着在世界经济中地位和作用的不断提升，中国作为世界大国将进一步引领世界各国合作发展。

B.6

南非参与金砖国家合作的政策考量

沈 陈 侯筱辰*

摘　要：　本文分析了南非近年提出的参与国际合作的"泛非主义"和"南南合作"的两大核心原则和追求大国地位的外交诉求，以及因经济连年低速缓慢增长和连续出现执政党危机、经济滑坡等不利事件对南非参与金砖国家外交、提升参与全球治理地位导致的挑战，提出了中国加强与南非在金砖国家框架下的合作的三个基本方向。

关键词：　南非　金砖国家　南非政策

一　南非参与金砖国家合作的政策考量

首倡"金砖四国"概念的吉姆·奥尼尔（Jim O'Neill）认为，尽管与新兴大国相比，南非的经济体量相对较小，但因其被视为非洲地区的代表而得以加入金砖国家。① "非洲代表"的地位固然有助于提升南非的国际地位，同时也可能招致其他非洲国家的不满，因为非洲本身是一块巨大而多样的大陆，南非除了经济实力以外，其他方面在非洲并不具有突出的代表性。受国际大宗商品价格大幅下跌拖累，南非经济增长连年下滑，该国在

---

* 沈陈，中国社会科学院世界经济与政治研究所助理研究员；侯筱辰，复旦大学金砖国家研究中心研究助理。

① 《"金砖之父"：南非不属于这一阵营》，FT 中文网，2010 年 12 月 30 日，http://www.ftchinese.com/story/001036272。

2014 年、2015 年和 2016 年的 GDP 增长率分别为 1.5%、1.3% 和 0.3%。尼日利亚一度取代南非成为非洲第一大经济体，使南非的非洲经济领袖地位受到严峻挑战。根据当前的世界经济环境，可以判定 2017 年南非经济形势难言乐观，经济低速增长态势已成定局。为应对严峻形势，深化与其他金砖成员国特别是中国的贸易和投资合作将是其参与金砖合作的又一主要动机。

（一）南非参与金砖国家合作的总体目标

在 2011 年发表的外交白皮书中，南非政府提出将"泛非主义"和"南南合作"作为其参与国际合作的两大核心原则。[①] 从曼德拉到祖马担任总统期间，南非追求成为"领导性的新兴中等强国"（Leading Emerging Middle Power），谋求在不同问题领域的多边治理以及国际制度重塑和构建中发挥领导作用。[②] 除了追求大国地位的外交诉求，由于经济连年低速缓慢增长，保增长、促就业是当前南非政府的主要工作，实用主义动机即深化经贸合作的诉求正在扮演更加重要的角色。具体来说，南非参与金砖国家合作有以下四个政策目标。

第一，推动全球治理体系改革。在改革全球治理体系方面，南非致力于推动世界秩序由权力政治向规则政治转变，用更加公正、平等的国际规则限制霸权国家的单边行为，维护广大发展中国家特别是非洲国家的政治经济利益。[③] 南非并非借助金砖国家挑战或取代现有国际体系，而主张通过金砖银行、亚投行、增加向国际货币基金组织（IMF）注资等方式逐步改革传统国际金融组织，促进新兴国家与发达国家之间的良性合作。

第二，降低对发达国家的依赖。南非方面认为，IMF、世界银行等传统

① "Building a Better World: The Diplomacy of Ubuntu", White Paperon South Africa's Foreign Policy, Final Draft, May 13, 2011, p. 3.
② Cyril Obi, "Repositioning South Africa in Global Economic Governance: A Perspective from Nigeria", South African Journal of International Affairs, Vol. 22, No. 2, 2015.
③ 张凯:《南非参与全球治理的理念与实践》,《金砖国家发展报告（2016）》, 社会科学文献出版社, 第 134 页。

国际金融机构向发展中国家提供的金融项目不仅数量上远远不够，而且常常与人权、善治等政治条件挂钩。与之相反，金砖国家不会将政治与经济捆绑，提供基础设施和可持续发展方面的贷款更为便捷和优惠，改变了发展中国家过度依赖发达国家资金的被动局面。

第三，促进非洲地区发展。南非的关注区域集中在非洲大陆，在南非的努力下，非洲联盟推出了《非洲2063年愿景》及其第一个十年实施计划。[①] 金砖国家开发银行致力于向发展中国家提供绿色项目援助，符合非洲受援国的发展诉求。因此，南非方面认为金砖国家新开发银行尤其是非洲区域中心的建立将有助于增加给予非洲国家的贷款，弥补基础设施资金赤字，促进工业化和区域一体化。

第四，与本国发展战略对接。虽然南非部分媒体和学者质疑参与金砖国家合作是将本国纳税人的钱，用于向其他发展中国家提供贷款。但主流观点仍然认为在南非经济不景气的背景下，扩大非洲基础设施建设，打造区域大市场最终将使南非自身获益。此外，南非期待来自金砖国家的投资和优惠贷款能够带动私人投资，促进本国相关产业和企业家的成长。

（二）南非在厦门峰会上的关注议题

1. 经济增长和促进就业

南非政府的急切需求是恢复经济增长和促进就业。2010年世界杯带来的大型公共项目曾短期拉动增长和解决就业，但长期来看，南非正在寻找新的增长点，包括：加快电力基础设施建设；提升基础教育和离校教育水平；扩大和促进劳工参与，尤其是女性和年轻人；提升竞争政策的有效性；扩大贸易和区域一体化。

2. 促进全球市场稳定

由于过于依赖黄金、煤炭、铁矿等资源行业，南非经济在2013年以后

---

① The African Union Commission, Agenda 2063 Framework Document: The Africa We Want, September, 2015; Agenda 2063: First Ten-Year Implementation Plan 2014–2023, September, 2015.

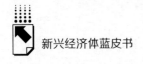
在全球大宗商品价格暴跌中受到严重损害。与此同时，实体经济不景气也影响到了金融领域。2017年4月3日，国际三大评级机构共同将南非的主权信用降为垃圾级，使南非经济雪上加霜。南非呼吁主要经济体担负责任，维护全球经济稳定，创造稳定友好的金融市场环境。

3. IMF 改革

南非欢迎 IMF 组织近期在特别提款权（SDR）和份额改革方面的改革措施，支持将人民币纳入特别提款权货币篮子、增加新兴经济体的份额比例等符合世界经济基本状况的行动。不过，2010年达成的 IMF 改革协议并没有完全落实，欧洲仍未履行让出两个执董名额的承诺，新兴经济体提高代表性和发言权的目标远未实现。

4. 基础设施建设

非洲大陆每年有930亿美元的基础设施建设缺口，仅靠非洲本身无法满足。作为非洲经济基础最好的国家，南非希望在此问题上扮演中介角色，成为金砖国家与非洲国家之间的桥梁。通过电力、港口、铁路等基础设施的建设，吸引外部投资，扩大经济增长点，并创造更加优越的投资环境。

5. 多哈回合谈判

南非在市场开放和国际规则制定方面非常谨慎。在世贸组织（WTO）多哈回合谈判中，南非与印度、巴西等发展中国家组成"20国组织"，与发达国家在规则改革问题上争论不休。其根源是南非担心过分实行自由化经济政策，接受国际强制性规则，将损害相对弱小的本土经济，并减弱政府自身的经济政策选项和市场调控能力。

一方面，在发展中国家贸易优惠的问题上，南非与新兴市场国家具有广泛利益，共同要求发达国家在工业品关税和服务贸易壁垒上的减让；另一方面，南非不可能完全站在发达国家的对立面。例如，农业是南非的支柱产业之一，南非在农业补贴问题上与美国、澳大利亚等发达国家有妥协的空间。

6. 人力资源培训

非洲拥有世界上最年轻的人口比例，但缺乏足够的就业技能，造成严重的摩擦性失业。技术和知识能从根本上改变非洲的命运，南非需要金砖国家在知识分享和技能培训上给予更大的支持。

7. 反腐败

南非和许多非洲国家都面临严重的腐败问题，中国打击腐败的努力引起非洲国家的高度关注。过去三十年，中国现代化建设取得的成就离不开中共的有力领导；但随着经济发展和利益分配趋于固化，中国共产党推动政党制度完善和党员严格管理，是保持其改革动力的关键。非国大自1994年以来一直是南非的执政党，并且与中国共产党保持着悠久的党际交往历史，中国的治国理政经验将给南非的治理带来许多启示。

（三）南非对华经贸合作诉求

南非方面的经济诉求主要包括三个方面：一是平衡对华贸易逆差；二是借鉴中国发展经验；三是对华资本和技术合作。对于贸易问题，中国同意深化与南非的农业合作，尤其是加快南非生鲜食品准入中国市场的谈判。后两点诉求体现在习近平主席访问南非时签订的《中华人民共和国和南非共和国5~10年合作战略规划2015~2024》中。规划从南非经济发展需要出发，涉及经贸、投融资、农业、能矿、基础设施、海洋经济等广泛领域。

第一，投融资合作。在双边层面，2015年12月6日，标准银行与中国工商银行一同筹集100亿兰特用于支持南非的电力基础设施发展。双方将共同支持多达100个非洲新基础设施和工业发展项目，涵盖资源、交通、电力、通信和制造业等领域。在多边领域，双方的合作集中在金融规则修订方面，主要是在G20、WTO、IMF等全球经济治理机制中的配合。

第二，大型项目落实。南非方面响应李克强总理访问非洲时提出打造中非合作升级版的倡议，欢迎中国参与建设非洲铁路、公路、区域航空三大网络，推动非洲互联互通和区域一体化进程。特别要提及两个新兴领域：一是核电协议，南非估计价值1000亿美元的核电计划正邀请中国参加。二是海洋经济合作，该议题在李克强总理的讲话中甚至优先于金融合作被提及。过去中国与非洲国家的海洋合作实质上是以港口建设等为主的基础设施合作，而中国与南非的海洋合作则包括全球海洋观测、应对气候变化、发展蓝色经

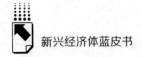
济等海洋热点问题，并提出共同参与第二次国际印度洋考察等重大国际海洋计划，与中国建设"21世纪海上丝绸之路"的战略规划相配合。

第三，产业转移。中国与南非的贸易现状是互补的。中国主要出口资本品、机械产品及零部件等高附加值产品，南非则主要出口资源能源和相关加工产品。南非国内有观点认为中南"互补性"贸易是以大规模开发本国资源和产业退化为代价的，因此从心理上持反感态度。这也是南非限制来自中国的制造业进口和矿产资源投资的主要原因。对此，中国应做好双方产业发展战略的协调，照顾彼此在产业保护、投资政策方面的立场和分歧。

第四，高新技术合作。科技创新是提升一国产业水平的核心要素。当前，中国与南非都处于经济结构调整的关键时期，要摆脱在传统国际产业分工体系中处于低端环节、低附加值的被动地位，需要加强自主创新，抢占产业前沿。虽然中南双方对高新企业的投融资支持早已展开，但与高校和研究机构相比，两国企业之间的直接技术交流与合作仍然非常有限。未来两国企业之间应着力寻求利益共同点，相互协调，相互依托，优势互补，才能产生最大的对外投资效益。

第五，中资企业本土化。南非拥有成熟的市场环境和特殊的区位优势，对于中资企业进军非洲具有重要的战略意义。过去，由于有些中资企业担心用工过程中出现不必要的纠纷，在海外企业中继续使用中国劳工，引起当地民众不满。目前这一情况已经得到明显改观，在南非投资的中国一汽、海信集团等企业证明，来自中国的投资不会抢走当地人的饭碗，还会为改善南非就业形势做出贡献。另外，由于中国的海外合作集中在能源、矿业、公用事业等战略性行业领域，实行官方合作的模式，相对忽视对当地社情、民情的调查，由此衍生出生态恶化、分配不均衡等一系列问题，损害了中国企业乃至中国政府的国际形象。对此，中国的海外投资必须突破"唯经济论"的瓶颈，拓展合作的内容和形式，更好地融入当地社会。

二　南非国内形势的变化与原因

2016年是新南非成立22年来最为动荡的一年，"财长更换风波"、总统弹劾动议、地方选举等事件逐步削弱执政党非洲人国民大会（简称"非国大"）的执政基础，进而对南非的外交政策和参与金砖国家合作的势头产生了负面影响。

（一）2016年南非政局出现重大变动

自1994年种族隔离统治终结以来，新南非的政党结构长期处于非国大"一家独大"的局面。南非一党独大的政治局面与其革命斗争历史息息相关。非国大是南非各阶层反抗种族隔离统治的领导核心，在民族和解方面获得了广泛支持，拥有其他党派难以企及的动员能力和领导地位。[1] 1994年至2014年间，非国大连续五次赢得全国大选，占据议席数接近甚至超过国民议会议席总数的2/3。在过去四次市政（地方）选举中，尽管选举规则多次变化，但非国大一直保持全国60%左右的得票率。2011年，非国大赢得9个省份中的8个省议会的多数，获得8个大都市中的7个地方政府的执政权。

目前，南非存在两个较大的反对党：一是民主联盟，南非第二大党，支持者主要为白人、有色人和黑人中产阶级，拥有西开普省和开普敦市的执政权；二是经济自由斗士党，该党2014年首次参加大选就一跃成为议会第三大党，政策主张激进，支持者多来自底层黑人群体。此外，因卡塔自由党和国家自由党在祖鲁族中具有较大影响力，因卡塔自由党曾占据夸祖鲁—纳塔尔省的议会多数，但2011年被非国大与国家自由党的政党联盟超越。

由于非国大长期处于一家独大的地位，南非的反对党并不具备真正的制衡能力。然而2016年8月3日，新南非举行的第五次市政选举却成为重要的转折点。根据南非独立选举委员会的数据和公布的结果，执政党在北开普省的支持率为58.26%，较2011年市政选举下降约4.7%；西北省的支持率为59.38%，下降约14.6%；豪登省的支持率为45.18%，下降约14.5%；姆普马兰加省的支持率为70.74%，下降约7.3%；自由州的支持率为61.53%，下降约9.5%；东开普省的支持率为65.31%，下降约6%；西开

---

① 杨立华：《列国志·南非》，社会科学文献出版社，2010，第223页。

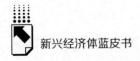

普省的支持率为 26.22%，下降约 7.4%。只有在南非总统祖马的家乡夸祖鲁—纳塔尔省，非国大的得票率由 2011 年的 56.79% 上升到 57.47%，但涨幅不足 1%。①

相反，反对党的席位开始显著集中。新南非宪法注重保护小党利益，规定政党获得总选票的 0.25% 即可占有议席，获得总选票 0.01% 即可享受国家资助。新宪法的低门槛设置导致南非小党林立，反对党的选票严重分流。在 2016 年的市政选举中，虽然有 204 个政党注册参加，比 2011 年增长了 68%，但反对党的选票没有出现以往的极度分散现象，并且非国大失去的选票也集中流向民主联盟和经济自由斗士党的口袋中。

此外，反对党之间出现结成联盟的倾向。在意识形态层面，南非两大反对党之间差异极大，"白人色彩"浓厚的民主联盟奉行自由民主主义，经济自由斗士属于极左翼政党。然而在实践上，当面对共同利益时，例如祖马弹劾案，两党仍能够建立一定的合作关系。8 月 6 日，经济自由斗士党在推特上发起"与谁结盟"的投票，4000 余名参与者中有 57% 选择民主联盟，26% 选择弃权，只有 17% 选择非国大。倘若能够在利益分配问题上达成一致，两党将足以建立与非国大相抗衡的政党联盟。从目前议会针对非国大的投票来看，两大反对党至少形成了临时性的政党联盟。

（二）南非经济继续处于"滞涨"状态

南非位于非洲大陆最南部，自然资源十分丰富，金融、法律体系比较完善，通信、交通、能源等基础设施良好。矿业、制造业、农业和服务业是南非经济四大支柱。2008 年以后，受国内外多种因素的影响，南非经济陷入低迷，出现了较为显著的"滞胀"现象。

2016 年，南非 GDP 增长 0.3%，较 2015 年的 1.3% 明显萎缩。经济增长的动力主要来自金融、房地产、商业服务等领域。其他增长领域包括公共服务（1.4%）、餐饮住宿（1.2%）、制造业（0.7%）、建筑业（0.7%）等。

---

① 参见南非独立选举委员会（IEC）数据，http://www.elections.org.za/content/Default.aspx。

相反，作为重要支柱产业的矿业、农业则分别下跌 4.7% 和 6.1%。矿业负增长的主要原因是煤炭、黄金、其他贵金属产量下降。农业则是受长期严重干旱等因素影响，连续八个季度呈现萎缩态势。①

2014 年，祖马成功连任南非总统后，曾试图通过核电站建设等大型项目振兴经济。然而，由于财力有限、贪腐丑闻、部分阁员反对等原因，核电项目一再拖延。随着执政党非国大（ANC）在 2016 年的地方选举中惨败，祖马的威信和力量在党内急剧下降，部分党内反对势力向祖马发起公开挑战。鉴于此。2017 年 3 月 31 日，祖马撤换了包括财政部长、能源部长在内的 10 名部长和 10 名副部长，引发经济波动和货币贬值。

南非的内阁调整直接导致国际评级机构惠誉下调南非主权信贷评级至垃圾级"BB +"，其他两大国际评级机构穆迪和标准普尔也对南非进行降级。三大机构共同判断疲软的经济增长、不利于提振商业信心的政策、不断膨胀的债务问题加重了南非政府恢复经济增长的压力。受评级结果影响，此前持续贬值的南非兰特兑美元汇率在降级当天（2017 年 4 月 3 日）下跌 3%。

综上所述，南非虽然有个别的增长亮点，但支柱产业总体低迷。当前，南非经济的最大问题不是增速放缓，而是增速放缓—货币贬值—债务加重等一系列问题构成的恶性循环，形成南非式的"滞胀现象"。

（三）南非政治经济形势恶化的原因

有评论指出储蓄率过低、教育不足、汇率波动、基础设施陈旧等问题是制约南非经济增长的主要因素。但与其他经济增长较快的非洲国家相比，南非在以上方面的问题并不突出，有的还具备很大优势。因此，南非的问题应从更深层次去寻找答案。

第一，畸形的经济结构迟迟没有改善。在 20 世纪 80 年代，南非曾利用黑人劳工的廉价优势成为世界制造业大国，制造业一度占南非 GDP 总额的

---

① South Africa GDP Growth Rate, Trading Economics, https：//tradingeconomics. com/south - africa/gdp - growth.

40%。但随着工资水平大幅提高，南非的产业结构发生巨大变化，服务业占据 GDP 的近 70%，工业产值则不到 30%，其中，矿业产值与制造业产值的比重基本相当。在贸易领域，南非产业的"去工业化"现象更为突出。目前，南非严重依赖资源和金属出口，其占到出口总额的 30% 以上。在缺乏其他具有国际竞争力的出口部门的情况下，南非的贸易逆差现象日益严重，甚至出现贸易逆差与经济增长呈正比关系的不利局面。必须指出的是，占据南非 GDP 大部分比重的服务业不仅水平较低，而且其中 20% 以上属于公共服务，因此不具备可贸易条件，这也是导致其贸易赤字的主要原因。

第二，不利的国际环境拖累经济发展。不少观点认为南非经济疲软的主要原因在于国内，但同时也承认国际需求的萎缩将严重影响南非的未来增长。事实上，与中国、印度、巴西等其他金砖国家相比，南非国内市场相对狭小，必然在一定程度上要依赖外部市场。从基础设施、金融服务、产业水平方面考虑，南非可以称得上是非洲 8 亿人口、2.5 万亿美元市场的门户。不过，鉴于非洲一体化进程甚至南部非洲一体化进程仍处于起步阶段，因此南非背靠非洲市场的优势尚未体现出来。

第三，执政党的政策空间非常有限。广大贫困黑人是非国大的主要支持者，也是非国大得以长期执政的基石。非国大在执政初期就陆续颁布了《就业平等行动》（*Affirm Action*）、《基础广泛的黑人经济振兴法案》（*Broad-Based Black Economic Empowerment Act*，BEE）等一系列向黑人倾斜的法律政策，强制由白人垄断的矿业、制造业、金融业、服务业等行业在规定期限内增加黑人控股的比例。然而，激进政策只是制造出所谓"黑钻石"的黑人既得利益阶层，广大黑人的赤贫状况没有得到根本改变。OECD 的报告显示，南非 20% 的富裕人口收入仍然占据全社会总收入的 70% 以上，并且黑人与黑人之间的贫富差距已经取代了过去种族间的不平等状态。

扶持黑人的经济政策还使用工成本大幅提高，促使资本加快外逃，造成失业率连年攀升。1994 年，南非的失业率不到 15%；2016 年，南非劳动力调查显示，这一数据已经变为 25.2%。高失业率意味着国家必须通过巨额的转移支付，保障低收入群体的生活。这笔福利支出对顶着"黑人解放"

光环的非国大政府来说，已经构成了巨大的财政压力。

第四，发展不力导致严重的社会问题。除了加重财政负担，高失业率还派生出社会治安恶化、艾滋病蔓延、辍学率上升等一系列社会问题。非国大上台以后，做出改善黑人经济状况的许诺则增加了公众对于工资和社会福利增长的预期。过激的工资提高和福利改革却阻碍了经济增长，反过来使民众的预期得不到满足，加剧社会心理的不满和仇视，导致出现更严重的民粹主义倾向并形成恶性循环。南非现任总统祖马来自本国最大的族群祖鲁族，被视为"民粹主义"的代表。在当前严峻的经济形势面前，祖马总统虽然多次表达出经济改革的意愿，但在福利刚性和强工会的压力下，社保改革计划举步维艰，产业保护倾向不断抬头。

第五，政治和经济形势的恶化导致非国大党内分歧加剧，反过来又使非国大挽救不利形势的努力大打折扣。祖马曾于2015年12月解除了内内（Nhlanhla Nene）的财长职务。不过，后来的财长戈尔丹（Pravin Gordhan）仍是一个唱反调的内阁成员。随着非国大在2016年的地方选举中惨败，非国大内部要求祖马辞职的声音一直不断。2017年是非国大的党内选举年，届时祖马的支持派与反对派必将出现激烈竞争，这种内耗可能导致非国大自身力量的削弱。

三　南非国内形势造成的影响与应对

一方面，由于在金砖五国中体量最小，加之经济持续低迷、非洲第一大经济体稳固地位不在，南非对于金砖国家合作的经济诉求越发强烈。另一方面，由于南非执政党非国大2016年以来连受冲击，总统祖马的个人声望目前已跌到最低点，南非国内形势的变化可能对原本积极参与金砖国家合作的外交政策产生不利影响。

首先，虽然不像俄罗斯经济、巴西政局变动那样引人注目，但南非经济增长乏力问题必须引起重视。2016年3月，南非财政部公布新开行非洲区域中心的建设情况两天后，穆迪宣布将南非列入主权信用"降级审核名单"。按照三大评级机构的标准，南非的主权信用已经处于"垃圾级"。经济增长乏力使南非国内对于向金砖银行投入 20 亿美元的质疑不断提升，在南非以外对于其能否履行承诺的能力也抱有怀疑。在 2013 年德班峰会上，金砖五国同意分别向新开行提供 20 亿美元初始资金，南非计划分 7 年履行承诺。据悉，南非提供的首批资金 1.5 亿美元来源于出售南非电信公司（Vodacom）的股份。根据计划，2016~2017 年第二批出资为 2.5 亿美元，2018~2019 年为 3 亿美元。另外，2018~2019 年南非还将向 IMF 注资 895 亿兰特，从而给国家财政带来极大压力。与 2013 年相比，现在的国内国际环境已经大为不同，南非能否履行承诺令人关注。

其次，非国大内部的政策分歧影响金砖银行在非洲落地。南非财政部是金砖银行和非洲区域中心建设的主导机构，在"财长更换风波"中，撤换财长的理由正是"调任于金砖银行非洲区域中心"。2015 年 12 月，祖马将内内解职，并声称"内内将被作为金砖银行非洲区域中心主任的候选"，引发南非金融短期动荡。截至目前，内内尚没有接到非洲区域中心主任的任命。后来的财长戈尔丹也是一个控制政府支出的倡导者，主张"重新划分预算的优先级"，将国内需要置于向金砖银行出资等国际承诺之前。财政部是金砖银行非洲区域中心建设的核心部门，当前南非财政部与非洲区域中心之间关系微妙，非洲区域中心的建设速度已经受到影响。

再次，反对党实力增长导致非国大亲近金砖国家外交政策面临挑战。南非计划在 2020 年左右建设 4~6 座核电站，有消息称俄罗斯在南非核能计划中占据优势。2015 年以来，南非主要的反对党民主联盟、经济自由斗士党频频利用议会和媒体，质疑与俄罗斯签署的核电合作协议存在贪腐问题。南非政府在教育补贴等方面的投入严重不足，导致社会矛盾加剧。在这种情况下，南非政府继续花费巨资兴建核电站，可能进一步恶化已有矛盾，使核电站演变为社会不满群体的发泄对象。[1]

中南关系上，在祖马担任总统期间，达赖曾三次申请访问南非均遭失

---

① 沈陈：《南非核电项目：在争议与博弈中探索》，《世界知识》2017 年第 3 期。

败。然而，除了南非共产党外，几乎所有其他政党都反对非国大的"亲华政策"。几个主要的反对党民主联盟、因卡塔自由党和人民大会党在意识形态、民族文化、经费资助等方面与欧美国家有着千丝万缕的联系，少数党联盟执政后将对金砖银行、亚投行、中非基金等具有中国色彩的机构持实用主义态度，而将重心放到与西方机构的合作上。

最后，南非国内对金砖国家发展的前景存在担忧。IMF 改革之所以难以推进，是因为美国在其中出资最多，拥有否决权，形成了全球经济治理的"民主赤字"。新开行为避免这种情况，采取五国平等出资，以便减轻其他国家担心中国主导新开行的可能。尽管如此，由于南非与其他四国体量差距较大，在国家利益和独立自主方面较其他金砖成员国更为敏感。根据金砖国家新开发银行的公告，金砖银行首批贷款分配给五个成员国，贷款用于绿色环保项目。南非计划将贷款发放给南非国家电力公司，用于绿色能源发电建设。金砖银行第一批债券面向中国银行间债券市场，共发放 5 年期 30 亿元人民币债券。2016 年 4 月使用人民币发放首批贷款以后，有舆论担心金砖银行成为中国资本扩张的工具。

另外，南非对巴西、印度的态度也开始发生变化。南非非国大属于左翼政党，与印度、巴西的保守党政府的政治理念存在很大分歧，尤其是对罗塞夫弹劾以后的巴西政府走向存在怀疑。在非国大眼中，弹劾罗塞夫本质是"巴西右派针对左派的议会政变"，因此南非与巴西的会面相比过去明显冷淡。南非的非国大与印度的国大党有很深的渊源，两党的名称均为"国民大会"（National Congress），圣雄甘地对两党均有很深影响。莫迪领导的人民党上台后，南非不少官员自然地表露出对印度新政府的疏远态度。

当然，推进国际秩序转型的道路不可能是一帆风顺的，由于"新兴经济体过去在全球经济治理中长期扮演次要角色，所以未来必然面临着具体治理方式选择、与西方国家博弈等经验性难题的考验"。[1] 从金砖国家发展的

---

① 樊勇明、沈陈：《全球经济治理结构重组是中国的新战略机遇》，《国际观察》2013 年第 3 期。

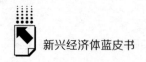
实践经验中不难看出，新兴经济体之间的战略互动的协调性和活跃度都处于快速上升的阶段。加强与南非在金砖国家框架下的合作，需要从经济合作、机制建设和长远布局三个方面进行推进。

（一）扩大互利共赢，构建一体化大市场

深化共同利益是实现互利共赢战略的前提和根本。一方面，由于南非仍然是发展中国家，在资源禀赋、产业结构、技术水平等方面与中国存在很大的相似性，所以普遍与中国存在一定的贸易竞争关系。另一方面，作为世界GDP第二大国和贸易第一大国，中国的市场和资金对于南非构成极大的吸引力。因此，中国应深化与发展中国家的关系定位，以"共担、共享、共赢"的新思维带动与发展中国家的共同发展。[①] 具体而言，中国实现共享式发展的可行举措包括：着力优化贸易结构，同南非一道逐步解决贸易不平衡问题；通过实施某些让利举措，进一步开放国内市场，与其他国家分享繁荣与发展；利用自身在产能、资金方面的优势，向对方提供急需的投融资和基础设施等。

在构建一体化大市场问题上应注意以下几个方面。第一，金砖国家之间尚没有双边、三边的自由贸易协定，金砖国家的一体化大市场如何建立，尤其是与南部非洲发展共同体等非洲本地经贸协定如何对接。第二，南非希望了解一体化大市场包括的内容和建设顺序，例如中国是否打算同时推进货物贸易、服务贸易和投资协定建设。第三，南非认为开放制造业和服务业会冲击本国产业，但期待一体化大市场优先把农产品列为早期收获项目。第四，大宗商品价格暴跌严重拖累南非经济。南非计划与俄罗斯、巴西等资源出口国共同评估建立金砖国家大宗商品定价机制的可能，支持建立人民币跨境支付平台。第五，南非认为开展金砖国家贸易和投资便利化建设很有必要，期待落实《金砖国家经济伙伴战略》和《金砖国家电子商务合作框架》，特别是金融衍生品交叉挂牌交易。

---

① 陈东晓：《新世纪前十年中国外交布局的转型和升级》，《国际展望》2012年第6期。

（二）加强机制创新，构建群体间战略互信

不断建立和完善不同层次、不同领域的正式和非正式的国际机制，可有效降低中国与中等强国产生战略互疑的可能，构建新兴国家群体之间的战略互信，实现合作的有效性和稳定性。南非高度重视金砖国家合作与金砖银行非洲区域中心的筹建。如果说获得金砖国家成员国身份使南非的新兴大国地位得到再确认，那么筹建非洲区域中心则将进一步巩固南非的经济领袖地位，并由此为其带来更多商业投资机会。

与金砖银行相比，非洲区域中心的筹建较为滞后。可以考虑的解决方案包括：第一，尽快制定非洲区域中心章程，明确区域中心的定位、权限与职能范围。第二，评级降级导致南非等新兴国家融资困难，金融风险加大，金砖国家应加快自主建立信用评级机构的进程。第三，按计划南非在金砖银行和 IMF 的出资额在未来几年逐渐递增，由此带来巨大的财政压力，如有必要可考虑延长支付时间。第四，金砖银行用人民币发债不应成为南非方面担忧的理由，人民币债券可以减少因本币贬值带来的经济波动，降低交易成本。第五，金砖银行项目与南非国家发展计划、中非合作十大计划、亚投行项目、南部非洲发展银行项目等存在重叠之处，应有意识地加强以上机制之间的协调，促进合作而非竞争。第六，祖马政府近期在多方面出现问题，财政部风波是其中的缩影。应关注南非政局和政策走向变化，做好防范准备。

（三）促进深度沟通，进行国际秩序长远布局

对于南非来说，维护人权、民主等西方价值观也是其外交目标之一。虽然南非废除种族隔离制度以后，也把人权、民主等原则作为该国重要的外交诉求，但在实践中往往放在较为靠后的位置。[①] 例如在担任 2007～2008 年、2011～2012 年两次非常任理事国期间，南非从维护发展中国家主权的角度

---

① Janis Van Der Westhuizen, "South Africa's Emergence as a Middle Power", Third World Quarterly, Vol. 19, No. 33, 1998, pp. 435-455.

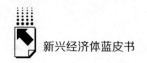

出发，多次投票反对西方国家制裁津巴布韦、叙利亚等国的提案。事实上，南非虽然表面上接受三权分立式的民主政治，但背后仍保留着本国的历史文化和宗教信仰。同样，理解中国外交也不能脱离对中国历史、哲学、宗教等本土文化的研究。① 换言之，中国只有同南非进行深入沟通与交流，才能实现真正的文化理解和包容，为扩大合作创造有利条件。

促进非洲经济增长是联合国"2030 增长议程"的核心，也是 G20、八国集团、金砖国家制定全球治理规则的道德制高点。南非将合理运用道德优势，积极推动非洲发展成为 G20 的中心议程，南非作为进入非洲的门户，自然成为主要的受益者。不过，南非在"代表"非洲的问题上非常谨慎。一方面，南非很少公开声明自己能够领导或者代表非洲，这样容易使其他非洲国家担心南非谋取地区霸权的野心；另一方面，南非一直在 G20 会议中为非洲地区谋取发展援助、贸易优惠等利益，是非洲事实上的也是唯一可能的"代言人"，反过来说也进一步加强了南非在非洲地区的主导力和影响力。

在全球治理领域，中国与南非在维护发展中国家利益、推动国际关系民主化的立场上不谋而合，为双方共同推进国际金融机构改革、多哈回合谈判、气候环境治理等诸多领域奠定了坚实基础。南非通过与金砖国家协调，表达自身利益；然后借助金砖国家实力的杠杆，促进本国利益的实现。毫无疑问，南非将继续站在金砖国家一边。

结　语

实现大国抱负、推动全球治理体系变革是南非参与金砖国家合作的主要外交目标。不过，作为金砖国家中经济体量最小的国家，南非相比其他金砖成员国带有更浓厚的实用主义色彩。值得注意的是，关于金砖国家的质疑在南非国内也颇有市场，质疑的理由包括金砖国家发展前景难测、本国能力能

---

① 肖佳灵：《当代中国外交研究"中国化"：问题与思考》，《国际观察》2008 年第 2 期。

否匹配国际承诺、外交重心疏远西方、祖马总统及其政府丑闻等四个方面。2017 年金砖国家峰会将在中国厦门举行。南非是中国的重要伙伴，两国的关注重点存在很多一致之处，具备在广泛领域合作的空间。但由于南非国内政治经济形势出现不同程度的变化，可能给南非参与金砖国家合作带来负面影响，必须引起高度重视。金砖国家的机制建设与合作深化有助于实现南非的实用主义诉求，克服国内的不安情绪，更好地发挥其在非洲地区的"领头羊"作用。

专题报告

Special Reports

B.7

金砖国家合作回顾与总结

关雪凌　于　鹏*

摘　要：　本文总结了金砖国家合作在包括推动全球金融治理体系改革
方面取得的丰硕成果及其内在原因，提出未来推进金砖国家
合作机制建设需要坚持的三大基本方向，即要秉承"和而不
同"的理念，深化金砖国家合作机制的包容性与互惠性；要
务实推进金砖国家经济合作、政治互信和文化交流；通过与
发达国家密切合作渐进式推动全球经济治理体系改革。

关键词：　金砖国家　合作机制　合作前景

* 关雪凌，经济学博士，现任中国人民大学经济学院党委书记兼副院长，教授，博士生导师，
中国人民大学—圣彼得堡国立大学俄罗斯研究中心主任；于鹏，中国人民大学经济学院世界
经济专业博士生，现供职于中国建设银行总行。

"金砖四国"（BRIC）这一概念源于 2001 年高盛经济学家 Jim O'Neil 的研究报告，其预测巴西、俄罗斯、印度和中国将在 21 世纪实现经济高速增长。新兴经济体的群体性崛起使得金砖国家备受关注，尤其是 2008 年爆发全球金融危机后，金砖国家合作机制进一步深化。2009 年 6 月，"金砖四国"领导人齐聚俄罗斯叶卡捷琳堡进行首次会晤，并形成每年轮流举办金砖峰会的合作机制。2010 年 12 月，金砖国家实现第一次扩容，吸纳南非作为正式成员加入金砖合作机制，涵盖南美洲、欧洲、亚洲、非洲的"金砖五国"代表性和影响力进一步增强。金砖国家合作机制逐步走向更加务实的新阶段，并在国际金融、国际贸易、国际投资、国际能源等领域取得丰硕成果，逐渐成为全球经济治理体系中的中坚力量。金砖合作机制不仅推动了金砖各国自身经济实力的不断增强，开启了南南合作的新篇章，金砖合作机制同时也架起了与发达国家沟通的桥梁，代表发展中国家的集体声音与利益诉求参与全球经济治理体系改革。

一　金砖国家合作机制不断深化

2009 年至 2016 年共举办了八届金砖峰会，金砖国家合作机制也随之不断深化，合作深化的基础为金砖各国经济实力的不断增强，合作深化的动因为各国利益诉求的相似性，合作深化集中表现为金砖峰会影响力逐步增强并走向务实发展阶段。

（一）金砖国家合作基础为经济实力逐步增强

21 世纪世界经济的最大特点是新兴经济体群体性崛起[①]。根据 2016 年 10 月 IMF《世界经济展望》的数据测算，以金砖国家为代表的发展中国家 GDP 占全球经济的份额出现大幅提升，而同期以 G7 为代表的发达经济体占比均出现较大幅度的下降。按市场汇率计算，金砖国家 GDP

---

① 陈凤英：《新兴经济体与 21 世纪国际经济秩序变迁》，《外交评论》2010 年第 3 期。

占比从 2000 年的 8.21% 增至 2016 年的 22.55%；按购买力平价计算，金砖国家 GDP 占比从 2000 年的 18.82% 增至 2016 年的 31.58%（见表1）。

表1　世界主要经济体占全球 GDP 比重

单位：%

国　别＼年　份		1980	1990	2000	2008	2012	2016E	2020E
GDP 占比 （现行汇率）	发达经济体	75.79	78.12	79.16	68.87	61.97	61.11	57.40
	G7	61.74	63.68	64.98	52.23	47.10	46.95	43.93
	发展中经济体	24.21	21.88	20.84	31.13	38.03	38.89	42.60
	金砖国家	6.57	5.62	8.21	15.13	20.82	22.55	25.63
购买力平价 （PPP）	发达经济体	63.71	63.79	56.95	48.80	44.36	41.85	39.02
	G7	51.13	50.92	43.79	36.43	32.98	30.98	28.68
	发展中经济体	36.29	36.21	43.05	51.20	55.64	58.15	60.98
	金砖国家	10.66	12.35	18.82	25.08	29.04	31.58	34.08

资料来源：IMF，"World Economic Outlook Data"，October 2016。

金砖国家的国土面积约占全球的 30%，人口占世界总人口的 40% 以上，金砖国家在 2008～2015 年全球经济增量中贡献率更是高达 69.48%，同期 G7 的贡献率仅为 10.28%。巴西、俄罗斯、印度、中国和南非分别是南美洲、原苏联加盟共和国、南亚、东亚和非洲最大的经济体，它们不仅在各自所在的区域具有举足轻重的影响力，而且也代表了这些地区其他国家的利益。尤其是 2008 年国际金融危机之后，以金砖国家为代表的新兴经济体成为世界经济发展的主引擎，发达国家和发展中国家的经济实力对比进一步发生变化，使得金砖国家的经济影响力进一步增强。

（二）金砖国家合作深化源于利益诉求的相似性

金砖合作机制源于金砖各国利益诉求的相似性，金砖国家处于相似的经济发展阶段，有进一步提升本国经济的诉求；有突破地域、深度参与全球化的诉求；有提升国际制度性话语权，积极参与全球经济治理的诉求。

第一，金砖各国处于相似的经济发展阶段，拥有继续提升经济实力、转变经济增长结构的现实要求。如表1所示，虽然金砖各国的 GDP 总量排名都比较靠前（南非排名第 34 位，较为靠后），但人均排名均处于中下游水平，经济开放程度均相对较低。根据世界经济论坛（World Economy Forum）的排名统计，金砖国家的全球竞争力水平处于中上水平（巴西排名第 81 位，较为靠后），但金融发展指数整体相对落后，创新能力也有很大的提升空间（见表2）。

表2　金砖国家在全球主要指数排名

国　别 ＼ 年　份	巴西	俄罗斯	印度	中国	南非
GDP（WB,2015）	9	12	7	2	34
人均 GDP（WB,2015）	92	84	164	93	108
经济开放指数（IMF,2013）	90	73	157	140	108
全球竞争力总指数（WEF,2016）	81	43	39	28	47
金融发展指数（WEF,2016）	93	108	38	56	11
创新指数（WEF,2016）	100	56	29	30	35

资料来源：世界银行统计司，2015 年全球 GDP 排名（2017 年 1 月）；IMF, Overall Openness Index（2013）；World Economy Forum, The Global Competitiveness Report（2016 - 2017）。

第二，金砖各国寻求跨区域的经济合作，深入参与经济全球化。发展中国家曾有多次国际经济合作的历史，但金砖合作机制首次实现了跨区域经济合作，为南南合作开启了新篇章。在拉美地区建有南方共同市场（1991 年）、南美洲国家联盟（2004 年）等；在亚太地区建有上海合作组织（1996 年）、东盟"10 + 3"合作机制（1997 年）等；在南亚地区则建有南亚区域合作联盟（1985 年）、环印度洋区域合作联盟（1995 年）等；在欧亚地区建有欧亚经济共同体（2000 年）以及计划中的欧亚联盟（2015 年）等；在非洲地区存在包括非洲联盟（2002 年）在内的多个区域性经济共同体①。一方面，随着经济开放度和经济实力的上升，仅停留在区域性的合作

---

① 黄薇：《金砖国家合作：基础、动力与进展》，《国际经贸探索》2014 年第 12 期。

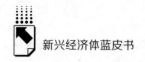
机制显然无法满足金砖国家对于全球性或跨区域的切实诉求；另一方面，原有的这些区域性合作机制的存在是金砖国家合作可以成为南南合作桥梁的重要基础，进一步增强了金砖国家的发言权和国际影响力。

第三，现有国际体系并未充分反映世界经济格局的变动，金砖国家拥有提升本国制度性话语权、参与全球经济治理的利益诉求。虽然新兴经济体的经济实力不断增强，但其在国际体系中的制度性话语权及国际组织中的投票权却难以与经济实力相匹配。现有全球经济治理体系实质上是西方大国的利益载体，新兴经济体总体上处于与自身实力不相匹配的弱势地位。制度的非中性使得全球经济治理带有显著的非中性特征[①]，以欧美为代表的发达国家和地区是现有全球经济治理体系的制度设计者和既得利益者，必然对新兴经济体的群体性崛起存在诸多掣肘，现有全球经济治理体系存在代表性不足、合法性不足、有效性不足等诸多问题。例如，虽然金砖国家按照购买力平价计算的 GDP 已经达到美国的两倍，但五国加总的投票权仍低于美国；同时 IMF 协定修订需要获得 85% 以上的投票率，所以美国实际上在 IMF 拥有绝对且唯一的一票否决权。

（三）金砖国家合作从"务虚为主"走向"虚实并重"

金砖国家合作机制的深化发展集中表现在金砖峰会从"务虚为主"走向"虚实并重"。2009 年 6 月，金砖国家领导人峰会在俄罗斯叶卡捷琳堡第一次召开，此后每年在金砖各国轮流举办金砖峰会。金砖峰会从 2009 年至 2016 年已成功举办八届并取得丰硕成果，金砖峰会逐步成为金砖国家沟通国际事务、参与全球经济治理的重要平台，越来越受到国际社会的关注和认可。

从议题数量上看，从首届金砖峰会的 16 个议题增长到 2012 年的 50 个议题，再到 2016 年的 109 个议题，议题数量逐年快速增长体现了金砖峰会讨论内容的逐渐增多，讨论议题的广泛度及重要性也在逐步增强（见表 3）。

---

① 徐秀军：《制度非中性与金砖国家合作》，《世界经济与政治》2013 年第 6 期。

表3 2009～2016年金砖峰会主要成果

届次	时间	国家	城市	议题	主要内容
一	2009年6月	俄罗斯	叶卡捷琳堡	16	发表《金砖国家领导人叶卡捷琳堡会晤联合声明》,核准《金砖国家关于全球粮食安全的联合声明》
二	2010年4月	巴西	巴西利亚	33	发表《金砖国家领导人第二次正式会晤联合声明》,举办四国企业家论坛、银行联合体、合作社论坛、智库会议等配套活动,提出国际货币体系改革的构想
三	2011年9月	中国	三亚	32	发表《三亚宣言》,南非正式加入金砖国家,签署《金砖国家银行合作机制金融合作框架协议》,举办了金砖国家智库会议、金砖国家银行合作机制年会暨金融论坛、金砖国家工商论坛和金砖国家经贸部长会议等配套活动,提出金砖国家合作机制的宗旨为包容、非对抗
四	2012年4月	印度	新德里	50	发表《德里宣言》,通过《金砖国家银行合作机制多边本币授信总协议》及《多边信用证保兑服务协议》,探讨成立新开发银行的可能性,探讨全球治理体系中提高发展中国家的代表性
五	2013年3月	南非	德班	47	发表《德班宣言》,通过《金砖国家贸易投资合作框架》,建立金砖国家工商理事会和智库理事会,决定设立金砖国家开发银行和应急储备机制,探讨与非洲国家的合作模式
六	2014年7月	巴西	福塔莱萨	72	发表《福塔莱萨宣言》,签署成立金砖国家开发银行和应急储备安排的协议,通过《金砖国家银行合作机制创新合作协议》及《金砖国家出口信贷保险机构技术合作谅解备忘录》,出席金砖国家同南美国家领导人对话会
七	2015年7月	俄罗斯	乌法	77	发表《乌法宣言》,通过《金砖国家经济伙伴战略》,签署《金砖国家电子商务合作框架》及《金砖国家应急储备安排中央银行间协议》,新开发银行理事会召开首次会议,出席金砖国家同欧亚经济联盟、上海合作组织成员国、观察员国和受邀国领导人对话会
八	2016年10月	印度	果阿	109	发表《果阿宣言》,支持联合国《2030年可持续发展议程》及《巴黎协定》,肯定G20杭州峰会及《G20落实2030年可持续发展议程行动计划》,欢迎人民币加入SDR货币篮子

资料来源:根据中国政府网、新华网、人民网、腾讯网整理。

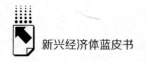

从议题内容上看，2009～2012 年的前四届金砖峰会以"务虚为主"，重点在于金砖合作的宗旨及重要性、现有国际体系的改革构想、金砖内部深化合作的可行性等问题。从 2013 年德班峰会开始，金砖合作进入更加"务实"的阶段，讨论的议题逐渐增多、逐步加深，例如 2013 年的德班峰会决定设立"金砖国家开发银行"和应急储备基金，2014 年的福塔莱萨峰会金砖国家正式签署"金砖国家开发银行"合作协议，2015 年的乌法峰会金砖国家同欧亚经济联盟、上海合作组织成员国成员深入沟通。

二 金砖国家合作机制在诸多领域取得丰硕成果

近年来，金砖国家开展多层次、多领域的合作，"金砖国家"也从一个单纯的经济概念逐步转变为积极务实的合作平台，金砖国家有着相似的增长潜力及利益诉求，并通过金砖国家开发银行、国际贸易合作、国际能源合作、G20 机制、全球金融治理等方面开展广泛而深入的合作。

（一）金砖国家开发银行

2012 年第四次金砖峰会上，金砖国家领导人探讨了成立金砖国家开发银行的可行性，并对其宗旨和目的进行了规划；2013 年第五次金砖峰会上，五国领导人同意建立一个新的开发银行；2014 年福塔莱萨峰会金砖国家正式签署"金砖国家开发银行"合作协议。金砖国家开发银行法定资本为 1000 亿美元，初始认缴资本 500 亿美元，由五个创始成员国均等出资；首任行长来自印度，首任董事会主席来自巴西，银行总部设于中国上海，同时在南非设有非洲区域中心。金砖五国平等出资建立金砖国家开发银行，而不是根据各国经济体量安排出资比例，意味着五国拥有平等的股权和投票权，也为现有全球经济治理的制度设计提供了一种新的选择。金砖国家开发银行的成立，一是可以有效缓解金砖国家的融资难题，是现有多边开发银行的有益补充；二是推动现有全球金融治理体系改革；三是进一步深化金砖国家的合作机制，为南南合作提供新的参考样本①。

同时，为应对国际金融危机以及短期金融风险，弥补 IMF 救助不及时、力度不够的实际情况，金砖五国一致同意建立金砖国家应急储备基金。金砖国家应急储备基金为 1000 亿美元，中国、俄罗斯、印度、巴西、南非分别出资 410 亿美元、180 亿美元、180 亿美元、180 亿美元、50 亿美元，但不同于世界银行和 IMF 的投票权机制，虽然各国出资份额不同，但却拥有相同的投票权，进一步体现平等的金砖合作机制。金砖国家应急储备基金将成为 IMF 的有益补充，有效缓解金砖各国的短期流动性压力，防止国际收支急剧恶化，化解潜在的金融危机，并对发生金融危机的金砖国家提供资金支持。

（二）国际贸易与国际投资

金砖国家的贸易合作不断深化，各国对其他金砖国家的贸易额在本国总贸易额的比重显著提高，如表 4 所示，巴西、俄罗斯、印度、中国、南非分别从 2000 年的 3.85%、6.26%、6.05%、3.33%、4.54% 提高到 2015 年的 22.31%、14.65%、14.40%、6.25%、20.18%。金砖国家内部贸易的比重逐年提升，一方面是金砖合作机制推动了金砖国家内部的贸易便利化；另一方面是金砖国家的经济发展模式和资源禀赋存在较强的互补性。中国和印度高速增长的发展模式对能源和原材料的需求巨大，矿产资源大国俄罗斯、巴西和南非正好可以形成能源互补，这三国又成为中国和印度制造品的重要消费市场，这种资源互补性和分工合作关系为金砖国家之间的贸易往来奠定了基础。

同时，金砖国家之间的国际投资也迅速扩大，双边投资存量从 2003 年的 2.6 亿美元上升至 2011 年的 286 亿美元，其占外商直接投资总量的比例也从 2003 年的 0.1% 提升至 2011 年的 2.5%。同时，俄罗斯、巴西、中国

---

① 关雪凌、张猛：《成立金砖国家开发银行正当其时》，《中国金融》2012 年第 18 期。

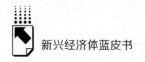

表4　金砖各国对其他金砖国家的贸易额占总贸易额的比重

单位：%

年　份	2000	2005	2010	2015
巴　西	3.85	10.35	18.81	22.31
俄罗斯	6.26	7.87	12.30	14.65
印　度	6.05	10.34	14.18	14.40
中　国	3.33	4.91	6.79	6.25
南　非	4.54	9.93	16.13	20.18

资料来源：IMF，DOT 数据库，2017 年 3 月。

拥有诸多体量较大、实力很强的国有跨国公司，这些"国家控制实体"实际上可以有效承担大量国际投资职能。以中国的"一带一路"倡议为例，中国政府大力支持企业"走出去"，国有企业往往充当了国际投资的重要载体。

（三）国际能源与气候合作

金砖国家能源结构具有较强的互补性，拥有广阔的合作空间。金砖国家联合统计手册（2015）数据显示，2014 年金砖国家一次能源产量占全球总量的 39.7%，而能源消费量占到全球的 36.1%，可见金砖国家是当今世界能源外交、能源地缘政治的重要焦点。中国一次能源消费总量占全球的 23.2%，超过美国的 19.1% 居全球首位，其中煤炭消费量占全球的 47%；俄罗斯是全球重要的能源出口国，2014 年油气出口占出口总额的 66.3%，占 GDP 总量的 18.7%；同时，印度类似中国为全球能源消费大国，而巴西和南非为主要的能源出口国。近年来，金砖国家能源合作逐步走向深化，截至 2012 年，中国企业对巴西投资额将近 300 亿美元，其中能源和矿产领域占比近 90%；南非矿产资源丰富，黄金、铂族金属、锰、钒、铬、硅铝酸盐的储量居世界第一位，中国企业投资南非矿产及基础设施建设的前景十分广阔；俄罗斯油气储备十分丰富，2014 年中国从俄罗斯进口石油量占总进口量的 11.3%，同时中国正积极寻求与俄罗斯开展油气技术合作。

金砖国家经济快速增长和粗放式发展模式决定了巨大的能源消耗量，国际气候合作是金砖合作的重要议题，也备受国际社会瞩目。巴西、南非、印度、中国同时被冠名为"基础四国"（BASIC），统一立场应对欧美发达国家咄咄逼人的国际气候合作主张，南非加入金砖合作机制正是将"基础四国"与"金砖国家"充分融合，体现能源和气候合作的重要意义。全球气候治理主要矛盾的本质是金砖国家和发达国家处于不同的发展阶段，因此全球气候公约谈判进程艰难。2012年第四届金砖峰会商定，金砖五国一致同意开展多边能源合作，将开发清洁和可再生能源，推广能效和替代技术，以及在清洁和可再生能源领域开展知识、技能和技术交流；2014年第六次金砖峰会决定成立金砖国家开发银行，为发展中国家的能源基础设施建设和低碳经济发展提供资金支持。所以，金砖国家合作机制有助于全球气候转型，为全球气候治理提供了有效的国际公共品。

（四）G20机制

2008年国际金融危机及随后引发的欧洲债务危机凸显了现有全球经济治理体系的严重不足，危机治理同时催生了G20机制及金砖合作机制，G20是发达经济体与新兴经济体共同参与的全球经济治理核心机制与"国际经济合作首要平台"，全球经济治理已经从"G7时代"走向"G20时代"[1]。G20在全球经济治理方面卓有成效，2009年G20伦敦峰会同意向世界经济新注入1.1万亿美元，恢复经济增长的动力和信心；2010年G20多伦多峰会推动全球多边开发银行的贷款额度从每年的370亿美元增至710亿美元；2011年G20戛纳峰会通过了世界银行投票权改革方案，发达国家向发展中国家转移3.13%的投票权；2015年G20安塔利亚峰会敦促美国尽快批准2010年IMF份额和治理改革方案。G20峰会的前几次会议议题主要集中在国际金融危机的治理、国际金融监管体系的改革方面，之后的议题扩展为促

---

[1] 崔志楠、邢悦：《从"G7时代"到"G20时代"——国际金融治理机制的变迁》，《世界经济与政治》2011年第1期。

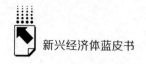

进世界经济增长、推动国际金融体系改革等更为广泛和深入的内容。

金砖国家同时都是 G20 成员，金砖国家作为整体参与全球经济治理将显著提升发展中国家的国际影响力。G20 是全球主要发达国家和发展中国家共同参与全球经济治理的首要平台，其中，G7 是发达国家的代表，而美国是 G7 的代表；E11①是发展中国家的代表，而金砖国家则是 E11 的代表。所以，加强 G20 机制建设对于提升金砖国家的制度性话语权极其重要，金砖国家应依托 G20 平台参与全球经济治理改革，体现发展中国家的集体声音，提高全球经济治理的合法性、代表性和有效性，为全球经济增长和和平发展提供更加强劲的动力支撑。

（五）全球金融治理体系改革

全球金融治理是指"对全球货币事务和金融活动进行有效的管理，包括在全球、区域和国家层面对各种利益关系进行协调"②，而全球金融治理是全球经济治理的重中之重。近年来，金砖国家采取多种措施积极推进全球金融治理体系改革。

一是推动 IMF 投票权改革。IMF 成立之初，各成员国选择的"怀特方案"便设计了稳定化基金（the Stabilization Fund）、各国认购份额（Quotas）、投票机制（voting mechanism）三大机制，其中投票机制由份额、投票权和投票规则三部分构成。IMF 在 2008 年及 2010 年先后提出了两轮改革方案，2008 年改革方案顺利通过，并于 2011 年开始生效；2010 年改革方案直到 2016 年才获得通过。新一轮改革方案生效后，IMF 资金规模将扩大一倍，份额将实现向发展中国家转移 6 个百分点，中国所拥有的份额和投票权比重从原来的第六位跃居第三位，仅次于美国和日本。金砖五国整体在 IMF 的投票权从 2008 年改革前的 9.76% 提升至 2010 年改革后的 14.18%，实现了较大幅

---

① E11 是指 G20 中的阿根廷、巴西、中国、印度、印度尼西亚、韩国、墨西哥、俄罗斯、沙特阿拉伯、南非和土耳其。参见张宇燕、田丰《新兴经济体的界定及其在世界经济格局中的地位》，《国际经济评论》2010 年第 4 期。

② 张礼卿等：《全球金融治理报告（2015~2016）》，人民出版社，2016，第 1 版。

度的提升，但仍低于美国 16.53% 的投票权。同时，从 IMF 2017 年 3 月公布的数据来看，按现行利率计算下金砖五国占全球 GDP 的比重为 21.73%，低于美国的 22.19%（见表 5）；如果按购买力平价计算，金砖五国占比已经接近美国的两倍，但投票权仍然落后于美国，所以全球经济治理体系仍存有较大的改革空间。

表 5　美国及金砖国家 IMF 投票权及份额占比

单位：%

国家	投票权		份额 2010 年改革后	GDP 占全球比重	
	2008 年改革前	2010 年改革后		现行汇率	购买力平价
美　国	17.02	16.53	17.46	22.19	16.27
中　国	2.93	6.09	6.41	13.01	16.53
印　度	1.92	2.64	2.76	2.56	6.64
巴　西	1.4	2.22	2.32	3.03	3.11
俄 罗 斯	2.73	2.59	2.71	2.66	3.40
南　非	0.78	0.64	0.64	0.48	0.67
金砖五国	9.76	14.18	14.83	21.73	30.33

资料来源：IMF，"IMF Members' Quotas and Voting Power, and IMF Board of Governors"，Last Updated：March 19, 2017, http：//www.imf.org/external/np/sec/memdir/members.aspx。

　　二是参与国际金融监管改革。金砖国家的金融实力正逐步增强，以中国五大国有银行为代表的众多新兴经济体金融机构逐步成为全球系统重要性银行，金砖国家参与全球金融监管协调和改革对于维护国际金融市场稳定具有重要意义。后危机时代的来临，使得金融稳定理事会（FSB）和巴塞尔委员会主导了新的一轮国际监管改革，形成了以巴塞尔协议Ⅲ为代表的一系列改革成果。国际金融监管改革重点沿着三条主线推进[①]：其一是微观审慎层面，改革重点是完善如资本充足率、流动性、杠杆率、大额风险集中度等监管指标；其二是宏观审慎层面，主要从系统重要性金融机构、顺周期性、影子银行体系三个角度防止系统性金融危机；其三是审慎监管理念层面，引入

----

① 綦相：《国际金融监管改革启示》，《金融研究》2015 年第 2 期。

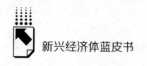

会计准则和审计准则，降低对外部信用评级的依赖，完善场外衍生品市场和中央交易对手方规则，加强金融消费者保护等。

三是推进国际货币体系改革及货币互换。2015 年巴西、俄罗斯、印度、南非与中国的贸易额分别占其进出口总贸易额的 18.28%、12.09%、10.83%、13.99%[①]，贸易额的增加必然带来货币结算量的同步增加，但近年来美元汇率大幅波动势必增加各国的贸易结算风险，所以推进金砖国家间贸易的本币结算、货币互换、货币国际化将成为金砖国家未来合作的重要议题。同时，推动人民币国际化有利于改变美元本位的现状，促使国际货币体系从"一主多元"向"多元制衡"转变。本着先易后难的原则，现阶段应以推进人民币跨境结算为目标，而随着金砖国家合作的不断深入，在金砖内部尝试推进人民币跨境结算有利于金砖国家的整体利益。2010 年 12 月 15日，人民币正式在莫斯科银行间外汇市场挂牌交易，为人民币首次在境外直接挂牌交易。之后人民币国际化进程加快，先后与其他金砖国家签署了总规模为 3700 亿元人民币的货币互换协议，占中国与其他国家签署互换协议总额的 11.13%（见表6）。

表6　中国与其他金砖国家货币互换协议

国家	协议签署时间	互换规模	期限
巴西(已过期)	2013 - 3 - 26	1900 亿元人民币/600 亿巴西雷亚尔	三年
俄罗斯	2014 - 10 - 13	1500 亿元人民币/8150 亿卢布	三年
南非	2015 - 4 - 10	300 亿元人民币/540 亿南非兰特	三年
印度	暂未签署	目前只有小额货币互换往来	—

资料来源：中国人民银行网站（截至 2016 年 6 月）。

三　金砖国家合作前景展望

在进一步推进金砖国家合作机制的过程中，一是要秉承"和而不同"

[①]　数据来源：IMF，DOT 数据库，2017 年 3 月。

理念，深化金砖国家合作机制的包容性与互惠性；二是要务实推进金砖国家的经济合作、政治互信和文化交流；三是要与发达国家密切合作，渐进式推动全球经济治理体系改革。

（一）秉承"和而不同"理念，深化金砖国家合作机制的包容性与互惠性

近年来，"金砖褪色"的论调不绝于耳，后危机时代美国货币政策的溢出效应使得国际能源价格剧烈波动，金砖国家面临较大的经济下行压力及国际资本流动风险。"金砖国家"这一概念的提出是基于 21 世纪初的高速增长预期，但如图 1 所示，近年来金砖五国经济增速出现较大程度的分化。2002 年（"金砖国家"概念提出的第二年），巴西、俄罗斯、印度、中国、南非五国的 GDP 增长率分别为 3.05%、9.10%、3.91%、4.74%、3.67%，2009 年（国际金融危机发生后的第二年）该数据分别变为 -0.13%、9.20%、8.48%、-7.82%、-1.54%，其中巴西、俄罗斯、南非三国均出现大幅下降；2015 年该数据变为 -3.85%、6.90%、7.56%、-3.73%、1.27%，其中巴西、俄罗斯均较上一年度增长率出现较大降幅，而中国经济增速也在持续下降。经济增速的放缓和分化，必然使得各国利益诉求相似性逐步消散，并势必削弱金砖国家合作的经济基础。

但是，我们应该注意到金砖国家经济出现的大幅波动，一方面源自自身经济结构的不完善；另一方面来自以美元为中心的国际货币体系下美国货币政策的溢出效应。俄罗斯和巴西是重要的石油出口国，国际能源价格对本国经济增长产生重要影响，上文提到俄罗斯及巴西在 2009 年和 2015 年出现 GDP 大幅下跌很大程度上源于原油价格的剧烈波动。如图 2 所示，2008 年和 2014 年分别出现两波国际原油价格的巨幅下跌，2008 年年中至年底布伦特原油从 116.6 美元/桶跌至 41.6 美元/桶，半年时间跌幅达 64.3%，同期俄罗斯卢布、巴西雷亚尔分别贬值 34.5%、43.1%；2014 年年中至 2015 年年底，布伦特原油价格再次下跌 72.5%，同期俄罗斯卢布、巴西雷亚尔分别贬值 126.2%、81.4%（见图 2）。由此可见，金砖国家如果希望实现经济

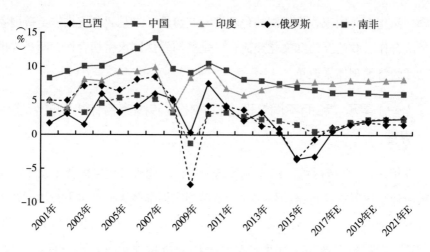

图1 金砖国家经济增长率（2001~2021E）

资料来源：IMF，"World Economic Outlook Data"，October 2016（2016~2021 年为预测数据）。

腾飞、跨越中等收入陷阱，既要做好自身经济结构转型，减少对能源的过度依赖，打破"荷兰病"经济魔咒；同时要进一步推动现有全球经济治理体系改革，加强发展中国家的南南合作，对冲欧美发达国家经济政策的溢出效应。

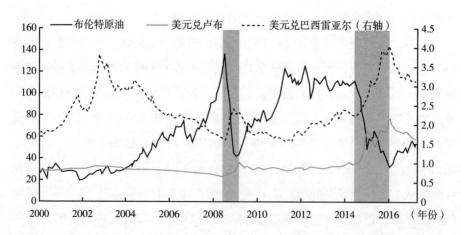

图2 布伦特原油价格及俄罗斯卢布、巴西雷亚尔汇率变化（2000 年至 2017 年 4 月）

资料来源：Wind 数据库。

虽然近年来金砖各国经济表现出一定程度的分化，但合作仍是主旋律，正如中国儒家经典《论语》中写道"君子和而不同"，金砖国家的合作机制也应是君子之交，应注重合作过程中的包容性与互惠性。所谓"包容性"，就是包容金砖五国在国际制度、经济增速、产业结构、文化传统、宗教信仰上的不同，构建一个跨区域的利益共同体；所谓"互惠性"，就是彼此尊重对方的核心利益，减少对发达经济体的过度依赖，实现各国经济共同提升的共赢局面。只有做好包容性与互惠性，寻找金砖国家利益诉求的最大公约数，构建金砖国家"利益共同体"，金砖国家合作机制才会是坚固而长久的。

（二）务实推进金砖国家的经济合作、政治互信和文化交流，为发展中国家南南合作开启新篇章

从"务虚"走向"务实"是金砖国家合作机制的显著趋势，而深入推进经济领域的全面合作是实现"务实"的重要基础。在金砖国家开发银行方面，应向原有国际开发金融机构学习，进一步提高投资决策效率并拓宽投资范围，切实解决发展中国家投资不足的问题，引导发展中国家的经济转型；在国际贸易和国际投资方面，金砖国家应进一步降低贸易壁垒并加大投资力度，努力实现资本、人口、技术等要素的国际流动，以中国的"一带一路"倡议为契机加强国际贸易及国际投资合作；在国际能源方面，在实现资源互补、强化能源战略合作的同时，努力实现能源开发的技术共享与投资支持，大力发展金砖国家的绿色经济；在全球金融治理体系改革方面，应进一步提高国际金融机构的代表性、合法性和有效性，改变布雷顿森林体系遗留下来的以美元为中心的国际货币体系，我国在推进人民币国际化过程中应积极寻求其他金砖国家的支持，推进双边贸易实现人民币结算。

经济合作是务实合作的核心内容，政治互信是务实合作的制度保证，文化交流是务实合作的认同升级。中国国家主席习近平曾在 2015 年金砖国家领导人第七次峰会中，将金砖国家的伙伴关系概括为："维护世界和平的伙伴关系、促进共同发展的伙伴关系、弘扬多元文明的伙伴关系、加强全球经

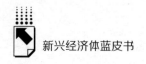
济治理的伙伴关系。"① 其中实现世界和平的途径是政治互信，实现共同发展的途径是经济合作，实现弘扬文明的途径是文化交流，而实现全球经济治理改革则需要政治、经济、文化的共同努力。金砖国家全面推进经济、政治、文化领域的务实合作，将进一步增强金砖合作机制的凝聚力与影响力，也将为众多发展中国家的合作提供新的参考标准，必将开启南南合作的新篇章。

（三）与发达国家建立共商共建共享机制，渐进式推动全球经济治理体系改革

作为正在崛起的新兴经济体，金砖各国都有增强经济实力、提升国际影响力、参与全球经济治理体系改革、实现"大国梦"的强烈愿望，而金砖国家合作机制提供了一个风险较小、步骤可控、弹性较强的有力工具，也有助于缓解体系转型过程中产生的冲击和震荡②。同时，现有欧美发达国家是全球经济治理体系的制度设计者和既得利益者，虽然 2008 年国际金融危机和随后引发的欧洲债务危机一定程度上削减了其经济实力，但以金砖五国为代表的发展中国家仍不应过于急切推动变革。金砖国家应在 G20 框架内与发达国家加强对话与合作，共商全球治理的基本原则、重点领域、组织机制、发展方向等重要议题，共建南北合作的新机制和新平台，共享全球经济治理体系改革所带来的制度红利。

金砖国家在参与并推动全球经济治理改革的过程中，既要争取做好存量的改革，也要力求做到增量的创新。所谓"存量改革"，就是让更多的国家参与全球经济治理，增加以金砖国家为代表的新兴经济体的投票权和制度性话语权，增加现有治理体系的代表性、合法性和有效性，例如推动 IMF 和世界银行的投票权改革；增量创新，即推进全球经济治理的制度创新，增加

① 习近平：《共建伙伴关系　共创美好未来——在金砖国家领导人第七次会晤上的讲话》，《人民日报》2015 年 7 月 10 日第 3 版。
② 周方银：《国家博弈过程中的金砖国家合作》，载《金砖国家研究：理论与议题》，中国社会科学出版社，2016，第 1 版，第 83 页。

全球治理的公共品供给，例如金砖国家机制、金砖国家开发银行、"一带一路"倡议等。

同时，应该注意到推进全球经济治理体系改革并非一朝一夕所能完成的，国际体系的变化速度通常慢于国际格局的变化速度①。金砖国家如果过快推进改革进程可能引起发达国家的较大不满，美国为了维持其实现全球经济利益的能力，必将利用多种手段对金砖国家施加压力。金砖国家合作机制从 2009 年发展到现在仍不足十年光景，作为一个新兴的国际组织其影响力和稳定性仍有待提高，当前由西方国家主导的全球经济治理体系和以美元为中心的国际金融体系并未发生根本改变，在美元加息周期过程中金砖各国的经济增长出现较大分化，所以过快推翻现有全球经济治理体系不利于以金砖国家为代表的发展中国家的根本利益，坚持渐进式的改革思路应成为金砖国家在推进全球经济治理体系改革过程中的战略选择。

参考文献

1. 陈雨露、马勇：《大金融论纲》，中国人民大学出版社，2013。
2. 高海红：《布雷顿森林遗产与国际金融体系重建》，《世界经济与政治》2015 年第 3 期。
3. 关雪凌、张猛：《成立金砖国家开发银行正当其时》，《中国金融》2012 年第 18 期。
4. 关雪凌：《中国为什么能让 G20 峰会成果斐然》，《人民论坛》2016 年第 25 期。
5. 李稻葵、徐翔：《全球治理视野的金砖国家合作机制》，《改革》2015 年第 10 期。
6. 李巍：《金砖机制与国际金融治理改革》，《国际观察》2013 年第 1 期。
7. 李向阳执笔：《国际金融危机与国际贸易、国际金融秩序的发展方向》，《经济研究》2009 年第 11 期。
8. 卢锋、李远芳、杨业伟：《金砖五国的合作背景和前景》，《国际政治研究》2011 年第 2 期。
9. 庞中英：《1945 年以来的全球经济治理及其教训》，《国际观察》2011 年第 2 期。

---

① 阎学通：《权力中心转移与国际体系转变》，《当代亚太》2016 年第 6 期。

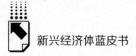
10. 裴长洪:《全球经济治理、公共品与中国扩大开放》,《经济研究》2014 年第 3 期。

11. 孙伊然:《后危机时代全球经济治理的观念融合与竞争》,《欧洲研究》2013 年第 5 期。

12. 王正毅:《国际政治经济学通论》,北京大学出版社,2010。

13. 韦宗友:《新兴大国群体性崛起与全球治理改革》,《国际论坛》2011 年第 2 期。

14. 徐秀军等:《金砖国家研究:理论与议题》,中国社会科学出版社,2016。

15. 余永定:《再论人民币国际化》,《国际经济评论》2011 年第 5 期。

16. 张发林:《全球金融治理体系的政治经济学分析》,《国际政治研究》2016 年第 4 期。

17. 张礼卿等:《全球金融治理报告(2015~2016)》,人民出版社,2016。

18. 张宇燕、任琳:《全球治理:一个理论分析框架》,《国际政治科学》2015 年第 3 期。

19. 周小川:《关于改革国际货币体系的思考》,新华网,2009 年 3 月 24 日。

20. Andrew F. Cooper, "The G20 and Its Regional Critics: The Search for Inclusion", *Global Policy*, Vol. 2, Issue 2, May 2011, pp. 203 – 209.

21. Charles Wyplosz, "Forgotten Lessons from Bretton Woods", *Paper Presented at the Conference on "Rethinking the International Monetary System"*, Shanghai, June 17 – 18, 2014, pp. 1 – 2.

22. Dooley, M, D Folkerts-Landau, et al., "An Essay on the Revived Bretton Woods System", *NBER Working Paper*, 2003, No. 9971.

23. G. John Ikenberry, "Quest For Global Governance: Current History", *A Journal of Contemporary World Affairs*, vol. 113. No. 759, 2014, p. 18.

24. Gualandri E. and A. V. Landi, "Financial Crisis and New Dimensions of Liquidity Risk: Rethinking of Prudential Regulation and Supervision", *Journal of Money, Investment and Banking*, 2009 (8): 25 – 42.

25. Maurice Obstfeld, "The International Monetary System: Living with Asymmetry", *NBER Working Paper No. 17641*, 2011, pp. 8 – 13.

26. Ngaire Woods, "The G20 Leaders and Global Governance", *Paper Presented at the G20 Seoul International Symposium: "Toward the Consolidation of G20 Summits: From Crisis Committee to Global Steering Committee"*, September 27 – 29, 2010, pp. 3 – 10.

B.8
金砖国家内外三种维度合作及政策建议

摘　要： 本文通过分析金砖国家机制存在的"内部合作"、南南合作、南北合作三种维度关系后指出，内部合作是合作组织基础和凝聚核心，南南合作是自身可持续发展的依靠和源泉，南北合作是发挥影响力解决发展困境的现实要求；提出金砖国家应保持战略互信和定力以强化内部关系为基础，深化和做实现有合作机制，并奉行开放合作主义，探索以"金砖＋"方式，整体统一对外进行同心圆式合作，与现有多边、区域合作机制平台积极开展互动。

关键词： 金砖国家　三种维度合作　可持续发展

经过十年发展，金砖国家实现了从资本市场"投资概念"，向国际政治经济舞台"战略力量"的历史性转变，已经发展成为具有全球影响力的多边合作机制。通过强化内部合作、南南合作、南北合作三种维度关系，稳步推动金砖国家机制向政治、经济、文化、安全合作并重，战略对话、政策协调和务实行动相结合的全方位多元关系平台转型。2017年是金砖国家合作的第二个十年，重点应该放在做深做实三种维度关系，让所有参与方、相关经贸伙伴获得实实在在的利益，金砖国家

---

* 蔡春林，广东工业大学金砖国家研究中心主任、金砖国家智库合作中方理事会理事，教授。研究方向为国际贸易及国际问题。

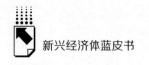

内部成员不宜再扩容，外部可采取"金砖+"或"5+N"方式扩大"朋友圈"。

一 金砖国家机制的合作关系维度

（一）金砖国家合作机制三种维度关系同生共荣，相互促进

金砖国家机制存在"内部成员、南南合作、南北合作"三维多元关系。围绕金砖国家机制，共存在三大维度的合作关系。一是金砖国家内部成员之间的关系，这是金砖国家合作机制的组织基础和凝聚核心；二是金砖国家与其他发展中国家的关系（南南关系），这是金砖国家自身可持续发展的依靠和源泉；三是金砖国家与发达国家的关系（南北关系），这是在合作共赢新型国际关系理念下，寻求良性外部发展环境的现实要求。金砖国家三维关系的内容和特点，反映了金砖国家作为新兴经济体组织的新颖特性和国际地位（见表1）。金砖国家合作机制通过创新，将能发现和创建更加公平、合理、有效的新型全球治理体系。

（二）金砖国家合作关系运转顺畅，成效明显

整体来看，金砖国家合作已经包含28个合作机制，其中，部级14个，高官层次工作组9个，其他领域5个。机制化合作交流很频繁，以2016年金砖国家峰会为例，印度担任金砖国家主席国期间，在果阿会晤前举行了议会合作会议以及部长级以上会议53次，研讨会及论坛24次，工商理事会以及工商论坛3次，人文及商业交流32次。2017年，中国是金砖国家轮值主席国，也安排了近百场活动。可以说，金砖国家合作在政治、经济、安全、文化合作方面取得了丰硕成果，成为国际政治经济舞台上的一支重要力量。金砖国家企业、民众获得了实实在在的贸易和投资便利，为全球经济稳步复苏贡献了力量。

表1　金砖国家领导人峰会联合声明中的"三种维度"合作关系

年度	内部成员合作	南南合作	南北合作	国际组织
2009	在关键的社会领域加强合作。加强科技和教育合作。	对话与合作符合发展中国家共同利益。	发达国家应兑现对发展中国家的承诺。就气候变化开展对话。	推动国际金融机构改革。推动世界贸易组织多哈回合谈判取得成果。
2010	就区域货币机制进行研究合作。就能源领域开展合作。	应充分尊重发展中国家可持续发展模式。	呼吁各国在宏观经济领域加强合作。不应削减发展援助。	国际货币基金组织和世界银行应尽快解决其合法性不足的问题。
2011	金砖国家是各成员国开展对话与合作的重要平台。	加强同新兴和发展中国家的联系与合作。	加强各国政策协调与监管合作,促进全球经济稳健发展。	支持G20作为国际经济合作主要论坛,在全球经济治理中发挥更大作用。
2012	在教育、文化等领域拓宽沟通渠道和人员交流。	加强对新兴和发展中国家的发展融资。	发达国家应向发展中国家提供资金、技术及能力支持。	在全球治理机构中提高新兴发展中国家代表性,增强实现上述目标的效率。
2013	加强互补和各自经济力量,探索增长新模式和新方式。	加强同其他新兴和发展中国家合作。	发达国家需要采取适当措施以重建信心,促进增长复苏。	呼吁改革国际金融机构,落实国际货币基金组织2010年治理和份额改革方案。
2014	一体化大市场、金融大流通、互联互通、人文大交流。	以减贫为中心的广泛和综合的发展议程。	发达国家政策调整要谨慎,并清晰沟通,限制负面效应外溢。	加强相互合作并同国际社会一道,维护金融稳定,促进有质量地就业。
2015	增强金砖国家战略伙伴关系。扩大金融和投资合作。	加强与其他发展经济体和组织的关系。	加强G20框架下的政策对话和协调。强化国际金融合作。	致力于通过国际合作和强化区域一体化机制,实现经济可持续发展。
2016	团结合作,进一步增强金砖国家战略伙伴关系重要性。	进一步增强同发展中国家的联系和互动。	具有重要性的发达经济体的某些政策会产生外溢效应。	支持多边贸易体制和世界贸易组织(WTO)发挥全球贸易基石的中心作用。

　　注:此表中的最后一列"国际组织",实际上是三种维度合作关系的体现平台,在具体合作中根据不同的议题,分别划入三种不同的维度关系之中。

　　资料来源:根据2009～2016年金砖国家领导人峰会联合声明相关材料整理而成。

二　内部成员合作:金砖国家合作机制的组织基础和凝聚核心

(一)内部关系稳步提升是应对国际质疑的最好回应

发展维护好内部成员之间的合作关系,是金砖国家机制赖以生存和发展的根基，这一根基不能动摇，需要持续加固。因为，自"金砖国家"概念提出以来，质疑声音一直伴随左右，尤其是2016年10月，高盛关闭了金砖四国基金，相关投资并入其他新兴市场投资组合，西方媒体将此作为"金砖褪色"的重要证据，甚至有媒体认为"一个投资时代就此画下句号"，还有媒体幸灾乐祸地指出"金砖"概念"一直就是个谎言，以前不明显，现在谎言拆穿了"等（见表2）。加强金砖国家内部合作是应对质疑的最好回应，毕竟"实践是最动人的旋律，行动是最有力的宣言"。

表2 西方对金砖国家合作质疑的主要观点

媒体	学者	观点
2013年8月26日《金融时报》发表《金砖四国错失改革良机》	彼得森国际经济研究所高级研究员安德斯·奥斯伦德	金砖四国的盛筵已经散场。它们能否恢复活力，取决于其能否在严峻时期开展改革。因为缺乏勇气，它们已经错失了在繁荣时期改革的机会。金砖国家经过10年的追捧后开始受到冷落，其"令人惊奇之处不是蜜月的结束，而是它竟然能持续如此之久"。
2013年4月在新加坡《联合早报》上发表《没有粘合力的金砖》	美国国际关系学者约瑟夫	质疑金砖国家的未来发展前景。"尽管金砖国家这个组织或许有助于协调某些外交策略"，但是无论是在经济上还是在战略上都"没有办法团结起来"。没有必要把金砖国家当作"必须认真看待的政治组织"。
美国《华盛顿邮报》2016年3月29日刊文《"金砖四国"风光不再，要改名"TICKs"？》	科普利基金研究所创办人史蒂文·霍尔登	高盛的"金砖国家"略缩词一直是个谎言。如果说以前还不明显的话，那么现在这应该是显而易见了。高盛公司关闭了旗下的金砖国家基金，该基金资产从高峰时的超过8亿美元(2010年底)缩水到1亿美元。金砖国家不再是新兴市场的增长引擎。新的增长点已经出现了。
2016年9月2日《华尔街见闻》发文《金砖四国风光不再》	高盛首席新兴市场宏观分析师特里维迪	即使金砖四国经济复苏，GDP增速也难以回到2005年到2007年的水平。中国占新兴市场产出的四成，其需求增长放缓将继续拖累发展中国家整体增长。

资料来源：根据表中所列媒体的相关资料整理而成。

（二）内部合作重点不是简单地扩大成员，而应该是实质性提升现有合作

近期，有学者提出"金砖国家在G20的11个新兴市场国家中吸收新成员迫在眉睫"。还有学者甚至提出增加另外5个国家组成"金砖时代"

（BRICS TIMES），TIMES 分别是土耳其、印度尼西亚、墨西哥、埃及、韩国的英文首字母。主张金砖国家扩大成员范围的理由之一是：金砖国家内部分化趋势严重，中国经济规模在金砖国家中的比重接近70%，很多矛盾集中于中国，吸收新成员有利于稀释矛盾，扩大共识。

现实中，出于推动自身经济发展，抢占金砖国家发展机遇的目的，部分新兴经济体有参与金砖国家合作的动力和愿望，这也从侧面说明金砖国家合作机制的吸引力在进一步提升。但是，新兴经济体参与金砖国家合作机制的方式有很多种，新兴经济体没有必要纠结于成员与非成员的"虚名"，而应该将重点放在共享金砖国家发展利益，搭上金砖国家发展的"快车"，实现协同发展上。实际上，成员扩大容易陷入"协调难、行动慢"的尴尬局面。"金砖四国"概念的提出者吉姆·奥尼尔认为"金砖"概念不应扩容（见表3）。金砖国家作为新兴经济体合作平台，可以采取开放的姿态扩大合作对象、领域和范围，但在短期内，金砖国家内部成员数量不宜再扩大，应聚焦于深化实质合作。

表3　部分学者关于金砖国家扩容的主要观点

学者	主要观点
王磊(2014)	金砖国家在当前的主要任务还是加深与夯实内部合作及落实已经达成的共识，未来更可能采取"金砖＋N"的方式，条件成熟时适度吸收新成员。
陈凤英(2016)	金砖国家内部化趋势在扩大，中国在金砖国家中的比重已经占到67%以上，远高于美国在G7中的占比。长此以往，矛盾可能会逐渐集中到中国身上。金砖国家在G20的11个新兴市场国家中吸收新成员迫在眉睫，新的成员加入和机制创新将有助于稀释矛盾，增加共识。
吉姆·奥尼尔(2014)	"金砖国家"概念不应该扩容，南非当初也不应该进来。
马加力(2011)	如果继续快速扩编，虽然整体上可壮大一些力量，但是也会出现成员间共同性下降、"公约数"缩小、决策力萎缩的可能性，目前要加强凝聚力。短期内不应再扩编。
蔡春林(2017)	金砖国家本身不宜再增加成员，否则，协调难度加大，削弱合作机制效率和效能。可采取"金砖＋"方式拓展朋友圈，以金砖国家为整体与其他国家或国际组织合作。

资料来源：根据相关媒体及会议发言资料整理而成。

（三）内部成员发展战略对接互动是内部关系提升的方向

目前，俄罗斯、巴西、南非之间的经济发展战略对接相对融洽，三国都支持并积极参与"一带一路"倡议,而印度的态度显得有点复杂,未参与中国举行的"一带一路国际峰会"。下一步,中印发展战略对接,也就成了金砖国家内部成员关系的重中之重。当前,印度已经拥有清晰的周边关系发展战略计划,一个是"香料之路"计划,呼吁历史上与印度经贸联系紧密的亚洲和欧洲 31 个经济体共同复兴这一古老的贸易线路。另一个是"季风"计划,起源于古代印度水手根据季风变化,借力航行,到印度洋周边、阿拉伯半岛和东非进行贸易。中国的"一带一路"计划与印度的这两个计划具有重合之处,印度国内部分官员和学者认为,中印发展战略存在竞争关系,甚至认为"一带一路"计划入侵了被视为"印度经济命脉之地"的印度洋,而且"中巴经济走廊"穿越了巴基斯坦控制的克什米尔地区,也让印度内心纠结,印、巴两国在这一区域拥有主权争议。因为,长达 3000 公里的"中巴经济走廊"尽头是瓜达尔港,这一位置具有重要的战略意义,印度担心其变成中国的海军基地,威胁孟买海军部队。这也是印度没有参与"一带一路"计划的重要原因。印度外交部对未参与 2017 年 5 月在北京举行的"一带一路"国际峰会的官方声明中提出:"印度一直呼吁中国就互联互通倡议与印度进行'有意义的对话',而至今还在等待中方的正面回应。"当务之急,中印各相关政府部门应该在金砖国家框架内,积极就这一问题开展战略对话,释疑解惑,相互理解认可彼此的发展计划,形成合力,共同推进,其实,"一带一路"计划与印度推动的两个计划具有高度的互补性和相互促进性,经贸合作不应该过多地掺杂主权争议的事项。印度与邻国之间的领土和主权争端可以通过其他途径进行应对,不应因为非经济领域的争议而影响互联互通的经贸合作。

三 南南合作:金砖国家自身可持续发展的依靠和源泉

(一)金砖国家机制是新兴经济体合作与发展的重要平台

金砖国家机制是新兴经济体讨论重大问题的一个非常良好的经济合作发

展平台。在金砖国家合作框架及其提供的专家体系内，新兴经济体能够更好地理解和认知各自所面临的国内外困境，探寻各自经济发展进程的相似性，寻求利益共同点并进行有效合作。而且，新兴经济体在理念上认同、在行动上支持全球化深入推进，彼此之间开放与合作的意愿和能力都在逐步增强，南南合作的领域在拓宽，合作前景广阔。

（二）金砖国家机制也是新兴经济体塑造国际规则的重要平台

金砖国家基于当前国际关系中全球权力转移和权力结构的变化，探索在某些领域形成相互竞争的地区贸易集团，推动新兴经济体在全球经济格局与政治活动中的重要性不断上升。金砖国家机制为新兴经济体提供了一个塑造国际规则的平台，使新兴经济体国家逐渐熟悉国际制度规则和决策程序，也是中国深度参与全球治理的难得机遇。推动新兴经济体的区域合作机制向多元化和纵深发展，形成了一种互补、互利、互助、互动的国际发展伙伴关系，为全球治理方式向多元化和柔性化方向发展提供了重要的支撑。未来金砖国家机制将会逐步成为新兴经济体塑造国际规则的重要平台。

（三）金砖国家与新兴经济体之间在国际机构中互动频繁

金砖国家和大多数新兴经济体均高度认可非歧视的、基于规则的多边贸易体系的权威地位。在金砖峰会宣言中曾公开宣称增加争端解决机制的便利性。在争端解决案件中彼此互动频繁，除了在 WTO 争端解决机制中不活跃的南非外，金砖国家互动率超过了 50%，在涉及中国的案件中，其他金砖国家参与的"互动"比率更是高达 76.42%，其中，观点和立场一致或相近的"积极互动"高达 90%。[1]

---

[1] 摩尔多瓦、张娟娟：《金砖国家参与 WTO 争端解决机制研究》，《南亚研究》2017 年第 1 期。

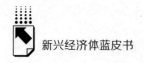

四 南北合作：金砖国家发挥影响力解决
发展困境的现实要求

（一）世界经济复苏需要南北合作共同拉动

南北合作是金砖国家与发达经济体之间的合作，南北合作的基础是存在的，推动世界经济持续复苏应该是共同的目标。结束连续 6 年下滑的趋势后，世界经济在 2016 年触底反弹，未来几年将呈现温和复苏态势。预计未来全球经济增速可以超过 3%，新兴经济体增速扩大到 5%，发达经济体维持在 2% 左右的水平。全球经济将在 2017 年至 2021 年呈现恢复性温和复苏，据 IMF 预测，2017 年世界经济增长率为 3.5%，新兴市场国家为 4.5%，发达国家为 2%。其中，金砖国家中的中国被调高至 6.6%，俄罗斯与巴西走出负增长，开始平稳向上，印度更是以 7.2% 保持中高速增长，除日本以外的亚洲发展中国家整体保持 6.4% 增长速率，世界经济的拉动力仍将主要来自新兴市场和发展中国家。

（二）发达经济体保护主义政策需要南北合作协商解决

以金砖国家为代表的新兴经济体与发达经济体之间的实力对比在缩小，高盛曾经预测"金砖四国"的经济总量在 2035 年至 2037 年以前将会超过 G7 国家之和。中国会在 2027 年以前和美国平分秋色。然而，现实中发达经济体的市场开放在收缩，对外经贸政策理念逐步趋向保守，逐步偏离已有的全球化初衷，呈现一定程度的逆全球化趋势，强调所有的对外经贸关系都要有利于本国内部的就业和产业发展，倾向于采取强硬的方式对待发展中国家，南北合作在收紧，难度加大，不确定性增多。经贸问题政治化、国际问题国内化、国内问题国际化，本来是经济领域的问题，却要以国家安全、就业安全、产业安全为由，人为地设置贸易和投资障碍。已经签订的国际协定，却以国内面临困境或者相关利益群体反对为由拒绝批准生效，甚至直接废止和退出。政策短视，不考虑全球和贸易伙伴长远利益，强硬实施，解决暂时问题的同时，却为经贸投资正常发展埋下长期威胁。

（三）国际贸易和金融体系变革需要南北合作共同应对

在对现有国际金融和贸易体系改革方面，金砖国家与发达经济体之间具有不同的利益诉求和明显的分歧，发达经济体之间立场也不完全一致，美国反对国际货币基金组织救助行动和配额增加计划，其他发达经济体则认为应该对 IMF 进行必要的改革。美国认为货币汇率问题是贸易政策的一个组成部分，试图以汇率问题为由，采取征税等保护主义方式，打破现有贸易格局，实现其扩大复兴制造业、增加工作岗位、矫正贸易差额的政策目的。印度正在联合美国和日本积极推动"亚非增长走廊"（也称"亚非自由走廊"），通过基础设施建设和连通，实现亚洲、非洲和中东的贸易投资自由化、便利化。尤其是特别注重与非洲的关系，印度将非洲视作自己的战略后院，在经济和军事层面强化合作。可以通过此类合作，逐步扩大南北对话与合作范围，解决困扰国际贸易和金融发展的难题。

五　政策建议

金砖国家从一开始就拒绝封闭的俱乐部模式，对同其他国家和国际、区域性组织的联系与合作持开放态度。以强化金砖国家内部关系为基础，奉行开放的合作主义，探索"金砖＋"的拓展模式。通过金砖国家同其他发展中大国和发展中国家组织进行对话，建立更广泛的伙伴关系，扩大金砖的"朋友圈"，把金砖合作打造成为当今世界最有影响力的南南合作平台。金砖国家内部成员不宜再扩容，对外可采用"5＋N"方式扩大"朋友圈"：金砖五国以一个整体统一对外进行同心圆式合作，即"金砖五国＋其他国家或组织"的"5＋N"模式，这主要是由金砖国家自身定位和未来方位决定的，其内部分化的矛盾可以通过构建合作利益补偿及平衡、重大问题和风险快速反应及化解等合作机制来解决。

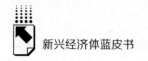

（一）保持战略互信和定力，推动金砖合作机制有效发挥作用

经过十年合作建立的政府互信和工作层面的默契，是非常珍贵的战略财富，这种信任建立起来非常困难，花费了很大的行政、经济、外交资源和时间成本，而信任的破坏则非常容易。尤其是在外界一致质疑金砖国家成色和未来的情况下，彼此之间的信任尤为珍贵。就金砖国家合作而言，战略互信是根本，如果在战略理念上无法达成一致，则会动摇金砖合作的根基，甚至摧毁过去十年来之不易的合作成果。应该更加珍惜金砖合作机制，提升合作效率，增强合作效能，维护金砖合作平台的生命力和国际影响力。"物必先腐，而后虫生""堡垒最容易从内部攻破""内讧是最大的威胁"。无论发生任何争议和冲突，都不应损害金砖合作机制的公信力、合作性，确保金砖合作机制正常运行。国与国之间对某一问题的认知存在分歧非常正常，可以通过协商、沟通、交流、研讨解决问题，逐步达成一致。要以共同的战略定力，坚定地推动金砖合作机制更好更有效地发挥作用。正如习近平主席所讲的，金砖国家就像五根手指，伸开来各有所长，但是攥起来就是一个拳头。只要五国团结一心，金砖不仅不会"褪色"，还会更加闪亮。下一步，金砖国家内部关系合作重心是聚焦于宏观政策协调及合作，应对全球冲击，减少外部失衡带来的负面影响。支持并推动以规则为基础的、开放的多边贸易体系更有效地发挥作用。通过监管标准和监管机构合作，维护金融稳定。做实安全事务高级代表的机制，协商启动首次金砖国家外长正式会晤，全面落实金砖国家经济伙伴战略，加强宏观政策协调和发展战略对接，加快出台一批实打实的合作举措，不断提升金砖的含金量。展望未来，金砖国家经济复苏趋势已经明显，但复苏的基础还不稳固，经不起折腾，需要抱团取暖，共同应对发达经济体政策的外溢冲击。

（二）不宜单纯扩大成员数量，着力点应该放在深化和做实现有合作机制上

1. 单纯扩大成员数量容易陷入"空谈俱乐部"的尴尬境地

主张金砖国家扩大成员数量的基本理由是金砖国家内部分化趋势的扩

大，矛盾可能会逐渐集中到中国身上，新成员加入和机制创新将有助于稀释矛盾，增加共识。从短期来看，金砖国家成员暂时不要再继续扩大，应该将现有 5 个成员国的合作基础构建好，重点放在实质性合作上。而不应该盲目地求大，在短时间内迅速接纳新成员会削弱金砖峰会的影响力，还可能会重蹈亚太经济合作组织盲目扩大、影响力日益缩小的覆辙。有可能陷入分歧扩大、意见难以统一、议而不决、落实迟缓等"空谈俱乐部"的尴尬境地。

2. 当务之急是倡导以发展为导向的实质性合作方式

对于新兴经济体来说，金砖国家应发挥自身引领作用，带动新兴经济体良性发展，为新兴经济体带来实质性利益。一是设立金砖国家合作与发展促进处（秘书处），成立国际产业合作基金，重点放在推动新兴经济体之间的产业合作上，为新兴经济体带来实质性的经济和产业发展利益。二是建立重大问题和风险快速反应及应对机制，防范金砖国家合作效应递减和凝聚力下降风险，更好地凝聚力量，达成共识，这样可以防止某些成员对该合作方式产生厌倦心理，确保金砖国家之间的合作在一定的规则和制度下进行运作，有利于合作的深化。三是构建金砖国家合作利益补偿及平衡机制，化解金砖国家内部冲突。对短期利益受损方给予相应的补偿，在具体合作层面上加强交流与沟通协调，给各方一个稳定的预期，使得合作能够持续下去，避免冲突发生的可能性。四是避免金砖国家合作机制沦为"政府主动、企业被动、民众不动"的尴尬境地。提升跨国企业在金砖国家合作机制中的作用，发挥企业主动性。解决金砖国家本身存在的企业政策和理念冲突，强化跨国公司与现有合作机制对接，使跨国公司自身之间形成合力，构建完备的企业国际化发展服务体系。五是整合现有区域合作机制，构建金砖国家国际综合协调机制，采取"全流程一体化"通关制度，借鉴欧盟的申根签证制度，金砖国家实行货物和旅游统一报关签证制度，采取"一次通关，全程放行"的方式，大力提高贸易、投资及旅游便利化。近期可以实施金砖国家签证服务便利化倡议，让企业和民众获得金砖国家合作的实际好处。

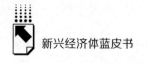

（三）探索"金砖＋"扩大"朋友圈"，金砖五国以一个整体统一对外进行同心圆式合作

在扩大"朋友圈"问题上，可采取金砖国家整体对外合作扩容的"金砖五国＋其他国家"（5＋N）模式，即金砖五国为核心圈，本身成员数量不变，仍为巴西、中国、印度、俄罗斯和南非这五个成员。对外则以金砖五国整体身份进行合作扩容（以金砖五国为中心的同心圆结构），这样可以把握主动性和自主性，不至于陷入空谈俱乐部或者决策迟缓争议不断的尴尬境地。具体方式可借鉴"东盟10＋N"对外合作模式（始终保持东盟10国数量不变，以一个整体统一对外合作），即金砖国家要保持组织的核心，其他新兴经济体要想加入只能是"金砖国家＋N"（"5＋N"的模式），金砖五国机制保持独立性和中心性。

（四）金砖五国与现有多边、区域合作机制平台积极互动

1. 与现有国际组织之间的合作

现有国际组织主要由发达经济体主导，金砖国家与国际组织合作是南北合作的重要形式，金砖国家新开发银行、丝路基金和亚投行之间在项目选择、风险管理、业务运营方面开展合作，为发展中国家提供更多融资服务。金砖五国要保持自身的优势地位和影响力，推动世界向和平与发展的方向发展，相互关照彼此的基本利益，平等互利，合作共赢。与联合国、世界银行、国际货币基金组织、世界贸易组织、APEC、G20机制等多边、区域机制配合，实现金砖国家和这些国际合作平台的良性互动，提升金砖国家和整个新兴经济体的力量和影响力。尤其是要抓住G20机制正在从应急性机制向常设性经济治理机制转变、从协调全球经济事务的平台向更为综合的全球治理平台转变的机遇。积极进行议题沟通、立场协调，在两大平台的议题对标互补、成果拓展、承诺执行、机制完善等方面进行探索尝试。以提升两大平台在推动经济发展合作方面的实际效果和影响力。对于二十国集团达成的成果文件，金砖国家可以率先落实和执行，为其他国家做出表率，提出操作

性强、效果明显的推进方案，提升国际社会对金砖国家发展前景的信心和预期，为金砖国家及其他新兴经济体的经济社会发展指明方向。

2.强化在 WTO 框架下的合作，提升多边贸易体制影响力和权威性

尽快结束多哈回合谈判，取得实质性成果是提升 WTO 多边贸易体制影响力的关键，金砖国家应发挥引领作用，协调发展中和发达经济体各方立场，达成多哈回合协议，激活多边贸易体系发展动能。发挥金砖国家影响力，协调发展中国家和发达经济体，共同致力于全面实施贸易便利化协议。推动在 WTO 框架下，尽快完成服务贸易协议（TISA）和环境产品协议（EGA）谈判。可以更多地协调立场，利用金砖国家工商理事会这一合作机制，借鉴巴西的争端解决经验，即私营企业和政府代表进行战略性合作，及时启动和有效应对贸易纠纷争端。①

3.稳固金融基础，强化国际金融合作

加快实现金砖国家之间股票市场、债券市场、大宗商品交易所之间的制度对接和互联互通，形成相对统一的支付、结算和储备货币联合市场。必要时可尝试成立股市、汇率、债券平衡基金，调控金融市场稳定，避免来自全球政策变化和金融市场波动的冲击。全球治理当中的核心问题是金融，加强国际金融合作是提升金砖国家影响力和话语权的重要杠杆支点。而且，全球金融市场关联性显著增加，风险事件的相互传染和蔓延趋势更加明显。在危机应对和风险防范方面进行国际合作，能够确保全球金融稳定，惠及所有合作方。国际金融合作可以通过设立任务小组或工作组，相互分享金融信息、监管经验和政策理念。

4.尝试建立金砖国家与七国集团战略对话机制

七国集团（G7）是全球发达国家的代表，金砖国家是全球发展中国家的代表，两个组织之间尝试建立战略对话机制，就全球和双方面临的重大问题开展战略对话和战略协商，对全球经济而言具有很大的积极作用，对话本

---

① 摩尔多瓦、张娟娟：《金砖国家参与 WTO 争端解决机制研究》，《南亚研究》2017 年第 1 期。

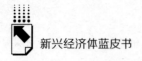

身就代表了一种合作与稳定的预期。降低政策冲突、贸易争端等问题困扰，让发达国家重视经济政策尤其是货币政策的外溢效益，稳定市场预期，避免国际资本短时间内大进大出，对新兴经济体货币汇率波动造成冲击。世界经济增长动力依然更多地靠新兴经济体拉动。发达经济体应该反思保护主义政策可能对全球经济和自身经济发展带来的不利影响，以更加开放的姿态通过对话协商，共同推动全球经济平稳和持续复苏。

参考文献

1. 摩尔多瓦、张娟娟：《金砖国家参与 WTO 争端解决机制研究》，《南亚研究》 2017 年第 1 期。

2. Huifang Tian, The BRICS and the G20, First published：17 July 2016Full publication history, china and world economy, Volume 24, Issue 4, July – August 2016.

3. Raju Huidrom, M. Ayhan Kose, and Franziska L. Ohnsorge, A Ride in Rough Waters, Finance & Development, September 2016, Vol. 53, No. 3.

4. Subhash C. Jain, Emerging Economies and the Transformation of International Business Brazil, Russia, India and China（BRICs）, *New Horizons in International Business series*, Monograph Book, Published in print：28 Nov 2006, http：//dx. doi. org/10. 4337/ 9781847202987.

5. Sebastian-Andrei LABES, FDI Determinants in BRICS, CES Working Papers, 2015, Volume Ⅶ, Issue 2, p. 296.

6. Wim Naudé, Adam Szirmai and Nobuya Haraguchi, Structural Transformation in Brazil, Russia, India, China and South Africa（BRICS）, 1 April 2016, p. 22.

7. Urvashi Sarkar, BRICS-An Opportunity for a Transformative South? South Asian Survey, Vol. 21, Issue. 1 – 2, 2014.

B.9
全球治理创新中的金砖国家：
角色、作用及策略

骆 嘉*

摘　要： 本文认为，随着近年来各种全球性问题的增多，现有全球治理体系与决策模式亟待创新并呼唤更多的新兴力量共同参与，金砖五国在事关人类共同利益和维护发展中国家权益等问题上共同发声、相互协作、密切配合，为全球治理体系的改革做出积极贡献并取得了实质性成果。

关键词： 全球治理创新　金砖国家　角色

近年来，气候问题、金融秩序、外层空间、互联网安全等全球问题逐渐增多，现有全球治理体系与决策模式已经难以适应复杂多变的全球变化新形势。全球治理体系与决策模式需要创新，变革中的国际社会呼唤更多的新兴力量共同参与全球治理。金砖国家作为一个以功能合作为基础的强有力的跨地区国际合作机制，为弥补全球治理机制越来越明显的缺陷，日益积极主动地参与全球治理，全方位地为全球治理发挥创新性作用。随着金砖国家整体经济实力的提高和国际话语权的加强，巴西、俄罗斯、印度、中国和南非五国在事关人类共同利益和维护发展中国家权益等问题上共同发声、相互协作、密切配合，以新兴国家利益共同体身份推进全球治理体系的改革，在全

---

* 骆嘉，经济学博士，江西师范大学财政金融学院讲师。

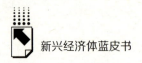

球气候治理、全球金融治理等领域取得了一定的实质性成果。金砖国家已经成为一支推动全球治理体系由西方发达国家主导，向发展中国家和发达国家协同共治格局转变的重要力量，同时，也是一支在全球治理创新中能够表达自身全球治理意愿，发挥全球治理能力，影响未来全球治理模式和效果的重要力量。

一 全球治理创新中的金砖国家角色与作用

金砖国家是现有全球治理体系的改革参与者、协调建设者和引领贡献者。金砖国家在联合国和 G20 框架内参与全球公共政策的制定，向发展中国家提供开发性金融等形式的全球公共产品；在全球气候问题谈判中维护新兴国家"共同但有区别责任"的利益，优化全球金融机构的治理结构以追求发展中国家和发达国家的包容合作发展；继承与开拓外空治理和互联网治理等新兴全球治理议题，借助金砖国家公民社会的力量引领全球思想讨论。

（一）制定全球公共政策，提供全球公共产品

全球化背景下世界各国相互依赖程度加深，许多公共问题已经超越了单一主权国家的边界，需要利益攸关方合作协商制定全球公共政策加以解决。作为新兴国家共同体参与和推动全球治理体系转变的重要力量，金砖国家在推动全球经济治理和可持续发展方面有着强烈的合作意愿，也将各成员国之间不分大小、平等分享决策权力的新模式引入全球公共政策的制定当中。金砖国家积极参与联合国大会及安理会就 2011 年叙利亚危机和 2013 年乌克兰危机系列决议表决、2008 年全球央行联合救市等全球重大公共政策的制定和实施。不过，由于全球公共政策大多是一种"软政策"，对各主权国家而言并不具有法律上的强制力，政策能否真正落实及其实施效果是否显著，在很大程度上取决于政策客体的主权国家态度。事实上，为了提高全球治理的有效性，主权国家在世界范围内提供全球公共产品，是其在国际社会上获得尊重并成为领导者的必然选择。因为在某种意义上，提供全球公共

产品是解决诸多全球问题的根本应对方法。尽管当前金砖国家整体经济实力依然有限，各成员国尚不具备单独提供全球公共产品的能力，但"抱团合作"求变的力量却是不可估量的。金砖国家已经开始建立起属于自己或由自己主导的国际组织与机制，并将其作为向发展中国家提供全球公共产品的全新尝试。通过与沿线和区域内国家开展经贸投资合作实现发展机遇的共享，2013 年中国提出的"一带一路"倡议以及 2015 年俄罗斯主导的欧亚经济联盟的启动，就分别是中、俄两国提供的全球公共政策与全球公共产品。

过去的十几年中，发展中国家基础设施建设普遍滞后，向世界银行申请贷款还要附加一些其他条件。当既有国际金融机构无法满足日益增长的发展中国家融资需要之时，金砖国家适时提出了设立新的全球金融治理机构的设想并付诸行动。作为第二次世界大战结束后首家由新兴经济体主导成立的区域性国际金融机构，于 2015 年 7 月 21 日在上海正式开业的金砖国家新开发银行不仅在形式上体现了平等合作，即总部设在中国上海，首任理事长来自俄罗斯，首任董事长来自巴西，首任行长来自印度，并在南非约翰内斯堡设立其非洲区域中心；而且更重要的是，该行作为国际金融领域中创设的一种新机制，成功地打破了西方国家垄断国际金融组织、主导国际金融秩序的国际分工格局，是对旧国际金融秩序的完善，提升了发展中国家在全球金融治理方面的话语权，体现了合作共赢的"金砖精神"。新开发银行的全球公共产品属性是，搭建面向发展中国家的合作平台与融资机制，以促进金砖国家和发展中国家共同利益的最大化。新开发银行初始认缴资本为 500 亿美元，由五个创始成员国平均出资，投票权同样是每个国家各占 20%。或许现在还不能言及新开发银行这种投票权分配方式的效果如何，但这种比较罕见的投票权分配方式，寻求的是更加广泛的共同利益，是南南金融合作与全球金融治理协同共治的创新。同时，金砖国家不仅是亚洲基础设施投资银行的意向创始成员国，而且持有该行现阶段 49.36% 的股份和 43.29% 的投票权。随着金砖国家作为新兴援助国在国际发展援助体系中的兴起，新开发银行和亚洲基础设施投资银行逐渐成为金砖国家对外援助合作的有效载体，为全球

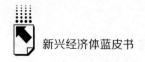

官方发展援助治理提供了新的理念和模式借鉴。显然，正是通过上述平台和各成员国的一致行动，金砖国家可以为亚太地区发展中国家的基础设施建设及生产性领域的可持续发展项目提供资金支持。

（二）维护新兴国家利益，追求包容合作发展

作为新兴大国群体性崛起的产物和推动世界多极化发展的重要力量，金砖国家不仅在促进全球治理中的南南合作方面具有得天独厚的优势，而且在推动全球治理中的南北对话方面发挥着重要的桥梁作用。金砖国家以创建全方位新型伙伴关系为追求，摒弃国与国之间零和博弈的旧思维，打造相互依赖的利益共同体，建设利益共享的价值链和利益融合的大市场，以维护新兴市场国家和发展中国家的共同利益，促进发展中国家共同发展繁荣。

1. 协调谈判立场，打破二元对立

加强全球气候治理合作是叶卡捷琳堡峰会以来历次金砖国家领导人峰会的核心议题之一，协同应对全球气候变化是金砖国家重塑国际气候秩序的重要内容。与发达国家"不作为"和一般发展中国家"有心无力"的消极治理殊异，金砖国家成员国主动积极地"抱团打拼"，群体化参与全球气候治理，敢于担当，独树一帜，使"发达国家或发展中国家"二元对立的旧秩序让位于更多引人关注的联盟，重塑了全球气候治理的路径选择。

由于全球气候问题不仅是一个环境问题，而且是一个涉及贸易、能源、粮食、人口等多个领域，直接关系世界各国发展权益的发展问题，全球气候治理进程中的利益攸关方始终围绕着国家利益进行激烈的博弈。就当前而言，全球气候问题已经成为制约新兴大国可持续发展的主要挑战，如何应对全球气候变化已成为发展中国家与发达国家之间新的对峙和冲突的"导火线"。以控制温室气体排放为例，发达国家常常指责发展中国家重发展而轻"减排"，发展中国家却反对为了达到一定量的"减排"目标，以压缩本国经济潜在发展空间为代价。因为农业是发展中国家的主要产业部门，落后的农业生产技术不仅使得农业部门成为温室气体排放的主要部门，而且使之成

为最难治理的部门之一。发达国家强调发展中国家应限制农业发展，但这将直接危害发展中国家尤其是最不发达国家的生存。于是，传统的发展中国家气候谈判以"中国＋77 国集团"为利益格局，主张发展中国家应在南南合作的基础上自愿落实减排行动。然而，随着中国政治经济实力的快速增长以及"后京都时代"联合国气候谈判陷入僵局，77 国集团内部的利益分歧逐渐加大，传统的气候谈判格局正在逐步瓦解，在 1994 年 3 月生效的《联合国气候变化框架公约》（UNFCCC）框架之外，形成了"雄心壮志联盟"等许多新的区域性气候合作机制。尽管金砖国家各成员国在气候谈判中的利益诉求不尽相同，但这并没有影响各成员国之间在气候谈判上的合作。相反，近年来金砖国家积极应对全球气候变化并推动全球气候公约达成与落实的努力越发见效。这种达成与落实，既是金砖国家转变生产生活方式、促进社会可持续发展的重要契机，也是金砖国家塑造未来全球气候秩序、争取全球气候政治公平正义的重要机遇。特别是金砖国家在最近几年的联合国气候谈判中的立场越来越协调，影响力也越来越大。面对主要来自发达国家的施压，由巴西、南非、印度和中国在 2009 年哥本哈根大会上组成的"基础四国"（BASIC）坚持以 UNFCCC 为谈判框架，坚持维护发展中国家利益的"共同但有区别的责任"的原则，成为促进 2009 年《哥本哈根协定》和 2015 年《巴黎协议》最终达成的发展中国家领导集团。

2. 优化股权结构，选任高管人员

2008 年全球金融危机的爆发与蔓延暴露出了全球金融治理中存在的深层次问题，成为世界经济力量对比发生历史性转折的标志，也由此拉开了金砖国家参与全球金融治理改革和创新的序幕。2009 年 4 月，G20 伦敦峰会决定将金融稳定论坛（FSF）更名为金融稳定委员会（FSB），吸收包括金砖国家及其他新兴经济体参与，以建立涵盖全球主要经济体的国际金融监管协调机制。金砖国家也主导并推动了世界银行集团（WBG）和国际货币基金组织（IMF）份额和投票权的调整。2010 年 4 月 25 日，世界银行发展委员会通过了世界银行新一阶段投票权改革方案，增加发展中国家和转型国家在国际复兴与开发银行（IBRD）3.13 个百分点的投票权（由 44.06% 提高到47.19%）。该行由金砖国家整体持有的投票权比例上升至13.1%，超过了日本的6.84%，仅次于美国的15.85%。同一时间，世界银行发展委员会决定增加发展中国家和转型国家在国际金融公司（IFC）6.07个百分点的投票权，发展中国家和转型国家的投票权由此从33.41%提高到39.48%。2010年11月6日，国际货币基金组织执行董事会通过了该组织2010年份额和治理改革方案，超过6%的份额被转移至富有活力的新兴经济体和发展中国家。在经历了长达五年的拖延之后，美国国会于2015年12月18日正式批准了该项方案。由此，金砖国家在IMF的总份额已经升至14.81%，整体投票权也超过了13.71%，与具有一票否决权的美国仅有3个百分点的差距。2015年12月，中国成为欧洲复兴开发银行新股东。这些具有鲜明时代特征的里程碑意义的重大事件，契合了合作、共赢、开放、包容的"金砖理念"，体现了新兴经济体和发展中国家在国际货币金融体系中发言权和代表性的提升。

除了增强对现有国际经济治理机构的控制权之外，金砖国家还向其管理层派出自己国家的高级别代表，以更多地反映发展中国家的呼声。巴西前驻世界贸易组织大使阿泽维多于2013年5月当选该组织新任总干事，并于9月正式上任，负责推动始于2001年陷入困境的"多哈回合"的进一步谈判。这是首次由来自金砖国家的候选人当选世贸组织总干事，打破了该职位先前主要由欧洲人担任的传统。新兴经济体在摆脱贫困和促进社会公平与进步方面的成功经验可供彼此互相借鉴。2008年6月，中国的林毅夫成为世界银行成立60多年历史上首位来自发展中国家的首席经济学家兼负责发展经济学的高级副行长，负责将中国改革开放30年的成功经验向全球其他发展中国家分享。2012年10月，来自印度的考希克·巴苏接任世界银行首席经济学家，成为继林毅夫之后第二位获任该职的发展中国家人士，负责将印度摆脱贫困及缩小社会贫富差距的成功经验传授给其他发展中国家。2015年11月，人民币被纳入IMF特别提款权货币篮子，成为篮子中唯一的新兴国家货币。金砖国家形成了较为清晰的全球金融治理改革思路，是现有国际金融治理体系的参与者、建设者和贡献者。

（三）开拓新兴治理议题，引领全球思想讨论

全球化背景下科技的迅速发展和突发事件的产生，加速了一些新的全球问题的暴露。金砖国家各成员国均为地区大国甚至全球大国，在全球安全治理方面有着强烈的利益诉求。当前，由金砖国家积极开拓并引领全球安全治理思想讨论的新兴治理议题，主要集中在全球外层空间治理和全球互联网治理两个方面。

1. 引导优先议程，推进立法程序

外层空间是全球公域的重要组成部分，全球外空治理是近年来新兴的全球治理领域之一。随着越来越多的国家开展外空应用活动，空间碎片数量剧增且分布广阔，威胁航天器进出太空与卫星在轨运行；在轨航天器数目大幅增多，卫星通信频率和轨道资源越发紧张，相互干扰现象显现；太空武器化趋势暗流涌动，破坏国际安全战略格局的稳定与平衡，太空面临的环境与安全问题日益突出。尽管从 1959 年 12 月开始，联合国和平利用外层空间委员会逐步成为全球外空治理的核心与枢纽，搭建了国际合作和协调的平台，初步建立了全球外空治理的基本规范和制度框架。但是，外空科技在很大程度上为美欧俄日等外空大国所垄断，国际社会对于外空的开发和利用仍未建立起完善的国际规则体系，全球外空治理仍然处于相对无序的状态。因此，在全球外层空间治理问题上，金砖国家要肩负起其维护全球和平安全的职责，必须从广大发展中国家、中小国家和国际社会的利益出发，积极引导全球外空治理的优先议程向发展和民生方向转移，为建设更加和平、稳定、普惠的全球外空秩序做出努力。

鉴于 2002 年 6 月以来美国导弹防御系统（ABMD）计划的太空武器化倾向越发明显，已经严重破坏了国际安全战略的平衡与稳定，中、俄两国于 2014 年 6 月再次向联合国日内瓦裁军谈判会议提交了具有国际法律约束力的《防止在外空部署武器、对外空物体使用或威胁使用武力条约》（PPWT）倡议，并辅以制定太空透明与信任建设机制（TCBMs）作为额外协定，推进缔结一项或多项旨在防止外空军备竞赛的国际条约。作为国

际社会为太空安全问题提出的五大治理倡议之一，中俄两国主张国际社会应吸取核武器的教训，不能让太空武器也走上"先发展，后裁军"的老路。而对于 PPWT 条约草案，全球绝大多数国家均表态支持或接受。此外，俄罗斯、南非、巴西等国先后制定了航天法，而中国首部《航天法》草案也于 2016 年年底编制完成。金砖国家希望通过法律手段维护本国的空间权益，促进并有效规制本国的空间活动，抢占空间战略制高点以确保本国的空间战略安全。总之，金砖国家为实现外空活动安全做了大量前期准备工作，在提出联合国框架内符合各方利益的外空治理原则上发挥了引领作用。

2. 提出治理方案，启动务实合作

作为一类开放的国际资源，网络空间是一种重要的全球公共产品，本应受到公平国际机制的规范，但是，近年来西方国家主导的不公平、不合理的全球网络旧秩序日益威胁发展中国家的安全，涉及网络空间国家主权、网络空间安全建设等议题的全球互联网治理体系改革，正日渐成为全球瞩目的热点话题之一。尽管联合国于 2003 年 12 月举办了信息社会世界峰会（WSIS）日内瓦阶段峰会，会议就全球互联网治理问题展开了全面的讨论，但是，全球互联网版图的拓展催生了一批新兴互联网大国的崛起，全球互联网治理模式的重构再次被提上了议事日程。目前，全球层面的互联网治理仍然停留在协商和讨论的阶段。换言之，缺乏一个统一有效的全球网络管理实体来处理与互联网相关的全球公共问题。

2013 年 6 月 "棱镜门" 事件的曝光是全球互联网治理改革进程中的重要转折点，全球网络治理新旧秩序轮替的议题开始进入全新的发展阶段。全球网络安全风险给各主权国家安全与利益带来了实质性的挑战，引发了各国对全球网络安全问题的大讨论，各国互联网治理权意识空前高涨，以致动摇了全球已有的互联网治理基础。金砖国家成员国分别提出了改革全球互联网的治理方案：巴西政府与互联网名称与数字地址分配机构（ICANN）在 2014 年 4 月共同举办的 "巴西大会" 上发表了《多利益攸关方声明》，并于同年 6 月发起成立 "全球治理联盟"（NMI）；俄罗斯政府主张互联网治理的国际化，强调政府在全球互联网发展与管理中的作用，以及各国在全球互联网资源分配等方面拥有的平等权利，提出将 ICANN 的权力移交至联合国；印度在 2014 年 ICANN 釜山会议上提出将全球网络空间治理的关键技术、权限和主要职能转交给国际电信联盟（ITU）——一家由各主权国家构成的联合国通信技术事务管理机构；中国于 2014 年 11 月起连续两年召开世界互联网大会推动全球网络空间治理规则的建立，主张全球互联网治理规则应以坚持各国网络主权为前提，尊重利益攸关方利益以反映大多数国家的意愿和利益，最终实现全球互联网的共享和共治。在 2015 年 7 月乌法峰会上，金砖国家率先启动了互联网治理领域的合作，决定组建金砖国家信息通信技术合作工作组和金砖国家信息通信技术使用安全专家工作组，以进一步协调各成员国立场并切实推动全球互联网治理的合作与变革，这体现了国际社会共同构建和平、安全、开放、合作的网络空间，建立多边、民主、透明的全球互联网治理体系的时代精神。2015 年 12 月，中美针对网络犯罪及相关事项进行了高级别联合对话，通过了《中美打击网络犯罪及相关事项指导原则》，成为两国共同应对网络犯罪的重要依据。

二 金砖国家创新全球治理面临的现实挑战

金砖国家通过多种方式和途径创新全球治理体系，在全球气候治理和全球金融治理等领域取得了一定的实质性成果，但也面临诸多现实问题的挑战：金砖国家经济实力大幅提升，但同样面临创新全球治理体系的集体行动困境，承担全球治理的责任和义务不对等；全球权力体系"去中心化"背景下的全球治理机制日益增多，不同主权国家主导全球治理机制的价值取向差异显著；国际地位相差悬殊，金砖国家作为国际社会中新兴国家和发展中国家代言人角色的合法性和有效性受到挑战，国际话语权仍缺失。

（一）经济实力大幅提升，责任和义务不对等

21 世纪前十年，全球政治经济一直处于多极化加速发展进程之中。金

砖国家凭借廉价商品、丰富资本、充足劳动力、巨大潜在市场等优势迅速崛起，成为世界经济增长的重要引擎。近年来，金砖国家通过多种途径对现有全球治理体系开展了许多意义深远的改进，以期构建更加公平的全球治理体系。但和发达国家经历过的情形相类似，金砖国家在创新全球治理的过程中同样会遭遇集体行动难题的困扰，许多存在共同利益的地方或场合并未形成集体行动。造成上述问题的关键在于，全球治理问题的核心与实质是解决集体行动困境，即如何在全球层次上通过多元主体合作来供给全球公共产品的问题。全球治理体系中没有像一国中央政府那样能够维持全球秩序的全球权威治理机构，任何国际机构在全球或地区范围内都没有征税权，至多是在不同全球问题领域提供不同程度的治理机制，从而造成全球治理活动普遍面临因为治理行为融资困难而使全球公共产品供给下降的问题。由于公共产品具有天生的非排他性和非竞争性，"搭便车"等集体行动困境是全球公共产品有效供给不足的必然结果。全球治理的潜在集体行动受益者都想不劳而获地搭便车，同时又不情愿让别人搭自己的便车；既想从中性公共产品的分配中受益，又避免在非中性公共产品分配中利益受损。金砖国家经济实力在不断增强，其参与全球治理的意愿与能力也都得到了大幅提升。如前所述，金砖国家对全球经济治理和可持续发展领域有着强烈的合作意愿，并在全球经济治理领域取得了令人瞩目的治理创新。而在全球治理的其他领域，由于治理行为体面对相同全球问题时感受到的利害关系不同，治理行为体参与全球治理的领域偏好也不一样，金砖国家各成员国之间、金砖国家合作机制与其他治理行为体之间就特定领域的治理积极性和投入成本互有高低，客观上影响了金砖国家创新全球治理整体作用的发挥。

以全球安全治理为例。凭借拥有绝对领先于金砖国家其他成员国的军工产品质量，俄罗斯在2014年和巴西、南非等国探讨了在金砖国家框架下联合研发武器和军事装备的有关事宜；国际航海安全和信息通信技术安全等领域的合作问题是2015年乌法峰会金砖国家讨论的重要议题。但就目前情形来看，作为当代大国关系的全新演绎和表达，金砖国家合作机制也并没有成为政治军事同盟的倾向。又以全球气候治理为例，发达国家与发展中国家难以达成共识，发达国家不作为和发展中国家难以作为现象突出。在西方国家垄断着全球利益分配的主导权的背景下，由美欧主导的国际秩序总是希望发展中国家能够就全球气候变暖承担更多的国际责任与义务。比如力图逃避造成气候问题的历史责任，极力强调气候治理的成本应更多地由发展中国家承担。而这对巴西、南非、印度和中国"基础四国"（BASIC）为代表的发展中国家而言，其中的责任与义务并不对等。因此，全球气候治理陷入"治理失灵"的境地。

诚然，全球治理体系随着世界经济结构的嬗变而调整。但伴随着新兴经济体经济实力增长到来的，并不始终是发达国家全球治理权的主动让渡。新兴经济体的崛起不可避免地削弱了发达国家的话语权和规则制定权，全球治理改革必然会面临发达国家的拖延和阻挠，同时还有发达国家推进全球治理改革意愿的下降。2012 年以来，由于自身经济在全球金融危机之后有所恢复，发达国家对新兴经济体参与全球治理的欢迎度和容忍度明显下降，现有全球治理模式的发展并没有与新兴经济体实体经济的发展同步。以全球经济治理为例，G20 本应是推动全球经济治理改革的重要力量，但欧美等国的G20 政策始终具有浓厚的实用主义色彩，其推动 G20 机制由部长级会议升格为领导人峰会仅仅是为了应对危机之需，并不会听任新兴经济体坐大和G20 机制坐实，以致动摇欧美等国的全球经济制度的霸权。另外，后金融危机时代西方发达国家和主要新兴大国之间相对实力发生逆转，使 G20 未来的发展面临许多机制上的困难。

（二）治理机制日益增多，价值取向差异显著

随着后金融危机时代的全球权力体系"去中心化"和全球治理机制"碎片化"趋势越发明显，参与全球治理的行为主体日益多元化，包括印度—巴西—南非对话论坛（IBSA）和金砖国家合作机制在内的跨区域新兴治理尝试层出不穷。当前，诸如国际组织、跨国公司、个体精英、跨政府网络、全球公民社会等行为体在全球治理中发挥的作用日益显著，但主权国家尤其是经济实力强大的西方国家依然是主导全球治理进程的决定性力量。各

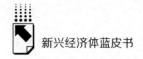

类全球治理机制及治理平台在履行相应全球治理责任的过程中，无不体现着主导国家的治理偏好。又因为全球治理涉及政治经济、气候变化、外层空间、互联网等方方面面，各议题领域里的某些制度安排之间缺乏有效的协调统一，某个治理领域内的有效治理机制可能成为另一个领域有效治理机制的破坏者。同样，金砖国家在某些全球治理领域与其他全球治理行为体之间也存在着矛盾。

以全球金融治理为例。2008年全球金融危机的爆发令美国主导的布雷顿森林体系摇摇欲坠，以金砖国家为代表的新兴经济体接受G8的邀请，将G20机制由部长级会议升格为领导人峰会，开创了新兴经济体和发达国家开展全球经济共同治理的先河。但在全球跨区域新兴治理尝试中的治理行为体之间，也同样存在不断加剧的潜在利益冲突。G20作为全球经济治理平台的影响力正在减弱，不仅政治类议题在安塔利亚峰会上的比重明显上升，全球金融治理改革更是并未按照金砖国家的最初设想继续前行。特别是在G20机制之外，由美国主导的全球经济合作与治理框架正在重新建构。将金砖国家排除在外的跨太平洋伙伴关系协定（TPP）、跨大西洋贸易与投资伙伴协定（TTIP）以及国际服务贸易协定（TISA）谈判，皆是美国重建其全球经贸治理格局的重要战略实施工具。

以全球外层空间治理为例。欧盟和美国分别于2008年12月和2012年2月提出了太空活动行为准则（CoC）和国际太空行为准则（ICoC），以回应中、俄两国自2002年6月起接连向联合国日内瓦裁军谈判会议提交的PPWT条约草案。中、俄两国的PPWT条约是一种"自上而下"的需要借助裁军会议开启多边国际谈判，且具有法律约束力的国际条约；而欧盟和美国的准则倡议却是一种"自下而上"的希望通过多边谈判取得国际共识之后再提交至联合国大会讨论通过的不具备法律约束力的多边自愿协定。而且，巴西、印度和南非等金砖国家成员国支持PPWT条约更新草案，欧盟也对中、俄两国长期以来推动PPWT条约表示理解，但美国始终利用一票否决权阻碍PPWT条约草案进入裁军大会议程。

以全球气候治理为例。一国经济增长源泉及其经济景气程度对该国参与气候谈判积极性及其所持立场具有明显影响。金砖国家是现阶段全球温室气体的主要排放国，但由巴西、南非、印度和中国组成的"基础四国"（BASIC）与伞形国家集团成员的俄罗斯在应对气候变化谈判时所持立场不完全一致。其中，作为全球最大的热带雨林国家，亚马孙雨林在巴西气候谈判中占有特殊地位，保护雨林与维护巴西经济利益之间存在矛盾。作为全球化石能源的主要输出国，俄罗斯在气候变化方面的态度一直非常消极，国内质疑气候变化真实性的声音一直很强。印度制造业在莫迪提出"印度制造"口号之后突飞猛进，但随着环境问题和公共健康危机的日益凸显，印度需要在继续以燃煤为主要能源结构和经济可持续发展之间做出抉择。中国为应对气候变化迈出了坚实的脚步，在经济步入新常态下向国际社会做出了温室气体减排的承诺，随之也带来煤炭等行业落后产能淘汰、国内就业压力加剧等新问题。按购买力平价计算，南非只是位列全球第 30 位的经济体，但其人均温室气体排放则长期位居非洲第一，生产端的温室气体排放比重较大。

以全球互联网治理为例。印度—巴西—南非对话论坛（IBSA）于 2011 年 9 月提出了在联合国框架内建立一个新的全球机构来承担互联网治理责任的主张。2014 年以来，金砖国家成员国就全球互联网治理给出了各自的改革方案，认可全球互联网治理需要主权国家参与的观点，却在国家主权应在多大程度上发挥主导作用的问题上存在分歧。作为"新兴经济体阵营"的重要成员，巴西在一些政策立场上与欧美等国更加接近，认同"网络人权"和"多利益攸关方"原则在全球互联网治理中的重要性，信任 ICANN 和 IETF 等互联网私营公司和民间国际团体，缺乏发展中国家的主权焦虑。俄罗斯、印度、中国等国提出的改革方案则认为，全球互联网治理模式应根据发展中国家的需要更具包容性和敏感性，以"多边主义"取代"多利益攸关方"，并使之成为全球互联网治理的首要原则。

同样，在金砖国家合作机制内部，由于各成员国的国际地位、利益诉求以及它们所需要的国际空间不完全一致，其全球治理的价值取向也不尽相同。作为全球化的受益者和经济增长的典型国家，曾经拥抱"华盛顿共识"的巴西并不想全盘否定目前的全球治理体系，而是希望成为新兴经济体与西

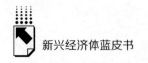

方发达国家之间的桥梁，通过缓解南北双方的矛盾来提升自身的国际地位；作为苏联继承者的俄罗斯始终强调自身的大国地位，但受现实国力的严重制约以及西方发达国家的排挤，转而采取实用主义的外交策略参与包括金砖国家和 G20 在内的多重全球治理机制，以强化本国在全球治理体系中的倡导者地位；印度参与全球治理过程中带有圣雄甘地"非暴力不合作"理念的烙印，"不结盟原则"下的多边主义占有重要的地位，其倡导对现有全球治理体系开展温和的改革，但也由于国内政治经济环境的复杂，在参与全球治理的深度和广度方面举棋不定；改革开放以来的中国作为现有全球秩序的受益者、全球治理的发动者，寻求的是对现有全球治理体系的变革，开始主导差异化和个性化的全球公共产品供给，明确提出"共商共建共享"的全球治理理念；南非以"非洲复兴"为立足点，坚持"泛非主义"和"南南团结"，重点依靠"新兴经济体"整体力量提升在全球和区域问题中的话语权，以多边协商方式制定有利于发展中国家的全球治理规则，推动建立国际政治经济新秩序，对金砖国家框架下的经济议题达成共识的程度高于政治议题。

（三）国际地位相差悬殊，国际话语权仍缺失

国际话语权以国家政治、经济、军事、科技实力为基础，以思想、文化、价值观为感召，以维护国际秩序、实现国家安全和发展利益为目标。西方发达国家已经建立起了一整套以主导国际规则制定和运用为核心的话语体系，用来维护其在国际体系和全球治理中的领导地位。放眼世界，世界强国无不注重国际话语权的建构。金砖国家是全球治理体系的重要参与者，在完善全球经济治理领域取得了长足的进步，在地区和国际事务的发言权逐渐提升。世界越来越需要金砖国家代表发展中国家利益，在全球治理进程中发出声音、提供智慧、拿出方案。

自从 2008 年全球金融危机开启了世界经济格局的转变后，后金融危机时代金砖国家经济的强劲反弹，使其成为了拉动世界经济复苏的"领头羊"。金砖国家作为新兴经济体和发展中国家的代表，在全球治理的改革和

创新中取得了长足的进步，处置地区和国际事务的发言权逐渐提升。然而，金砖国家因为缺乏参与全球治理的广度和制定国际规则的经验，也囿于国家治理中存在的问题，尚未构建起自己的全球治理话语体系，难以完全担起在全球经济治理中发挥主导作用、推动国际经济关系的调整和促进全球政治格局变迁的历史重任。金砖国家作为发展中国家代言人角色的合法性和有效性受到挑战，在国际话语权的提升上面临着诸多现实困难，一定程度上影响了金砖国家的全球治理创新。

比如，巴西在 2016 年遭遇了严重的政治经济危机，对全球治理体系的改革无暇他顾；自 2014 年乌克兰危机升级以来，处于西方制裁下的俄罗斯经济于 2014 年陷入全面衰退，并且继美国于 2016 年 3 月将其对俄罗斯的制裁延长一年之后，欧盟也将延长针对俄罗斯的经济制裁措施六个月的时间；由于没有按照规定提交 2009 年至 2012 年间的收支情况表，开展反对印度政府的能源、煤炭开采以及转基因食品等改革项目的游行示威，以及违反有关非政府组织活动与资金的法律。印度内政部于 2015 年 9 月吊销了绿色和平和福特基金会等近 9000 家国际性非营利组织的慈善组织登记执照，遭遇欧美国家的抨击；菲律宾于 2013 年 1 月将中国南海问题提交海牙国际仲裁法庭仲裁，应其单方面请求专门建立的南海仲裁案仲裁庭也于 2016 年 7 月公布了所谓"最终裁决"，影响了中国与东盟国家友好合作大局。并且，欧盟在 2016 年 6 月香格里拉对话会上表示将在近期组织欧洲各国海军前往南海捍卫所谓"航行自由"，试图借此挑拨中国与周边国家的关系；鉴于经济低迷和失业率高企，南非总统祖马于 2015 年 12 月的 4 天内 2 次任命新财政部长，引发该国金融市场的动荡，现任南非财政部长戈尔丹更是面临所谓"间谍罪"的指控，令 2016 年南非地方市政选举的结果充满不确定性。

再比如，在经历了 21 世纪初的"黄金十年"发展期之后，除印度依旧保持强劲却充满争议的经济增长势头之外，巴西、俄罗斯、南非等国从 2012 年开始出现资本外流、货币贬值、通货膨胀、增长放缓等经济动荡，南非在 2013 年失去了非洲最大经济体的头衔，中国也于 2014 年开始步入经济"新常态"的轨道。甚至继"金砖四国"于 2010 年 12 月吸收南非并扩

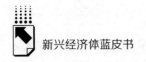

容为金砖国家，由墨西哥、印度尼西亚、韩国、土耳其和澳大利亚五国组成的中等强国合作体（MIKTA）于2013年9月正式登上国际舞台，成为全球治理体系中协调发展中国家和发达国家利益的一股新生力量之后，西方社会不断有人抛出关于"金砖褪色"和"脆弱五国"等言论，国际舆论中唱衰中国经济前景和金砖国家发展未来的"金砖国家失败论"日渐抬头。而且，于2001年提出"金砖四国"概念的高盛公司，从2011年年底开始看空"金砖四国"的投资价值，更是在2015年10月关闭了旗下管理的全部"金砖四国"基金，从而正式宣告了一个投资时代的终结。

三　推动金砖国家创新全球治理的应对策略

金砖国家推动全球治理体系创新方兴未艾，但也同样面临许多现实问题的挑战。2016年6月，英国选民投票支持英国脱离欧盟，英国脱离欧盟已经成为定局。这预示着全球治理进入了嬗变期。未来，金砖国家需要用新的视角和观念来看待全球格局的变化，适时正确地把握全球治理的发展新趋势。各成员国政府应在金砖国家合作机制内，共商治理模式创新，共同承担治理责任；金砖国家合作机制应在全球治理体系内，共建新型合作伙伴关系，扩大成员国"朋友圈"；打造具有国际话语权的金砖国家智库队伍，共享智库建言作用，提升全球治理能力。

（一）共商治理模式创新，共同承担治理责任

近年来，金砖国家整体经济实力大幅提升，但各成员国经济实力相差依旧悬殊。按购买力平价计算，中国占金砖国家整体GDP比重的56.4%，南非GDP仅为中国的3.5%。作为当代大国关系的全新演绎和表达，金砖国家是新兴大国协调立场、凝聚力量、共担压力的全球治理创新平台，各成员国经济实力之间的个体差异不应成为合作机制整体提供全球公共产品、参与全球治理的障碍。金砖国家成员国应该通力协作，采取多种方式方法解决全球治理的集体行动难题，共商全球治理模式的创新，共同承担全球治理的责

任。这一点并不难做到，新开发银行投票权在各成员国之间平均分配便是很好的证明。对金砖国家成员国而言，应充分发掘并利用各成员国之间的比较优势，除了为全球公共产品的供给提供"硬实力"支撑之外，还可以做出"软实力"及"巧实力"等形式的新贡献。另外，科技进步与技术创新也为金砖国家全球治理创新开拓了新的思路。

首先，加速融入全球公民社会，鼓励非政府组织"走出去"。作为重要的全球治理行为体，一国非政府组织在推广该国民主价值观，提高该国国际影响力方面发挥着重要作用。金砖国家应给予必要的法律、资金和人员支持，加速本土非政府机构国际化的步伐，充分发挥其民间外交的特殊作用，通过传播各成员国积极正面的外交理念与合作意图，逐步消除国际社会对金砖国家的负面舆论和公众猜疑。金砖国家应借鉴欧美国家 NGO 发展的成功经验，相互开放各成员国境内的 NGO 注册市场，采取集群式抱团"走出去"等多种形式，实现本土非政府组织的信息和人才在全球范围内的共享和互补。

其次，编织全球议题连线网络，从以点带面到由线及面。不同行为体对不同全球治理领域议题利益相关度的感知不同，有的领域内主权国家的参与度更高，有的领域内非国家行为体的参与度更高。金砖国家应坚持全球治理的利益攸关方原则，以议题性连线的协同治理方式，开拓和创设新兴治理议题，就特定治理领域展开相关讨论，为全球治理行为体架构交流和建立共识的平台。各成员国应抓住中国成为 G20 轮值主席国的历史机遇，协调彼此在各治理领域议题上的意见表达，分享中国供给侧结构性改革的理论与实践创新，推进新常态下经贸、能源、气候等领域的全球治理进程。

最后，拥抱大数据分析处理技术，提供个性化全球公共产品。互联网时代下的协同共治理念为全球治理提供了群众基础和文化氛围，依托互联网的大数据搜集和处理为全球治理提供了新的技术条件。作为大数据拥有者和使用者的跨国公司，同样可以在金砖国家创新全球治理中扮演积极的角色。就特定领域的全球治理大数据而言，金砖国家应在给予私人数据必要隐私保护

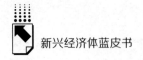

的同时，最大限度地鼓励政府、企业和社团开放和共享数据，必要时可由政府向该领域跨国公司购买相关的大数据分析处理服务，以加速全球治理传统事后治理向事前预警、粗放式治理向精细化治理模式的转变。

（二）共建新型合作伙伴，扩大成员国"朋友圈"

创新全球治理的本质在于提供新的全球公共产品供给，但由于全球不存在拥有征税权的世界政府，全球治理活动普遍面临融资困难。如何协调各国在全球治理过程中的成本与收益博弈，是解决当前全球治理责任错位与角色缺位的关键。只有调和全球治理进程中差异性的个体利益，才能将全球治理重新引向良性发展的轨道。解决上述问题的途径主要有两条：一是扩大全球治理行为体的收益，尤其是参与全球化进程给行为体带来经济实力的提高；二是缩小全球治理成本的同时明确治理成本的分摊原则，特别是全球多边治理机制并存条件下的利益冲突及其协调。当前，提升包括金砖国家在内的全球公民社会整体福利水平，既是金砖国家创新全球治理的前提保证，也是金砖国家创新全球治理的最终目标。以构建合作共赢 21 世纪新型国际关系的中国外交理念，为金砖国家共建新型合作伙伴关系、扩大成员国朋友圈，提供了具有重大参考意义的"中国方案"。

首先，深化金砖合作机制内部合作。金砖国家强大的经济实力是其在全球治理创新进程中发挥积极作用的前提和保证。在新经济背景下，金砖国家各成员国应不断发掘并扩大彼此利益的契合点，探讨互利合作的有效途径。应积极参与欧亚经济联盟的统一市场和"一带一路"的基础设施建设，以摆脱各成员国当前面临的经济衰退阴影。应以深化金砖国家金融货币合作为契机，以优化与提升新开发银行和亚洲基础设施投资银行治理结构及其经营绩效为抓手，加速金砖国家经济发展模式向可持续发展模式的转变，推动全球金融秩序的变革创新和金砖国家自身话语权的提高。

其次，加强多边治理机制之间的合作。金砖国家在推动全球治理秩序变革过程中，应始终明确自己作为发展中国家和新兴经济体代表的身份定位，尽量避免脱离发展中国家大集体孤军奋战。应充分利用峰会外交和主场外交的全新舞台，尽可能多地与包括发达经济体在内的全球各主权国家，以及包括中等强国合作体（MIKTA）在内的多边治理机制建立形式多样的伙伴关系，向上述全球治理行为体积极学习并借鉴经验，在提升金砖国家合作机制整体全球治理能力的同时，力争形成覆盖全球的伙伴关系网络，突破欧美等发达国家对金砖国家创新全球治理努力设置的种种阻碍。

最后，增进与全球公民社会的合作。全球公民社会是重要的全球治理行为体，也是全球治理绩效的评价者。因此，金砖国家应探索开展主权国家政府和全球公民社会、本土公民社会与全球公民社会间的多种协同合作模式，撬动更多社会资本和国际资源投入全球公共产品及服务的供给侧。各成员国政府应对全球公民社会持有更加积极、开放和包容的态度，探索和完善对包括绿色和平、卡内基基金会等在内的跨国非政府机构及慈善机构的法律管理体系和政府管理制度，以构建由主权国家政府、政府间国际组织、全球公民社会、跨国公司等行为体参与其中的全球治理协同创新合作体系。

（三）共享智库建言作用，提升全球治理能力

21 世纪以来，诸如"金砖国家""G20"等流行于国际投资界和舆论界的政治学概念，都有一个共同的特点：由企业智库或政府附属智库创造并引领思想讨论、进行相关概念的全球传播，主导国际话语权尤其是政治话语权的议程设置，进而推动国际交往的发展进程，并最终服务于大国的国际政治战略，使其成为参与全球治理的主体。当前，尽管发达国家占据全球传统治理领域的主导权是不争的事实，但是，金砖国家合作机制正处在由大向强发展的关键阶段，发挥金砖国家智库的智慧和力量，提升金砖国家自身国际话语权势在必行。在夯实金砖国家"硬实力"的同时，提升以国际话语权为代表的"软实力"和"巧实力"，是消除国际社会对金砖国家种种误解、歪曲甚至有意诋毁的关键。金砖国家创新全球治理需要认同金砖国家智库的实际价值，从战略高度上重视治理机制与体系的变革和创新，着力打造一支具有国际视野和国际影响力的高水平金砖国家智库队伍。

首先，创新政府治理模式，加速公民社会构建。金砖国家在加强政府间

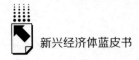
责与公民话语权方面采取了积极的态度，今后，还应继续通过政府治理模式的创新来推动金砖国家公民社会的建设，实现由"国家管理"向"国家治理"理念的转变。可以转变政府职能和以购买公共决策咨询服务为重点，大力发展金砖国家智库，发挥其在全球公共决策中的建言献策作用，推动政府与社会组织的深度合作。

其次，组建复合研究团队，兼顾国际国内利益。全球公共政策同样具有外部性，金砖国家有必要对相关政策的外部性进行评估。应欢迎具有不同专业背景、不同政治党派、不同意识形态的研究人员加入金砖国家智库研究团队，最大限度地治理金砖国家公共政策的外部负效应。可建构金砖国家全球智库或金砖国家智库网络，以便兼顾国际国内利益，从而克服全球治理的集体行动难题。

再次，重视民间智库力量，整合金砖国家政策研究。具备国际影响力和国际话语权的金砖国家民间智库数量并不多，应加大对现有金砖国家智库体系的改革力度，建立竞争性的金砖国家全球公共政策市场，为金砖国家民间智库的发展创造契机。应培育以人类共同利益为导向的金砖国家民间智库，以此补充官方智库可能忽视的政策盲点，有效整合金砖国家全球公共政策研究。

最后，融合传统新兴媒体，提高思想传播能力。金砖国家智库应抓住移动互联网快速普及的历史机遇，在传承和保持现有思想传播方式的同时，拓展自身在全天候条件下传播金砖国家公共政策的渠道。金砖国家智库应引导社会公众积极参与政策讨论，对公众进行公共政策的解读和传播，从社会舆论层面让世界上更多国家及其民众更好地了解和认同金砖国家合作机制。

参考文献

1. 蔡拓：《全球治理的反思与展望》，《天津社会科学》2015 年第 1 期。
2. 陈伟光、曾楚宏：《新型大国关系与全球治理结构》，《国际经贸探索》2014 年第

3 期。

3. 江时学：《金砖国家合作：宗旨、成效及机制》，《国际关系研究》2015 年第 3 期。

4. 李东燕等：《全球治理：行为体、机制与议题》，当代中国出版社，2015。

5. 卢静：《当前全球治理的制度困境及其改革》，《外交评论》（外交学院学报）2014 年第 1 期。

6. 李艳：《当前国际互联网治理改革新动向探析》，《现代国际关系》2015 年第 4 期。

7. 林跃勤：《金融合作深化与新兴国家共同发展——基于金砖国家的一个视角》，《河海大学学报》（哲学社会科学版）2016 年第 2 期。

8. 孙雪岩、何奇松：《太空安全治理的五个倡议刍议》，《北京理工大学学报》（社会科学版）2013 年第 4 期。

9. 沈逸：《全球网络空间治理原则之争与中国的战略选择》，《外交评论》（外交学院学报）2015 年第 2 期。

10. 王存刚：《议题联盟：新兴大国参与全球治理的新方式》，《中国社会科学报》2015 年 3 月 11 日。

11. 王明国：《全球治理结构的新态势及其对国际秩序的冲击》，《教学与研究》2014 年第 5 期。

12. 徐秀军：《金砖国家与全球治理模式创新》，《当代世界》2015 年第 11 期。

13. 易承志：《跨国公民社会参与全球治理的角色分析》，《东南学术》2011 年第 2 期。

14. 姚雪莲、姚璐：《国家治理的全球治理意义》，《中国社会科学》2016 年第 6 期。

15. 张严冰、杜胜平：《当前二十国集团的机制化困境及应对之策》，《现代国际关系》2015 年第 12 期。

16. 张宇燕、任琳：《全球治理：一个理论分析框架》，《国际政治科学》2015 年第 3 期。

B.10
金砖国家参与全球治理变革的机制建设

徐长春*

摘　要： 本文指出，面对目前全球治理呈现出的整体"失灵"状态，
金砖国家应该通过加强共赢性合作机制建设、全球治理新理
念普及机制建设、全球治理新模式合作机制建设，团结广大
发展中经济体，推动全球治理理念更新、治理主体和对象多
样化、决策方式民主化、治理手段市场化等在全球治理变革
竞争中胜出。

关键词： 金砖国家　全球治理　机制建设

当前，随着国际金融危机治理的深化，世界经济运行模式以欧美依托金
融加杠杆消费、以中国为核心的东亚依托廉价劳动力生产、广大发展中经济
体提供能源资源的大三角模式向欧洲、北美和东亚三足鼎立模式持续转化。
因全球产业链、价值链、商品链等国际链条体系的紊乱，特别是信息技术革
命的推动，国际社会和经济体内部张力持续增大。以国际规则创设及掌控、
运用和阐释为核心的全球治理的不同模式的竞争大幕开启。作为国际体系的
新兴力量，金砖国家要通过合作机制的建设参与全球治理变革。

一　全球治理变革已是大势所趋

公元 1500 年以来，随着工业化和全球化的深入发展，全球各个经济体

---

* 徐长春，中国国际经济交流中心副研究员。

日益形成"你中有我，我中有你"的格局，全球体系逐步形成。其间，全球治理机制也经历了国联和联合国两大全球主导治理机制的变迁，不断适应变化了的国际体系。

（一）现行国际治理体系

现行全球治理体系是"第二次世界大战"后在当时国际力量对比的基础上形成的体现西方国家利益的全球治理体系。"二战"之后，西方世界的全球治理机制大体是按照美国的设想建立的。当时，美国的经济实力在西方世界占据绝对优势，也是西方世界公共产品的主要甚至唯一提供者。联合国、世界银行、国际货币基金组织等主要全球治理机构创设时的组织架构、所在地、授权状况等悉由美国所掌控。[①] 凭借超强的综合国力，美国不但否决了凯恩斯提出的国际金融体系方案而代之以美国财政部怀特推出的国际金融体系方案，还主导了关贸总协定和世界贸易组织的建设，使得这些战后全球治理体系实实在在地体现了以美国为首的西方国家的意志，并维护了其利益。

战后构建的国际治理体系是以联合国为中心的国际安全治理体系和由布雷顿森林体系组成的世界经济治理结构两部分组成的国际治理体系，具有两个突出特点：一是国家中心治理模式。主权国家是基本治理主体，在涉及共同利益的问题上，主要靠主权国家间的协商、谈判与合作。这是一个以大国协调为中心、中小国家共同参与的治理模式。二是治理呈现"中心—外围"结构。发达国家处于治理的"中心"，是"治理者"，而发展中国家则位于"外围"，是"被治理者"，发达国家通过主导国际规则的制定和解释来维护

---

① 参见 Richard Peet, Unholy Trinity: The IMF, World Bank, and the WTO, London: Zed Books, 2003, pp. 37 – 38; Robert Hunter Wade, "US Hegemony and the World Bank: The Fight over People and Ideas", Review of International Political Economy, Vol. 9, No. 2, 2002, pp. 215 – 243; Ngaire Woods, "The United States and the International Financial Institutions: Power and Influence within the World Bank and the IMF", in Rosemary Foot, Nell McFarlane and Michael Mastanduno, eds., US Hegemony and International Organizations, Oxford: Oxford University Press, 2003, pp. 92 – 114。

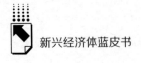

自身利益。[1]

随着科技革命推动的"颠覆性创新"和世界经济发展不平衡规律作用的发挥，全球主要力量对比越来越呈现扁平化趋势；气候变暖、网络安全等全球性新问题的不断出现，使新的治理主体和治理方案也不断出现，导致全球治理体系治理效率越来越低，全球治理变革已势在必行。

（二）现行全球治理已现"失灵"迹象

首先，全球安全治理"失灵"日趋明显。一是全球安全治理出现了越出联合国安理会体制的现象。"二战"后，世界很快进入两大阵营对峙的冷战格局。战后初期，以安理会为中心的全球安全治理体系试运行相对成功。例如，1950年，面对朝鲜半岛上的安全威胁，美国是通过运作安理会促使联合国通过"在军事上给韩国以必要的援助"的提案，组成"联合国军"，打着联合国的旗号处理朝鲜半岛危机。战后安排也是在联合国框架下进行的。整个冷战期间，由于美苏两国都能有效约束自己阵营的"小兄弟"，除由美苏两国挑起的战争之外，全球安全形势相对较好，全球安全治理有效，全球安全态势的管理几乎没脱离联合国安理会的框架。冷战结束之后，苏联解体，美国成为唯一超级大国，"单边主义"倾向急剧抬头，脱离联合国授权的倾向出现。伊拉克战争、59枚导弹空袭叙利亚等都未经联合国安理会授权，都是脱离现有国际安全治理框架的处置。二是全球安全管理的理念逐步回归"离岸制衡"的治理理念。假如全球安全治理体制建立之初的治理理念还是世界政府的全球治理理念的话，此后则逐步让位于"丛林法则"时代的"离岸制衡"理念。当前，美国在亚太对中国的围堵，在中亚西亚地区的安全治理，在欧洲方向上对俄罗斯的围堵无不体现出地缘政治的全球安全治理思维。这个思维拉一方、打一方，维持对立双方势力的势均力敌，不仅无法最终解决当地的冲突，还把该地区的人民长期置于战争的火海之中，而充当这个平衡手的国家则不仅可以通过对双方的军火生意而大发战争

① 卢静：《当前全球治理的制度困境及其改革》，《外交评论》2014年第1期。

财，还因远离战场而安享和平红利。正是这种全球安全治理思维和美国军事的超强地位，使得全球安全形势不断恶化，热点越治越多，治理"失灵"是显而易见的事实。

其次，全球金融治理"失灵"日趋明显。"二战"后的国际金融治理机制因设计缺陷而在"失灵""调整"，"再失灵""再调整"中演进。一是战后初期至 20 世纪 70 年代中期，黄金定值的布雷顿森林国际金融体系逐步走向崩溃，国际金融市场动荡。由于"黄金与美元挂钩，各国货币与美元挂钩"的"双挂钩"，布雷顿森林国际金融体系存在天然的"特里芬难题"缺陷，在发展不平衡规律的持续作用下，加之美国深陷战争泥潭，美国经济国际竞争力锐减，贸易逆差导致黄金储备几乎消耗一空。这导致美元货币危机不断，国际金融市场危机四伏，国际金融体系不断做出修正性调整，如"黄金总库"方案、黄金价格双轨制方案等。但最终还是导致美元与黄金脱钩，各国货币也与美元脱钩，布雷顿森林国际金融体系因两大支柱倒塌而治理完全"失灵"，不得不解体，后被浮动汇率制的牙买加国际金融体系取代。二是牙买加国际金融体系下，美元货币政策会导致外围经济体经济与美国经济呈现衰退与繁荣有规律交替的震荡现象。在牙买加国际金融体系下，由于石油美元结算协议的产生，美元在国际金融市场中的份额急剧扩大，形成一家独大的市场格局。牙买加国际金融体系本质上是美元垄断国际金融市场的寡头货币市场体系。在这种美元寡头货币体系下，失去市场制约的美元对国际金融市场具有无与伦比的影响力。当美元进入降息周期时，外围经济体因美元流入而饱受通胀之苦；当美元进入加息周期时，外围经济体因美元回流美国而导致市场资金紧张，甚至因资金链断裂而爆发经济危机。仅1990 年以来，世界范围内就先后发生了亚洲金融危机、美国次贷危机、国际金融危机、欧洲主权债务危机等影响巨大的经济危机。更为重要的是，由于外围经济体的金融脆弱性特点，在总体表现为长度约为 10 年的贬值周期和长度约为 6 年的升值周期交替的美元指数周期中，外围经济体辛苦积累的资产总是被国际资本在高抛低吸中"剪羊毛"，形成当前牙买加国际金融体系人人痛恨但难以治愈的痼疾。20 世纪 70 年代，美国前财长约翰·康纳利指出："美元是我们的货币，却是你们（世界）的问题。"这形象地描绘了资本跨境流动对全球金融市场的影响之大。这也体现出牙买加国际金融体系的巨大不公平性，增加了国际社会贫困治理的成本。"2008～2009年全球经济危机暴露了金融市场运作的体制性失效以及经济决策核心的严重缺陷。"[①]现有国际金融体系下，国际金融危机的周期性爆发意味着，外围广大发展中经济体难以保护自己的金融经济安全，意味着现有国际金融体系全球治理的机制性"失灵"。

总之，虽然当前全球金融治理体系已经采用自由市场机制，但因市场极度不均衡而依然处于治理"失灵"状态。美元在牙买加国际金融体系下的份额过大以致形成寡头市场，无法有效形成市场均衡，使美元成为脱缰的野马而随意超发，导致当前全球金融治理效率低下，乱象丛生，几近"失灵"。

再次，全球贸易治理"失灵"日趋明显。一是世界贸易治理机制产生过程中一直存在权力配置不均衡问题，全球贸易治理天然"失灵"。世界贸易组织的前身是关税与贸易总协定。1944年7月举行的布雷顿森林会议已经提出设立全球性贸易组织的设想。联合国经济及社会理事会1946年2月的会议，呼吁召开联合国贸易与就业问题会议，起草国际贸易组织宪章，推进世界性关税削减谈判。10月，筹备委员会召开会议审查美国提交的国际贸易组织宪章草案。与会各国同意，在"国际贸易组织"成立之前，先谈判削减关税和其他贸易限制问题，起草国际贸易组织宪章。1947年4月至7月，筹委员会召开大会，讨论关税谈判问题，修改"国际贸易组织宪章"草案。1947年10月底，包括美国在内的23个国家在日内瓦签订"关税及贸易总协定"。1994年4月，关贸总协定部长级会议决定正式成立世贸组织，取代关贸总协定。1995年1月1日，世界贸易组织正式成立。由于生产资源跨境在更大范围内组合为经济效率提高奠定了基础，关贸总协定和世界贸易组织确实推动了全球经济一体化和经济全球化，极大地增加了人类社

---

① 联合国经济和社会事务部：《2010年世界经济与社会概览：重探全球发展之路》，2010，联合国官网，http://www.un.org/esa/analysis/wess/wess2010files/overview_ch.pdf。

会的财富总量，推动了全球经济社会的繁荣。但是，从全球贸易治理机制的形成过程来看，发达经济体一直是该机制的主导力量，外围经济体力量处于被唤醒的过程之中。所以，现行全球贸易治理体系更多体现了发达经济体的利益，而忽视了发展中经济体这个"沉默的绝大多数"群体的利益，天然具有"失灵"的性质。二是发达经济体一再利用规则制定权捞取战略经济利益致使全球贸易治理面临"失灵"局面。在推动全球贸易发展、规范全球经济和贸易秩序的治理过程中，外围经济体在 GATT 和世界贸易组织市场开放谈判中作用很小，处于严重弱势地位，国际贸易谈判形成的规则和协议，更多体现了主导国的利益，且责任模糊。这制约了世贸组织共赢性博弈功能的有效发挥，推动全球贸易治理机制走向"失灵"。GATT 成立之初，美国凭借自身世界独一无二的强大经济实力，出于快速扩大对外贸易以消化国内过剩产能的需要，打着"贸易自由化"的旗号，积极倡导并建立了尽可能对外开放的多边贸易政策框架，极大地推进了美国货物对外贸易的发展。20 世纪 80 年代，随着自身服务业的快速发展，美国扩大服务贸易的需求快速增加，迫切需要在 GATT 框架内形成有利于美国的贸易规则，在GATT 框架内按照货物贸易的自由贸易一般原则打造服务贸易规则。在此后的"乌拉圭回合"谈判中，美国极力推行服务贸易自由化，并如愿以偿地签署了《服务贸易总协定》（GATS）。在 GATS 确定的有利的服务贸易规则和原则支撑下，美国服务贸易快速发展。到了 1999 年，美国服务贸易进出口额都位列世界第一。20 世纪 90 年代后，随着外围经济体工业化的推进，传统工业品的生产能力不断提升，利用劳动力成本优势的外围经济体劳动密集型产品对美国传统工业品生产形成冲击，还由此导致美国相关产业工人失业问题突出。在一般贸易规则已成定局的情况下，一向提倡自由贸易的美国却利用议题引领权玩起了隐性贸易保护主义。1999 年，西雅图"千年回合"谈判一开始，美国打着保护劳动和环境的旗号，提出各贸易国必须达到美国的劳工和环境标准，否则美国将不进口其产品。虽然这次贸易保护主义博弈因广大发展中国家的抵制而泡汤，但发达国家根据自己利益的需要而设置贸易规则的用心是显而易见的。无独有偶，世界贸易组织 2001 年 11 月启动多哈回合谈判围绕约 20 个议题展开谈判，农业和非农产品市场准入是最关键也是分歧最集中的两个议题，发达经济体力图通过实施巨额农业补贴和高关税壁垒保护自身农业利益，大幅挤压发展中经济体农业发展空间。由于双方互不相让，原定于 2005 年 1 月 1 日前全面结束的多哈谈判至今没有结束，谈判长期陷入僵局，看不到前景。① 可见，国际贸易治理领域，发达经济体一直把持着规则制定权，主导了国际贸易规则的建立与变革，利用规则制定权为自身捞取战略经济利益。借用国际机制的解释权以滥用全球治理的权力来保证自身利益的最大化，本质上是把全球治理机制这种公共产品私有化。随着经济实力的快速发展和觉醒，外围经济体越来越自觉地参与规则谈判，利用规则谈判维护自身利益，贸易谈判制定贸易规则环节出现了僵持局面，使得全球贸易治理机制出现全球贸易规则制定环节的"失灵"，并引发国际贸易发展困境。三是贸易保护主义盛行，使全球贸易治理效率越来越低，走向"失灵"。在现有技术平台上和贸易规则条件下，随着全球市场容量几乎开发殆尽，形形色色的贸易保护主义不断出现，规模日益增大。当前，贸易保护主义手段由关税转到非关税措施，报关手续干扰、绿色环保标准、苛刻的技术标准、汇率变动、知识产权、卫生检疫规定、反倾销、反补贴、劳工标准、差异性国内消费政策、进口限制、反倾销和反补贴措施、自动出口限制、歧视性政府采购、技术和卫生标准等形形色色的保护名目不一而足。据英国经济政策研究中心发布的《全球贸易预警》报告显示，从 2008 年到 2016 年，美国对其他国家采取了 600 多项贸易保护措施，仅 2015 年就采取了 90 项，位居各国之首。该报告指出，美国是限制自由贸易的头号国家。新一届美国政府更是亮出"美国第一、美国优先"的口号，毫不掩饰地唱起了贸易保护主义的调子。② 这些贸易保护措施严重干扰了全球贸易治理机制正常运作，严重干扰了全球贸易治理，使其效率越来越低，走向"失灵"。

总之，无论是全球贸易治理参与方的力量对比，还是贸易规则的形成以

---

① 案例参阅卢静《当前全球治理的制度困境及其改革》，《外交评论》2014 年第 1 期。
② 《贸易保护主义害人害己》，《人民日报》2017 年 2 月 26 日第 5 版。

及贸易规则实施过程中的贸易保护主义措施，都严重制约着当前全球贸易治理机制作用的发挥，使全球贸易治理效率越来越低，走向"失灵"。

最后，新的全球性问题挑战现有全球治理体系能力。一是全球性问题不断在增加，给全球治理增加了新的治理对象。"二战"以来，随着人类生产生活活动的延展，向地球大气层排放的温室气体越来越多，出现了打破大气层热辐射平衡、导致地球气候变暖的危险。随着全球气候持续变暖，干旱、洪水、饥馑和瘟疫将成为 21 世纪人类的现实威胁。气候治理问题跃升为新的全球治理对象，给现有全球治理体系增加了新的压力。随着信息技术的进步，信息技术装备不断向国民经济各产业渗透，不断改变传统产业业态；信息技术装备不断充实人类的生活工具，改变人类的生活方式。在此情况下，互联网成为人类社会最基本的信息基础设施。网络安全直接关系国计民生和国家稳定，成为各经济体普遍面临的综合性安全挑战。当前，各种黑客袭击事件频发，金融互联网、生产互联网成为主要攻击对象。互联网安全成为全球治理的新对象。由于全球化带来的利益分配并不均衡，富国愈富、穷国愈穷，富人愈富，穷人愈穷，两极分化成为我们不愿看到的现实。这激发了世界上原本存在的国家间、民族间、阶层间、宗教间的各种矛盾，国际恐怖主义成为世界各经济体不得不面对的全球威胁。当然，当今世界面临的全球性问题还不止这些，还包括全球资源问题、全球核安全问题、全球粮食安全问题、全球贫困问题等，都给全球治理体系提出了新挑战，带来新的压力。

总之，新老问题交织，全球治理"失灵"已经显现，全球治理机制变革已是大势所趋。新问题、新情况，需要用新方法、新思路来解决；旧问题需要根据新的现实调整旧治理机制，以适应新的治理现实，全球治理面临变革。

二 全球治理机制"失灵"原因及其变革方向

全球治理是全球治理主体、全球治理客体、全球治理规则的复合体，任何部分的调整和变革都会引起全球治理体制的变革。全球治理"失灵"的原因是多样的。

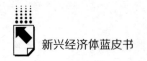

（一）全球治理"失灵"的原因

全球治理"失灵"既有科技革命冲击和世界经济发展不平衡导致的国际格局变化的原因，也有治理理念变化的原因，不一而足。概而言之，全球治理"失灵"的原因主要有三个。

一是全球力量对比的变化是国际治理"失灵"的根本原因。战后，世界各国经济力量对比格局发生了根本性变化，美国独大格局下的体制机制基础被均等化腐蚀。根据《博鳌亚洲论坛新兴经济体发展年度报告》（2013），20国集团中的新兴11国（E11）以汇率计算的名义GDP从2001年的4.8万亿美元上升为2012年的19.7万亿美元，增长了约15万亿美元，翻了4倍。E11的GDP在二十国集团中的占比迅速提高，在1991年、2001年和2012年的比重分别为11.9%、16.3%和32.7%。[1] 此后，E11经济还在以高于发达经济体经济的速度增长。这说明，全球GDP份额分布由于后发国家的人口规模巨大而快速提升，世界经济份额已经分散化，不是相对较高集中的局面。从总量上看，美国经济已经失去世界第一的桂冠。如图1所示，以平价购买力为衡量标准，世行认为，2015年中国GDP规模已经稳居世界首位，美国GDP规模相当于中国的92%。根据世界银行的数据，以购买力平价衡量，2015年中国经济增长7.97%，美国仅增长3.45%。[2] 可见，美国经济总量世界第一的位置已经失去。另外根据世界银行数据，2011年，世界经济前五强占全球GDP规模的比例分别为：美国21.57%，中国10.43%，日本8.39%，德国5.10%，法国3.96%。到了2015年，世界经济前五强占全球GDP规模的比例分别为：美国24.32%，中国14.84%，日本5.91%，德国4.54%，英国3.854%。法国占3.26%，被英国超越，位居第六。[3] 但美国经济份额的上升与美元量化宽松政策有极大关系，短期内

---

① 张宇燕等：《博鳌亚洲论坛新兴经济体发展年度报告》（2013），对外经贸大学出版社，2013，第45页。

② 数据来源：Wind资讯。

③ 数据来源：Wind资讯，有调整。

美国经济份额继续大幅增长的可能性不大。从较长的变化时段看，战后以来，美国 GDP 占全球 GDP 的比例也已经由 1960 年的 40%，下降到 2015 年的 24%。用美国福布斯的话说，美国 GDP 全球占比已遭腰斩。① 所以，总体看来，GDP 的世界分布格局已经改变，各国经济实力日益均等化，战后美国经济实力独大的格局正在加速改变。

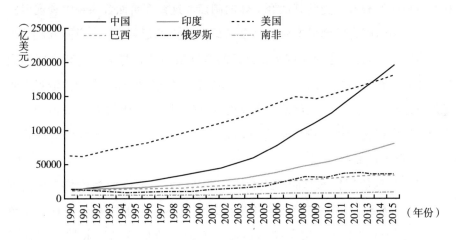

图 1　金砖国家和美国 GDP 规模走势

资料来源：Wind 资讯。

全球力量对比的变化动摇了现行全球治理"中心—外围"结构的基础，是国际治理"失灵"的根本原因。各国经济实力的变化必然因各经济体都维护自己的利益而要求全球治理体现变化了的全球经济格局，美国主导的国际治理模式受到全球其他经济体制约而呈现"失灵"状态。

二是全球治理主体治理理念的变化是全球治理"失灵"的直接原因。"到目前为止，民族国家仍然是唯一得到国际承认的政治组织结构。"② 但是，在经历了长达半个世纪的经济全球化发展之后，世界范围内已经形成

① 《五十五年巨变　美国 GDP 全球占比缘何遭腰斩》，http：//usstock. jrj. com. cn/2016/03/02000720632120. shtml。

② 〔英〕安东尼·D. 史密斯：《全球化时代的民族和民族主义》，龚维斌等译，中央编译出版社，2002，第 122 页。

"你中有我，我中有你"的格局，世界各经济体呈现一荣俱荣、一损俱损的局面，全球化的深入发展已经加深了世界各经济体的相互依存。在一系列日趋严峻的各经济体必须共同面对的全球性问题的推动下，"人类命运共同体"意识已经形成，"共商共建共享"的全球治理新理念已经初露端倪。当前，再以"国家利益高于一切"为基本原则处理全球治理问题，必然损及其他经济体的利益，受到其他经济体的制衡。这在多哈回合谈判中表现得极为明显。多哈回合的僵局本质上是全球治理理念的僵局。正所谓"道不同，不相为谋"。可见，主权民族国家体系的全球治理理念与全球化和全球问题的内在要求相背而行，国家利益与全球利益、民族价值观与全球价值观之间二元悖论凸显。所以，全球治理理念的变迁使得后来治理主体与原治理主体的理念发生很大冲突，难以形成有效合作。理念冲突是当前全球治理陷入"失灵"状态的直接原因。

三是全球信息技术革命导致的核心生产要素重要性的易位是全球治理"失灵"的基础原因。与前面的几次科技革命不同，本次是以信息技术革命为中心的科技革命。信息技术革命一方面导致信息制造业的大规模发展，形成遍布全球的信息基础设施——互联网。另一方面互联网的存在使得科技前沿成果难以为某个或某几个经济体所垄断，并独享国际产业链上游产业高附加值的利润分配，而是迅速扩散到世界各地，为世界各经济体所共享。这样导致全球各经济体最大限度地在相同技术水平上发展，使得科技成果退出最稀缺生产要素的名单而让位于市场。当前，由于国际金融危机的推动，世界各国都在转变国家发展战略，争当实体经济的全球大国。这导致世界经济运作模式从以欧美依托金融加杠杆消费、以中国为核心的东亚依托廉价劳动力生产、广大发展中经济体提供能源资源的大三角运作模式向欧洲、北美和东亚三足鼎立的模式转化。这使得国际产业链下游市场的地位急剧提升，变身稀缺资源，成为各领先经济体竞争的核心要素。

信息技术革命导致的全球要素竞争核心由科技向市场的转化，导致全球治理的话语权由大国向国际产业链下游经济体转移，大国主导的全球治理向以国际产业链下游经济体主导的全球治理转化，全球治理更加民主化了。并且，随着科技创新中心的日益分散，原来大国主导的全球治理经济科技基础将进一步被掏空，日益让位于多元主体共治的全球治理，现有全球治理出现"失灵"。

（二）全球治理机制变革的方向

面对全球治理的"失灵"，推进治理改革的呼声此起彼伏。在这种背景下，全球安全治理领域和金融治理领域的改革已经率先启动，G7 和 G20 已经进入并行期，IMF 份额改革方案已经落实。面向未来，全球治理体系的改变还将加速进行。其主要变革方向主要有以下四点。

方向之一：全球治理理念公平正义化。金融危机之后，草根阶层崛起，参与政治的热情高涨，世界进入一个更加强调公平正义的发展新阶段。在国际层面上，这表现为国际产业链下游经济体因在全球化过程中获得的红利不足而国内矛盾积聚，社会内部张力较大，国内治理失序，社会动荡滋生恐怖主义，并蔓延到国际社会形成国际恐怖主义，危及全球安全。随着新兴经济体的崛起，以自由竞争为核心的治理理念的缺失引发人们的普遍反思，全球治理理念的另一面——公平正义开始回归。缺乏公平正义约束的自由平等，会导致一部分社会成员失去生存的基本条件，迫使其无法自保而危害社会，最终带来全球社会的秩序危机。经历了国际金融危机、大规模骚乱、内战与移民危机之后，当今世界对公平正义与自由平等之间的评估天平在兼顾两者的基础上出现对前者的偏爱。世界上的事情越来越需要各国共同商量着办，建立国际机制、遵守国际规则、追求国际正义成为多数国家的共识。追求公平正义越来越成为人心所向、大势所趋，共商、共建、共享日益成为引领全球治理发展的新理念。

方向之二：全球治理主体多样化，决策方式民主化。当前，全球治理正在发生前所未有的深刻变革。经济全球化与信息化深入发展，推动国际权力从国家行为体向非国家行为体扩散。如今，权力已不仅仅为国家所有，事实上，国家权力正在衰落，而非国家行为体的权威正在兴起。权力在由国家向市场进而向非国家权威转移。① 国际格局的变化和信息技术革命的推动，也导致传统治理主体中的发展中经济体参与全球治理的机会增多，作用加大。未来全球治理主体既包括传统治理主体——国家，也包括政府间国际组织、跨国公司等市场行为体、国际非政府组织、跨国倡议网络、跨国社会行动构成的全球公民社会，甚至包括一些特殊个人，呈现"去中心化"和"分散化"的多样化特点。随着全球治理主体的"多样化"和"去中心化"，全球治理主体彼此的约束增强，决策方式呈现民主化趋势。

方向之三：全球治理对象多样化。在国际体系进化中，新兴国家群体性崛起已经成为体系进化的重要推动力量，全球治理转型体现出由强权治理逐步转向议题治理的趋势②，全球治理的对象日益增多，呈现多样化趋势。一是人类活动新领域引发的全区域公共问题成为全球治理的新对象，如因人类宇宙航空活动引发的太空治理问题，因人类生产活动加剧引发的气候变暖治理问题，等等。二是全球治理传统领域的新问题也成为全球治理的新对象。如全球安全领域决策俱乐部 G20 面临的新问题，IMF 份额改革后决策科学化问题，等等。这些新老问题的交织，必然导致全球治理对象的多样化。

方向之四：全球治理手段市场化。随着全球治理主体的日益增多，以及更多地介入决策，全球治理手段将呈现日益市场化的趋势。一方面，全球治理方案的产生将采取市场竞争的方式在诸多优秀方案中产生，呈现治理方案的海选式市场化趋势。另一方面，全球治理方案的设计理念将更加市场化。随着全球化和一体化的深入发展，全球问题的参与主体越来越多，不是哪一个或哪几个主体活动的结果，而是各主体共同作用的结果。因此，全球问题的解决方案更多地采取市场主体均衡的方式解决。如，全球金融治理的最终解决方案可能就是欧元、美元和人民币或更多币种多足鼎立、相互制衡的市场均衡方案，使其相互制约，以确保全球金融市场稳定健康。

---

① 〔英〕苏珊·斯特兰奇：《权力流散：世界经济中的国家与非国家权威》，肖宏宇、耿协峰译，北京大学出版社，2005，"前言"，第6页。
② 谢剑南：《国际体系进化与全球治理转型》，《东方论坛》2016年第1期。

总之，围绕建设一个更加安全、自由、公正、繁荣的世界这一主题，全球治理改革将进入关键期，不同治理模式的竞争日趋激烈，国际规则创设及掌控、运用和阐释竞争将成为焦点。

三　金砖国家参与全球治理变革的机制建设

作为发展中经济体的"领头羊"和国际治理体系中的建设性力量，金砖国家要通过机制建设积极参与全球治理机制的变革，推进全球治理新机制的建设，推动全球治理向着更加公平公正的方向发展，积极参与全球公共产品的提供。

（一）加强共赢性合作机制建设，合力提升综合实力

新旧全球治理模式的竞争将在发达经济体和发展中经济体间展开。现行的全球治理机制是在第二次世界大战之后建立起来的，规则和机制大多由西方经济体所制定和确立，承载了西方发达经济体太多的战略利益。西方发达经济体不会自愿放弃这块利益，必将全力保护。因此，未来不同治理模式的竞争将围绕国际规则的创设及掌控、运用和阐释展开。

金砖国家要带头加强发展中经济体合作共赢机制建设，推进发展中经济体合作，提升全球治理体系新生力量的实力。决定不同治理模式竞争成败的关键是综合实力。历史上，由于发展中经济体没有及时搭上工业革命的列车而落后挨打；国际体系各经济体综合实力的变化推动了全球治理体系由合理变为不合理，直到治理"失灵"。当前，面对不同治理模式的竞争，发展中经济体最终也要把综合国力的提升作为最终的后盾，通过集体的力量合力快速提升综合实力。作为发展中经济体的"领头羊"，金砖国家要抱团取暖，充分挖掘彼此合作潜力，加强各领域的合作，调动广大发展中经济体的经济潜力，互利共赢，推进金砖国家自身实力提升，创造条件推进全球治理体系新生力量的实力提升，为在这场全球治理模式的竞争中最终胜出奠定基础。与此同时，通过全球治理机制的合理化完善为广大发展中经济体和金砖国家

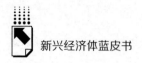

创造更好的发展环境，减轻国际治理体系制度性包袱，推进全球治理新生力量的进一步发展，推进全球治理体系向着公平公正合理方向发展。为此，金砖国家要带头加强发展中经济体合作共赢机制建设，为全球治理体系新生力量持续崛起奠定基础。

（二）推进新理念普及机制建设，倡导全球治理新理念

现行的全球治理体系是西方主要大国设计的结果而非集体成员平等基础上共同作用的产物，后来国际规范的变迁也体现了西方国家对国际社会核心价值和规则认识的发展，是西方大国全球治理理念的外化，更多地体现了其利益。21 世纪以来，在新兴经济体崛起和全球化与信息化的大背景下，来自社会层面的价值规范和新兴国家的价值理念，对西方主导的国际规范构成了极大挑战，成为广大发展中经济体利益的代言人。由此，世界上各种思想理念的交锋也更为明显。

金砖国家要带头宣传普及全球治理新理念，推进发展中经济体全球治理新理念普及机制建设。"共商共建共享"是代表广大发展中经济体和全球利益的全球治理新理念。共商不仅是决策方式，更主要的是维护了发展中经济体的决策权；共建不仅延续了发展中经济体的建设责任，也强调了发达经济体建设者的同等责任，体现了发展中经济体的平等权。共享不仅强调了全球治理成果供参与各方分享，更强调了更多更公平地惠及参与各方，合理维护了发展中经济体的分享权。全球治理理念的普及是其所代表的全球治理主体利益的提前布局。全球治理体制变革离不开理念的引领。因此，为了推进广大发展中经济体利益的合理实现，金砖国家要带头宣传普及全球治理新理念，弘扬共商共建共享的全球治理理念；同时在发展中经济体中推进全球治理新理念的普及机制建设，保证新理念尽可能快地在人们心中落地生根，推进人类命运共同体建设。

（三）推进全球治理新模式合作机制建设，践行治理新模式

当前，基于国际金融危机治理，金砖国家已经先后提出了体现"共商

共建共享"国际治理新理念的全球治理模式，如中国的"一带一路"倡议、俄罗斯的"欧亚经济联盟"、印度的"季风"计划。这些都是金砖国家为全球治理提供的发展中经济体方案。南非和巴西都在争取与这些新全球治理模式的对接和参与，为世界经济复苏提供新动能。为给世界展示全球治理新模式的效果，金砖国家要积极推进这些全球治理新模式的建设，尽心尽责做好实践者；与此同时，要推进这些全球治理新模式项目与广大发展中经济体发展战略的对接，并形成制度化机制，确保全球治理新模式如实展示其现实性和可行性。

总之，全球治理改革势在必行，金砖国家要通过机制建设，团结广大发展中经济体，推动全球治理新理念、新模式在新一轮竞争中胜出。

参考文献

1. 〔美〕希夫、唐斯：《美元大崩溃》，陈召强译，中信出版社，2008。
2. 严行方：《美元陷阱》，山西经济出版社，2012。
3. 张国元：《博弈与协调：WTO 的实质内涵与全球贸易治理机制》，法律出版社，2012。
4. 邵鹏：《全球治理：理论与实践》，吉林出版集团股份有限公司，2010。
5. 庞中英：《全球治理与世界秩序》，北京大学出版社，2012。
6. 高奇琦：《全球治理转型与新兴国家》，上海世纪出版集团，2016。
7. 卢静：《当前全球治理的制度困境及其改革》，《外交评论》2014 年第 1 期。
8. 何帆、冯维江、徐进：《全球治理机制面临的挑战及中国的对策》，《世界经济与政治》2013 年第 4 期。

B.11
金砖国家参与全球治理变革的
条件、进展及影响

徐 超 于品显*

摘 要: 本文分析了金砖国家推动全球治理变革中存在的不确定性、与传统国际秩序的竞争、需要面对自身机制化与能力建设、成员间利益与理念冲突、金砖国家共同体理念形成难等挑战，以及通过协调立场深化合作成为塑造21世纪全球治理领域的新的力量的愿景和前途。

关键词: 金砖国家 全球治理 参与条件

2008年肇始于美国的金融危机重创了全球经济，同时也为人们重新思考全球治理结构提供了新的契机。2009年召开的金砖国家峰会预示着未来的全球治理体系需要改变，以反映政治多样化和多极化的世界。金砖国家在全球政治领域的崛起主要是因为其经济力量带来的巨大影响，在经济发展领域的协调与合作进一步巩固了在全球治理领域的立场，有望成为塑造21世纪全球治理领域的新的力量。但是，金砖国家在全球治理领域既面临着与传统国际秩序的竞争，又需要面对自身机制化与能力建设、成员间利益与理念冲突、金砖国家共同体理念的形成等挑战。金砖国家在推动全球治理变革中存在着诸多的不确定性。

---

* 徐超，中国社会科学院信息情报研究院博士、助理研究员；于品显，武汉大学边界与海洋研究院博士研究生。

一 推动金砖国家参与全球治理体系变革的有利条件

1. 现有国际治理体系发展滞后，未能有效解决国际社会面临的危机和挑战

现有全球治理体系是在美英等西方国家主导下完成的，其核心内容是构建对己有利的全球自由秩序。早在19世纪，自由国际主义体现在英国主导的自由贸易和航海自由上，但也仅限于帝国主义和殖民地之间。20世纪，美国分几个阶段拓展了自由秩序的内涵。第一次世界大战后，伍德罗·威尔逊总统和其他自由主义者推动了旨在促进集体安全的国联的成立。在这一组织框架内，国际社会通过共同行动捍卫世界和平与发展。开放贸易和渐进性全球化成为伍德罗·威尔逊总统倡导"同一个世界"理念的应有内容。第二次世界大战后，富兰克林·罗斯福总统试图重建自由秩序，包括开放的贸易体系和几个大国通过合作维持和平全球组织——联合国。通过汲取威尔逊总统的失败教训，总结罗斯福新政的经验，负责战后重建的美国政策设计师提出了更具雄心的关于经济和政治合作的理念——后来体现在布雷顿森林体系中。这些政治远见刚开始洋溢着国际主义精神，但后来因为欧洲战后影响力衰落和美苏对抗逐渐演变为由美国主导的西方中心体系。冷战结束后，美国继续沿用这一体系，在经济和安全领域进行了一些新的部署和安排。事实上，美国的经济和政治体系成为自由秩序的核心组成部分。因此，当今的国际体系可以说是美国凭借其超级大国地位，成为世界政治经济领域的主宰者，在主要国际组织中占据主导地位，是国际规则和实践的塑造者，也是全球治理理念的提供者和引领者。

现有全球秩序的机制化关系较为显著。美国在"二战"后剧烈变化的全球权力分配环境下成为一个超级强国。与19世纪的英国和其他强权不同，美国所建立的国际秩序更多的是依靠机制化关系（institutionalized relationship）。这种秩序的建立是依靠多边主义、联盟关系、战略限制、合作安全、机制化和以规则为基础的关系。联合国、IMF、世界银行、北约、GATT以及其他机构为世界政治经济关系提供了基本的框架。这种机制化的秩序构成使美国

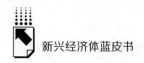

的权力地位更加持久，受到的威胁更小，美国主导全球秩序的状况持续了半个多世纪，经受住了冷战和其他冲突的威胁。为解决集体行动问题，通常需要强权国家和其他国家一道创建组织，有时候需要它们自身来提供公共品。新自由主义机构学家认为大多数全球治理机构提供了有价值的公共品。

但进入 21 世纪以来，全球危机频发已是不争的事实。从美国次贷危机到欧洲主权债务危机，从阿拉伯之春到叙利亚内战，从乌克兰危机到克里米亚"脱乌入俄"，从占领华尔街运动到斯诺登事件，从"伊斯兰国"崛起到巴黎恐怖案等，诸多国际事件相继爆发，并由此诱发世界"财政危机、经济危机、政治危机、社会危机"。① 客观而论，导致全球迈进危机高发期的因素是多方面的，但全球治理体系发展滞后是其中重要因素之一。这是因为，现有的全球治理体系创建于第二次世界大战之后，而当代需要解决的国际难题和问题与当时的国际情势相差甚大。全球治理发展尚不能有效应对国际社会面临的危机和挑战。全球治理发展完善是大势所趋，也为金砖国家参与全球治理变革提供了机遇。

2. 金砖国家具备参与全球治理的物质基础

20 世纪 60 年代，美国占全球 GDP 的份额一度达到 38.5%，2011 年，下降到了 22.7%，并且有可能在 2030 年下降到 17.8%。美国的盟友也正在经历实力的剧烈下滑。从 2011 年到 2030 年，日本占全球 GDP 的份额将从 6.7% 下降到 4.2%；欧盟从 17.1% 下降到 11.7%。相比较而言，中国占全球 GDP 的份额有望从 17% 上升到 27.9%；印度从 6.6% 上升到 11.1%；两者的 GDP 份额合在一起将超过美国、日本和欧盟的份额总和。自 2008 年金融危机爆发以来，全球经济一半以上的增长来自金砖国家。金砖国家同样拥有全球一半的硬通货储备达 4.4 万亿美元，其中份额的绝大部分约 3.44 万亿美元由中国政府拥有。据世界银行估计，到 2030 年，世界总股本的一半大约 158 万亿美元将属于发展中国家，它广泛投资到工厂、设备和基础设施领域。由此可见，金砖国家与西方国

---

① 徐超：《世界缘何进入危机高发期》，《中国社会科学报》2015 年 12 月 21 日第 7 版。

家的实力对比已发生结构性变化，经济权力正在向全球多个地带扩散，从而将结束美国主导的单极世界，形成多个权力中心，世界走向多极化甚至"无极化"（non-polarity）。

金砖国家与其他新兴经济体实力增强带来的积极成果就是贫困人口的减少和中产阶级的增加。尽管生活水平差异会一直存在，全球中产阶级2012年的数量为20亿人，到2020年，这一数据将变为32亿人，2030年将增加到49亿人。中产阶级增加，将会有更多的人接受良好的教育，接触到先进的科技成果。他们会在更多的事务上发出自己的声音，进而影响国际社会发展的方向。同时，在世界的另一极，美国的实力与影响力以及其军事联盟的实力正在经历重大的变化。亚洲的防务开支在2012年超过欧盟的北约国家（NATO Europe），反映了欧盟深陷债务危机和增长乏力的现实。事实上，欧盟防务预算收缩的速度要超过其经济下降的速度，这就引起了去军事化和大西洋联盟（Atlantic Alliance）的可能性问题。

金砖国家实力的增强和西方国家相对衰落这已是不争的事实。根据现实主义国际关系理论，在没有一个超国家的政治实体或世界政府，世界处于无政府状态的情况下，国际体系是由实力和国家利益特别是大国利益决定的。主要国家物质实力的相对转移必然引起国际关系的变化，新兴国家对当今全球体系没能适当反映其利益诉求，以及现有全球治理体系存在诸多结构性缺陷等问题表现出强烈的不满。因而现实主义国际关系学派认为，新兴国家最终会挑战现有全球秩序，但只有在预期利益超过预期损失的情况下，新兴经济体才会试图改变当今国际秩序。

3. 金砖国家有共同的利益汇合点，能够在国际经济和金融组织改革中，协调立场，共同联动

金砖国家有着相近的历史背景、发展目标和国际诉求，处于近似的发展阶段。金砖国家除了俄罗斯外，都曾有过被殖民的经历，因此对主权问题特别敏感。它们怀疑西方国家以人权为幌子颠覆国内政权，怀疑利用颜色革命推行西方民主理念干涉国内政治。即便像印度这样的民主国家，对美国插手国内事务也是经常发出强硬的声音，防止美国干涉其国内事务。比如核问

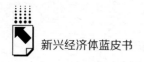

题、对待少数族裔的态度问题；在与巴基斯坦关系等问题上，印度表现强硬。巴西在前总统卢拉的领导下进一步实现了民主化，但一直对美国利用贸易开放和环境保护干涉其内政抱有戒心。尽管金砖国家不寻求推翻当今国际体系，它们对美国限制其自主权还是抱有防卫态度，并且都在努力扩大地区影响力。

金砖国家的政策制定者正通过利益的汇合点来提高它们在全球的影响力。金砖国家主要的共同目标迄今为止还只在于为它们创造持续的全球影响力。布雷顿森林"双子"——世界银行和 IMF，成立于六十年前，长期由美国和欧盟控制，已经不能反映变化了的国际关系。金砖国家期望改革这两个机构以获取更多的话语权，使其能够反映发展中国家的利益和关切，但这两个机构的改革困难重重，改革方案迟迟得不到落实。金砖国家不得不寻找替代路径，那就是成立金砖国家应急储备机制和金砖国家开发银行。除此以外，金砖国家还在多个领域建立了应对机制，涵盖气候变化、科技、医疗、农业、贸易与投资等多个方面。俨然形成了游离于传统国际体系之外的另一套体系。这种重建全球治理体系的努力的效果如何还有待观察，但可以肯定的是，它对促进国际关系民主化和全球治理有序化将起到一定的作用。

4. 美国整体实力呈现逐步下降的趋势，维护全球旧秩序的能力和意愿日趋下降

包括金砖国家在内的新兴经济体的整体实力呈现逐步上升的态势。国际关系发展实践表明，不同大国的兴起和衰落是国际关系领域持续上演的核心剧目。也就是说，不同大国的兴起和衰落，是国际关系常态，任何一个大国都不可能永远处于超稳定状态，而不陷入衰落。历史上的强权国家，罗马帝国、西班牙帝国、奥斯曼帝国和大英帝国走向衰落都是如此。国家权力转移过程中，若不能有效重构全球秩序，常常充满了各种危机，引发地缘政治变化、安全困境和冲突。因此，国际权力能否和平转移始终是国际关系领域的难点问题。

现有全球治理机制已经"失灵"，但美国等西方国家受制于国内问题积重难返，导致它们已经没有能力和意愿去推动全球治理体系变革，况且变革现有全球治理体系，还有损它们的既得利益。相反，金砖国家已经成为世界政治和经济舞台上的重要力量，它们对既有的全球治理不公正、不合理之处有着切肤之痛，也更有动力推动全球治理秩序向着更加公平合理、互利共赢的方向发展，因为这可以为它们国内发展提供良好的国际环境。换句话说，金砖国家既有能力又有意愿参与全球治理改革和发展，并且正在尝试通过金砖国家峰会和 G20 峰会等多边平台，积极参与全球治理。

二 制约金砖国家参与全球治理变革的不利条件

1. 西方国家不愿接受金砖国家参与全球治理体系变革

金砖国家参与全球治理，是全球治理体系向着更加公平合理、互利共赢方向发展的绝佳的机会。但美国等西方国家并不以为然，对此忧心忡忡。具体来说，包括金砖国家在内的新兴经济体，大多属于非西方的发展中国家，其政治理念和发展经历与美国等西方国家有着本质的不同。西方国家认为，若新兴经济体有效参与全球治理，以规则为基础的国际秩序亦将不复存在。对此，西方国家不仅表现出忧虑，而且通过不同的国际场合，歪曲新兴经济体参与全球治理的正当性和合理性。例如，积极鼓吹和制造"中国不守规则论"等国际舆论，达到抹黑中国的目的。

实际上，西方国家没有理由也没有必要担忧和不安。第一，金砖国家面对的不仅仅是一个美国主导的秩序或西方体系，它们面对的还是一个经过几个世纪的不断发展而产生的国际秩序。它植根于发达国家社会和经济生活的方方面面，并形成了制度化的框架体系。但目前全球治理体系不仅有能力同化（assimilating）金砖国家，而且为了适应广大发展中国家的需要，美国等西方发达国家不得不进行适当的局部改良。当然这种改良的核心诉求是以最小化的成本，获得西方国家利益最大化。第二，尽管美国在金融危机后实力相对减弱，但其依然是世界上唯一的超级大国，在世界政治经济等方面发挥着无与伦比的独特作用，包括开放和创新驱动的经济、合理的人口结构等优势因素依然存在。第三，第二次世界大战之后，美国主导下制定了以自由贸易为核心的世界经济体系和以军事共同安全为支柱的安全体系，以及美元的霸权地位在相当长时间内将会继续发挥影响。例如，瑞典斯德哥尔摩国际和平研究所最新发布的调查结果显示，2016 年全球军费开支美国遥遥领先，达到 6110 亿美元，占全球份额的 1/3；中国军费开支为 2150 亿美元，美国几乎是中国的三倍。① 以中国现今军费开支年均增长速度来估算，2025 年才能达到美国的水平。况且中国正在经历经济结构调整，必将影响经济增长速度，从而制约中国军费开支。

2. 为继续引领、塑造全球治理体系，西方国家正通力合作

随着金砖国家的崛起和美国实力的相对衰落，由美国主导的国际秩序开始改变，但这一改变只是"等级特性方面消退但自由特性方面没有改变"②。首先，总体来说，开放和以规则为基础的国际秩序有助于金砖国家的发展。在全球化背景下，金砖国家可以依赖这一体系完成自身发展和既定目标。开放的国际环境有助于金砖国家获得投资、贸易和信息。世界贸易组织是最为正式和最为发达的旨在促进自由贸易的国际组织，它颁布了大量的规则和规范，世界大多数国家都已经是该组织的成员。遵循 WTO 规则已经成为国际经济领域的普遍共识，各国也都从对该组织规则的遵循中获取了或多或少的利益。比如中国在加入 WTO 后的十几年里，经济迅速增长，逐渐从规则的学习者变为规则的运用者甚至规则的制定者。可以说，中国已经深深地嵌在了全球贸易体系中，其 GNP 的 40% 是由出口构成的，而对美国来说，这一数字才有 25%。从另一方面来说，重建国际体系和规则的成本过于高昂以至于不可能在短期内实现。既有的国际规则尽管较多地反映了西方国家的利益，但到目前为止，现有国际秩序对维护和促进国家间友好交往而发挥的作

---

① 《国际智库发布 2016 年军费开支排名：美国是中国近 3 倍》，参考消息官网，http://www. cankaoxiaoxi. com/world/20170425/1924999. shtml，2017 年 4 月 26 日访问。

② G. john Ikenberry（2011）：The Future of the Liberal World Order: Internationalism after Amreica, Foreign Affairs, Vol. 90, No. 3（MAY/JUNE2011），pp. 56 – 62, 63 – 68, Available at http://www. jstor. org/page/info/about/polices/terms. jsp.

用还是不能忽视的，因而金砖国家还是可以拿来为我所用。

与此同时，金砖国家的综合实力并不会自动转化为推动全球治理变革的能力。具体而言，具有影响全球治理实力的金砖国家很可能没有能力把其自身的综合实力转化为参与全球治理变革的能力。经济实力、军事和政治环境在全球治理中发挥了重要的决定性作用，广为接受的价值体系和长久以来建立起来的经济关系所起的作用也不应当低估。国家软实力、制定和执行全球战略的能力、议程制定和协商能力、提供全球公共品的能力、国内政治、与区域和周边国家关系等因素都是全球治理变革必须具备的条件。① 在一个加速全球化的时代，维持领导地位或者达到领导地位的决定性因素从广义上说是政治和经济力量以及提供全球公共品的能力。

3. 金砖国家自身存在的问题影响其参与全球治理的深度

金砖国家自身政治和经济实力有被夸大的倾向，并且缺乏"软实力"，这些因素进一步阻碍了金砖国家参与全球治理的能力。印度一直认为自己是一个全球性大国，但是它却没有能力真正承担起全球义务或者在南亚以及东盟的防务和安全方面创建可信赖的条件。印度的币值尚不稳定，在全球经济方面这个国家尚未完全站稳脚跟，其基础设施依然落后。消除贫困对印度来说好像是不可能完成的任务。印度的软实力依然不强。

中国是全球治理变革的主要推动力。中国日益增加的外交自信源于其经济上取得的巨大成就。但是至今为止，中国在地区和全球的影响力还不足以成为推动全球治理的主导力量，中国提供全球公共品的能力依然有限。近年来，中国与周边国家的关系因为种种原因变得紧张起来。尽管与印度的经济联系变得更加紧密，但是领土争端的存在，时常为两国关系蒙上阴影。中国的软实力还很有限，还没有获得足够的尊重。因此，中国尚没有扮演全球领导者角色的能力。

除了国家安全的担忧之外，俄罗斯对全球经济治理表现得并不积极。俄

---

① Miles Kahler, Rising Powers and Global Governance: Negotiating Change in a Resilient Status Quo, International Affairs 89: 3 (2013) 711 – 729.

罗斯因为在海外利益较少，并不像中国那样对全球经济治理那么积极。大多数国家参与全球治理都是出于市场和资源的需要。但是，这两者都不适用于俄罗斯。俄罗斯花了 19 年的时间谈判才最终在 2012 年 8 月加入 WTO，成为 WTO 第 156 个成员。比较而言，中国在 2001 年加入 WTO，巴西、印度和南非于 1995 年加入 WTO。另外，位于欧盟改革中心的研究人员查尔斯·格兰特指出：中国的领导人知道他们需要什么样的经济——有众多能够生产高附加值产品并在海外投资的公司。俄罗斯领导人并不认可这种经济类型，在很多情况下，他们需要与反对现代化的既得利益群体做斗争。

巴西很重要，但是不应过分夸大其重要性。巴西希望成为沟通南方国家和北方国家之间的桥梁，成为关键联盟的组织者和南方国家寻求全球治理体系变革的关键领导者。巴西的目标也很简单：集中主要精力改善其相对地位，而不是完全颠覆现有的国际体系。从这点来看，巴西的立场与中国的外交政策接近：成为国际体系的改革者而非革命者。但是，在过去的三十年，其 GNP 增长率和工业增加值与中国和印度相比较低。

由此可见，目前包括金砖国家在内的广大发展中国家，还没有能力构建一套完整且能够得到多数国家认可的全球治理体系，因而它们还只能是国际关系领域的接受者和变革者，仅能从局部入手，发展完善全球治理体系。

三 金砖国家参与全球治理变革的主要领域

目前，金砖国家还不具备推翻现有全球治理体系的充要条件，而且美国主导构建的全球治理体系是"一个易于加入，但难以推翻的体系"[①]。国际社会频发各种危机，尤其是 2008 年的全球金融危机是"二战"以来最大规模的经济危机，暴露了现有全球治理机制的"失灵"。以美国为首的西方国家又没有能力和意愿推动全球治理体系的变革与完善，由此引发全球问题不能得

---

① G. John Ikenberry, Liberal Internationalism 3.0: America and the Dilemmas of Liberal World Order, *Perspectives on Politics*, Vol. 7, No. 1 (Mar., 2009), pp. 71 - 87, http://www.jstor.org/stable/40407217.

到有效预防和解决，在引发国际社会大多数发展中国家不满的同时，广大发展中国家渴望重构全球治理体系的愿望日益强烈。因此，金砖国家在全球治理领域，还是可以有所作为的。它们可以在全球治理部分领域发挥更大的作用，并获得相应的话语权和影响力，并且在以下具体领域取得了阶段性成果。

1. 国际安全

在国际安全方面，金砖国家之间并没有深度的军事和政治合作，也未形成军事合作的机制。但是，金砖国家定期召开由高级代表出席的会议，讨论安全问题，包括战略稳定、国际和地区安全、大规模杀伤性武器的不扩散、地区冲突的解决等。金砖国家成员在联合国打击国际恐怖主义、执行全球反恐战略、批准全球反恐公约、遵循联合国安理会相关决议等问题上密切合作。金砖国家还在一些问题上协调彼此立场，在联合国和区域组织框架内采取共同行动。

2. 全球金融治理

自 2009 年以来，金砖国家发生了巨大的变化。随着金砖国家新开发银行（NDB）和应急储备安排（CRA）的产生，金砖国家具备了机制化的合作平台与融资能力。金砖国家新开发银行的成立是金砖国家参与全球金融治理体系改革的最新尝试和阶段性成果，其成立不仅理论和实践意义深远，而且也是全球金融治理变迁过程中的标志性事件。[1]

关于全球多边机构改革，金砖国家并不打算做"革命者"去推翻现有的国际金融体制。金砖国家新开发银行和应急储备安排的成立不是也不可能取代世界银行和国际货币基金组织在全球金融体系中的地位。金砖国家近几年加强了金融自治的力度，大幅度增加了 OFDI 和国际开发援助，对国际资本流动产生了重大影响。金砖国家在全球金融治理方面的一系列作为已经对全球货币和金融秩序造成了明显的影响。如果不发生大的金融危机中断这一改革进程，随着经济实力的不断增加，金砖国家在重构全球金融治理结构方面必将产生愈加重要的影响。

---

① 徐超：《新开发银行与全球金融治理体系改革》，《国外理论动态》2016 年第 11 期。

经济实力在扩散，但是资源并不是均等地分布在各个国家。尽管国内面临巨大的挑战，中国在金融治理能力和多边机构中的角色仍然超过其他金砖国家，人民币的国际化有可能对既有的国际货币秩序造成重大影响。俄罗斯和印度也不缺乏决心，但是与中国和巴西相比，它们的金融实践和影响力要小很多。从中期来看，金砖国家在用非美元作为贸易结算货币和发展开发金融方面将产生重要影响。除了金砖国家间日益增加的市场往来和资本流动外，金砖国家这种松散的联盟其主要作用还在于为构建新的全球金融治理规则提供一个平台。从长期来看，由于金砖国家对于全球金融结构的认识不一致，参与全球金融治理的动机各异，它们的合作前景也面临着一些挑战。

2016年9月4日，金砖国家领导人在二十国集团杭州峰会期间举行会晤，会晤后发表的声明认为："有效的全球经济金融治理架构对实现抗风险的增长至关重要，将继续在此方面做出努力。他们强调国际货币基金组织份额没有反映当前的全球经济状况，希望二十国集团成员与国际货币基金组织共同努力，增加国际货币基金组织的份额资源，对份额和投票权进行评估，确保其公平反映新兴市场经济体和发展中国家的地位。他们呼吁在2017年国际货币基金组织年会前完成第15轮份额总检查，包括形成一个新的份额公式。"[①] 这一声明延续了以前金砖国家在全球金融治理领域的立场和看法，表明金砖国家将继续推动国际货币基金组织改革的决心，金砖国家在全球金融治理中将发挥更加重要的作用。

3. 全球气候治理

气候变化已从单纯的环境保护问题上升为人类生存与发展的问题。在气候治理方面，金砖国家与发达国家之间存在明显的紧张关系。在哥本哈根会议上，所谓的"基础四国"（巴西、南非、印度和中国）在决定协商结果方面发挥了决定性的作用。这反映了金砖国家在气候治理问题上影响力的增强，同时，由于其二氧化碳排放量还在增多，没有它们的参与会议不可能取

---

① 《金砖国家领导人杭州非正式会晤媒体声明》，新华网，http：//news. xinhuanet. com/world/ 2016－09/04/c_ 1119507930. htm，2017年4月3日。

得实质性成果。它们主张"共同但有区别的责任",不愿在多边框架下做出有约束力的承诺,更多的是主张采用志愿行动解决气候变化问题。同时,我们也应当看到,金砖国家在气候变化问题上正在发挥更加重要的作用。哥本哈根会议前夕,金砖国家对于未来减排做出了单边保证。中国、印度、巴西和南非宣布到 2020 年实质性地减少排放。2014 年 11 月 12 日,中美双方共同发表了《中美气候变化联合声明》,宣布了各自 2020 年后的行动目标,中国计划 2030 年左右二氧化碳排放达到峰值且将努力早日达峰,并计划到 2030 年非化石能源占一次能源消费的比重提高到 20% 左右。①

在巴黎气候变化大会前,中国政府利用高层领导互访契机,加强与各国在气候变化领域的交流与合作,分别与美国、欧盟、英国、"基础四国"(巴西、南非、印度、中国)发表气候变化联合声明。中国积极与"基础四国"、"立场相近的发展中国家"等建立磋商机制、加强对话沟通、开展务实合作,赢得了国际社会的积极反响,在应对气候变化领域与各国增进了了解,进一步扩大了共识,为推动气候变化谈判多边进程做出了重要贡献。2016 年 9 月 3 日,在杭州召开的 G20 峰会上,习近平和奥巴马先后向潘基文交存中国和美国气候变化《巴黎气候协定》批准文书,这也是中国在推动可持续发展领域做出的"历史性贡献"。

4. 贸易政策

从传统上说,金砖国家认为,关税和贸易总协定(GATT)及 WTO,以及以世界银行和国际货币基金组织为代表的国际金融机构,是美国利益的支柱,西方国家大力鼓吹的自由贸易也是西方利益的反映。在几次试图恢复2013 年 9 月的多哈回合会谈失败后,对于多哈回合会谈最大的期望寄托在达成一些小的谈判成果上面。2013 年 12 月在巴厘岛召开的第九次部长级会议上取得了一些成果,允许发展中国家在食品安全方面拥有更多的选择权,提高最不发达国家的贸易。

---

① 《中国 2030 年碳排放达峰值》,新华网,http://news.xinhuanet.com/energy/2014 – 11/13/c_127204758.htm,2017 年 5 月 10 日。

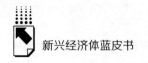

四 金砖国家参与全球治理变革的影响

随着金砖国家在全球治理变革中发挥的作用逐渐增大，国际社会关于金砖国家对全球治理变革影响的讨论也逐渐深入。

1. 金砖国家成为全球治理变革的推动者

作为新兴的国际力量，金砖国家在全球经济中所占份额正在快速上升，正在成为全球治理变革的重要推动者。在哥本哈根全球气候会议上，已经明显感受到金砖国家的影响力。美国曾经与金砖国家进行数次交锋。金砖国家展示了谈判权力，取得了令人瞩目的成果，受到发展中国家的青睐。会议达成的协议后来被命名为《哥本哈根协议》，认识到有必要把全球气温上升控制在 2 摄氏度以内。协议规定，发达国家必须在随后的三年内向发展中国家拨款 300 亿美元以协助应对气候变化。金砖国家有望在世界政治特别是金融事务中进行协调。金砖国家影响力上升还体现在成功参与如何应对金融危机的国际讨论，并成功要求增加金砖国家在国际货币基金组织（IMF）的投票权。这些都清楚地表明了第二次世界大战之后的权力分配，不再能够反映新的全球事态。金砖国家领导人的诚意和奉献为加强他们之间合作，协调一致解决国际金融稳定、政治、安全等问题铺平了道路。在国际机构的合作也是如此。金砖国家成功地在国际货币基金组织（IMF）增加了投票权；在联合国安理会改革方面也有所作为。

金砖国家机制正式诞生之前，巴西和中国就对目前向发展中国家提供急需资本的程序提出了质疑。巴西是南方银行（Bank of South）的主要出资者之一，该银行成立于 2009 年，相当于南美洲国家的"世界银行"。这家银行的成立是为了满足南美洲大陆国家开展社会政策和基础设施贷款需求，是发展中国家对世界银行和 IMF 长期以来附条件贷款不满的结果。同样，中国对于想支持的国家的发展援助不附加任何条件。中国采取的政策明显与西方国家主导的国际货币基金组织/世界银行贷款政策迥异。在大多数情况下，双边海外发展援助（ODA）遵循的是国际货币基金组织/世界银行强加条件的标准。

巴西和中国在发展援助方面的立场对发展中国家也有政治影响。发展中国家可以不再接受欧美国家的帮助，转向中国寻求不附加条件的贷款。近年来，金砖国家融资能力不断提高，使其可以代替美国成为援助资金的提供者。即使是少数发达的欧洲国家也期待金砖国家提供融资支持。例如，希腊已经与中国接触，寻求向其停滞的经济注资。继希腊之后，塞浦路斯同样希望获得来自俄罗斯和中国的经济援助。这说明，包括中国在内的金砖国家正在成为全球治理变革的重要推动者。

金砖国家对于现有的国际机构不能反映当今国际力量对比表示不满。2008年金融危机后，金砖国家对于全球治理结构的不满进一步加剧，要求改革布雷顿森林体系，主张应当在全球治理中发挥更大的作用。2012年3月29日，时任中国国家主席胡锦涛在金砖国家领导人第四次会晤发表的讲话中认为："金砖国家是新兴市场国家和发展中国家大家庭的重要组成部分，是维护世界和平、促进共同发展的积极力量。"[1] 2016年9月4日，习近平在金砖国家领导人非正式会晤讲话中认为："新兴市场国家和发展中国家群体性崛起，是当代国际关系中意义最为深远的变化之一。金砖国家是新兴市场国家和发展中国家的'领头羊'。"[2]

2. 积极与美国等西方国家合作而不是对抗来构建全球治理秩序

除美国之外，大多数国家倾向于全球迈向多极世界而非单极世界，但是包括中国和俄罗斯在内的新兴经济体国家，在强调包括金砖国家的新兴经济体的整体实力上升的同时，亦没有忘记美国在全球扮演的重要角色和地位，也就是说，多极世界还在发展中，尚没有形成。例如，中国的领导人和分析人士认为断定美国的根本衰落还为时过早，但认为中国作为新兴大国正在世界政治经济舞台上发挥愈加重要的作用。再如，俄罗斯负责金砖国家事务的

① 《胡锦涛在金砖国家领导人第四次会晤上的讲话（全文）》，中央政府门户网，http://www.gov.cn/ldhd/2012-03/29/content_2102681.htm，2017年4月1日。
② 《习近平出席金砖国家领导人非正式会晤并发表致辞》，央广网，http://news.cnr.cn/special/G20hz/news/20160904/t20160904_523110654.html，2017年5月4日。

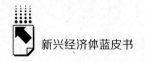

外交官卢克福（Lukov）认为，尽管新兴国家兴起并在世界发挥了更加重要的作用，美国的实力相对衰落，但这并不意味着现在是"后美国时代"（post American）更非"没有美国的世界"（even less so a world without the US）①。

金砖国家和其他新兴经济体实力增强和西方国家相对衰落这已是不争的事实。根据现实主义国际关系理论，在没有一个超国家的政治实体或世界政府，世界处于无政府状态的情况下，国际体系是由实力和国家利益特别是大国利益决定的。主要国家物质实力的相对转移必然引起国际关系的变化，金砖国家对当今全球体系没能适当反映其利益诉求，以及现有全球治理体系存在诸多结构性缺陷等问题表现出强烈的不满。因此，现实主义国际关系学派认为，金砖国家最终会挑战现今国际秩序，但只有在预期利益超过预期损失的情况下，新兴经济体才会试图改变当今国际秩序。②

面对苏联解体和迅速出现的单极世界，许多国际关系专家认为世界会重归动态平衡，美国的"单极时刻"是短命的。然而，世界至今仍处于非平衡状态，期待通过传统的结盟以及带有"软制衡"（soft balancing）特色的小动作来遏制美国的机会成本是很高的。金砖国家逐渐学会了如何在单极世界中生存和发展，而不是过度刺激美国。与此相反，所有金砖国家都有充分的动力与美国维持良好的关系，在像市场开放这样的重要问题上，与美国的关系甚至还要比金砖国家自身之间的关系要近一些。中国的立场更是显示了在金砖国家里的"领头羊"是如何小心翼翼地进行"和平崛起"的，而避免直接与美国发生剧烈冲突。

物质实力方面的跨国转移事实上正在进行，也许在未来的某个时刻将出现两个主导力量：美国和中国。当然，从权力的许多维度来观察，特别是从当今的经济实力、政治和军事实力来看，当今世界依然被美国和西方机构所主导。因此，毫无悬念的是没有哪一个新兴国家会直接挑衅或制衡

---

① Vadim Lukov（2012），The Role of the BRICS and the Prospects for the Future，http：//www. brics. utoronto. ca/analysis/Lukov - Global - Forum. html.

② Gilplin（1983），War and Change in World Politics，p. 50.

美国。尽管如此，随着金砖国家政治、经济和军事实力的不断增强，以及在国际组织中发挥越来越重要的作用，甚至引导国际组织的走向和议程设定，美国等西方国家的地位还是受到了一定程度的挑战。但金砖国家参与全球治理的态度是改革而非革命。没有哪个新兴国家表现出要对国际体系做出革命性的变革。它们既没有与发展中国家联合起来重新分配传统议程也没有对国际秩序做出激进变革。总的来说，新兴国家是当今美国主导的国际秩序的受益者。没有哪个国家可以不计代价地全盘推翻这一秩序，尽管金砖国家试图建立一套平行的、新的机构，比如金砖国家开发银行这样的机构。

3. 金砖国家与西方国家有着不同的发展经历，处于不同的历史阶段，导致其全球治理理念与西方并不吻合，这是一种常态

一方面，目前，世界政治不仅仅正在经历实力的转移，同时还在经历支撑全球治理理念和原则的转换。尤其是2008年全球金融危机之后，包括中国和印度在内的部分非西方国家，经济增长得到较快恢复，而美国等西方国家仍然没有走出金融危机的影响。这有可能动摇西方资本主义社会发展的基本理念。近年来，关于"中国模式"和"华盛顿共识"孰优孰劣的争论就是最好的注脚。另一方面，金砖国家不认为西方的理念和文化要比世界其他地区的优越，它们也在试图找到解决全球问题的思路和方法。在人道主义干涉和保护的责任（R2P）等国际社会共同关心的问题上，金砖国家基于自身利益和全球政治现实的考量，给出了与西方不同的解决方案；在WTO议题的讨论中，也越来越多地听到金砖国家的声音和诉求，进而影响到从全球贸易到环境等的很多方面；金砖国家特别强调国家主权和独立，对他国可能的任何干涉保持高度警惕，对干涉他国事务的行为勇敢地说不。随着时间的推移，金砖国家将为全球治理贡献更多的智慧和力量。毕竟，世界是五彩缤纷的，不应当只有一种声音。

金砖国家正利用非正式的多边论坛影响国际规范的发展。金砖峰会在国际政治舞台上发挥了愈加重要的影响力，金砖国家在世界舞台上正在扮演积极的角色。并且，像上海合作组织这样的区域性组织更多地反映参与国的利

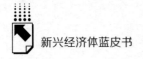

益，强化了这些国家的政治倾向和该组织的合法性。这与以往被动的外交有天壤之别。金砖国家正在对什么样的规范是国际社会合法的规范享有发言权，也即从以往规则的接受者（rule-taker）变为规则的制定者（rule-maker）。在全球气候治理中，金砖国家更多关注的是国内经济发展与环境保护的平衡。它们认为，发达国家不但有资源，而且有义务承担气候保护的成本，因为从历史的视角来看，发达国家对于气候变化应负主要责任。金砖国家还坚决捍卫主权和不干涉内政原则。它们怀疑所有有损单一国家主权的全球治理倡议。它们认为国际刑事法院和保护的责任（R2P）反映的是发达国家狭隘的利益。

五 结论

金砖国家机制是在第二次世界大战全球治理框架之外的非正式空间中产生和发展起来的。它们也是联合国主要的可持续发展目标（SDG）和2015年气候变化协议的主要支持者。除了俄罗斯之外，其他金砖国家都是经合组织（OECD）的"关键伙伴"（key partner），参与高级别会议和广泛的政策合作，并且是经合组织发展中心的正式成员。因此，金砖国家作为一个政治经济协会，可以看作嵌入在不断演变的国际进程中，处理21世纪多极世界高度相互依赖的全球治理和共同关心的公共政策问题。

随着金砖国家在国际舞台上发挥的作用逐渐增大，有关金砖国家在全球治理中扮演的角色的讨论亦不绝于耳。坦率地说，尽管金砖国家的经济、政治和军事实力显著增强，但现在还不足以对全球治理秩序产生重大而实质性的影响。主要原因如下：从物质实力上来讲，它们面对的是美国这个统治世界近半个世纪的超级大国以及欧盟、日本、澳大利亚、加拿大等众多的"小兄弟"；从制度和理念上来讲，西方是众多国际组织的创始国，在众多重要的政府组织和非政府组织中发挥了关键作用，以美国为主导构建的全球治理体系，尽管存在这样或那样的问题甚至得不到大多数发展中国家的认可，但要彻底将其推翻并不现实，原因在于新的全球治理体系的建立和完善是一个漫长的过程，况且全球治理体系也存在制度优劣的竞争。只要新的全球治理体系更有能力引领世界向着更加公平合理和和平与共赢的方向发展，那么旧的全球治理体系便失去其存在的价值。

参考文献

1. Sarah Babb (2013), *The Washington Consensus as Transnational Policy Paradigm*: *Its Origins*, *Trajectory and Likely Successor*, Review of International Political Economy, 20: 2, 268 – 297.

2. Adriana Erthal Abdenur (2014), *Emerging Powers as Normative Agents*: *Brazil and China within the UN Development System*, Third World Quarterly, 2014, Vol. 35, No. 10, 1876 – 1893.

3. Leslie Elliott Armijio and CynthiaRoberts (2014), *The Emerging Powers and Global Governance*: *Why BRICS Matter*, Handbook of Emerging Economies, New York: Routledge, 2014.

4. MilesKahler (2013), *Rising Powers and Global Governance*: *Negotiating Change in a Resilient Status Quo*, International Affairs 89: (2013) 711 – 729.

5. Kevin Gray and Craig N. Murphy, *Introduction*: *Ring Powers and the Future of Global Governance*, Third World Quarterly, 2013, 34: 183 – 193.

6. Stephen, Matthew D (2014), *Rising Powers*, *Global Capitalism*, *and Liberal Global Governance*: *A Historical Material Account of the BRICs Challenge*, European Journal of International Relations, published online, DOI: 10. 1177/1354066114523655.

7. RobertKappel (2015), Global Power Shifts and Challenges for the Global Order, IMVF Policy paper 2/2015, www. imvf. org.

8. MarkR. Brawley (2007), *Building Blocks or a BRIC Wall?* Fitting US foreign Policy to the Shifting Distribution of Power, Asian Perspective Vol. 31, No. 4, 2007, pp. 151 – 175.

9. G. John Ikenberry and Thomaswright (2008), Rising Power and Global Institution, A Century Foundation Report.

10. Adriana ErthalAbdenur (2014), BRICS and Global Governance Reform: A Two-pronged Approach. BRICS & Afric.

11. Niall Duggan, *BRICS and the Evolution of a New Agenda Within Global Governance*, The European Union and the BRICS, pp. 11 – 25, Edited by Marek Rewizorski.

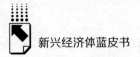
12. Deepak Nayyar, *BRICS*, *Developing Countries and Global Governance*, Third World Quarterly Vol. 37, Iss. 4, 2016.

13. Carey, R. and Li, X. (2016), "Understanding the BRICS Evolving Influence and Role in Global Governance and Development", IDS Policy Briefing 119, Brighton: IDS, http://opendocs.ids.ac.uk/opendocs/handle/123456789/11635.

B.12
金砖国家框架下的双边与多边
合作研究：基于中国视角

郭　晴　陈伟光*

摘　要：　本文分析认为，在复杂的世界形势下，金砖国家坚定信心、推动双边和多边合作，共同应对全球危机和挑战，成为世界经济中流砥柱和国际合作典范，还基于中国发展经验及在金砖国家中的规模效应，从中国视角来构建金砖框架下的双边与多边合作范式，有助于指导未来金砖国家框架下的多边合作。

关键词：　金砖国家　双边合作　多边合作　中国视角

中国将于2017年9月3日至5日在福建省厦门市举办金砖国家领导人第九次会晤。这是中国主导的又一次国际盛会，中国、俄罗斯、印度、巴西、南非五国元首将齐聚厦门，共同探讨金砖国家框架下的双边和多边合作之道。金砖国家自2007年开始合作以来，至今已经有十年，逐渐成为新兴经济体国家合作的典范，同时也是加快全球经济增长、完善全球治理、推动国际秩序变革的主要力量。[1] 2008年的全球金融危机使得全球经济普遍下滑，随后世界各国政府虽然纷纷采取措施试图力挽狂澜，但是没有实现预期效果，在全球金融危机后的今天，世界经济陷入了结构性低迷的状态。经

---

* 郭晴，广东外语外贸大学经济贸易学院硕士研究生；陈伟光，广东外语外贸大学国际战略研究院研究员、金融学院教授。
[1] 钟声：《行动共同体，引领金砖光明未来》，《人民日报》2017年2月25日，第2版。

济上的不景气引发了政治和社会的动荡不安。面对复杂的世界形势，金砖国家作为新兴经济体重要的一支力量，坚定信心、共同应对来自全球的危机和挑战，推动双边和多边合作，提振世界经济。以往的研究，主要是局限于金砖国家合作机制的研究，没有形成双边和多边相融的合作范式。基于此，本文试图从中国的视角来构建金砖国家框架下的双边与多边合作范式，以指导未来金砖国家框架下的多边合作。选择中国视角的主要原因在于，中国是金砖国家中人口最多、经济总量最大的国家，连续多年领跑世界经济。中国的改革开放取得了举世瞩目的成绩，同时中国在完善全球治理和变革国际秩序方面起着主导性的作用。中国经验和中国发展模式赢得了全世界的认可。因此，基于中国的视角研究金砖国家合作问题更有说服力和代表性。

一 双边与多边合作的区别与联系

为了进一步研究金砖国家框架下的多边合作，我们有必要对金砖国家框架下的双边和多边合作的概念进行界定和辨析，以便为后文的研究提供支撑。

双边合作是指在国与国的交往中，一国与他国为了寻求共同的国家利益而组建起来的合作关系，从数量的角度上来讲，是国与国一对一的关系，是两个国家双向互动和利益协调的结果。① 两个国家友好地建立双边合作关系，签订双边合作协议，体现了合作双方的战略利益，也是合作双方的新起点。双边合作往往具有以下特点：一是两个国家的双边合作从本质上讲是具有可分割性的，两个国家之间的双边关系能够被分割成各种各样的双边合作组合；二是两个国家之间的双边合作将会根据不同的利益状况和急切程度，让不同的双边关系在被重视的程度上有所不同；三是双边合作以不同的双边利益为前提条件，二者之间的收益在不断平衡的过程中实现。在很多情况

---

① Caporaso J. A. , "International Relations Theory and Multilateralism", *The Search for Foundations*, *International Organization*, 1992, 46（3）, pp. 599 – 632.

下，双边合作是基于共同的利益需求或者相同的意识形态，甚至一方运用权力对另一方的胁迫都有可能实现。依照这个标准，我们就能够把三个国家中两者之间的合作从"多边合作"中剔除出来。

与双边合作不一样，按照学术界的普遍观念，多边合作有两种定义。一种是以基欧汉为代表的以合作所拥有的外部形态和特征来进行界定，即多边合作就是三个或者三个以上的国家组成的利益集团，它们依据一定的制度或者规则来协调各国行动的实践活动，这既包括了制度化较高的正式规则和非正式规则，也包含了一些临时性的会议与安排活动。① 正如基欧汉所说的那样，这个组织应该是公开透明的，向所有满足其条件的国家开放，并且在一定时期内基本保持稳定。另一种以约翰·鲁杰为代表，他的定义更为严格，他认为多边合作就是在广义的行动原则基础上协调三个或三个以上国家之间关系的制度形态，即在不考虑特定情形中各方利益或者战略的情况下进行适合规则的行动。② 这是从社会建构主义的角度来进行的一种共同行动，不能够对原则进行伤害。尽管这两种定义各有特色，但是我们在谈论这一概念的时候主要还是倾向于第二种定义。以行动的普遍性为内核的多边主义范式的兴起主要还是为了应对全球化的公共问题，这些问题没有哪一个国家可以独自解决。所以，真正意义上的多边主义主要是非盟友之间的相互协作，有些类似于一个世界的多边形态，尽管表面上是多边的，内核却是单边的。

多边合作与双边合作之间的区别主要表现在以下几个方面。一是在一些带有利益分配的领域，双边合作与多边合作导致的收益结果可能会不同。假如，在双边合作的手段下，不同国家可以根据对手的不同特性，采取不同的对话策略和方式，尽可能在每一项谈判中获取最大利益。但是在多边合作中，这种战术性的策略使用将会受到很大的掣肘。③ 两个国家之间进行双边

---

① 汤蓓：《安全化与国家对国际合作形式的选择》，复旦大学博士学位论文，2009。

② 〔美〕约翰·鲁杰主编《多边主义》，苏长和等译，浙江人民出版社，2003，第12页。

③ 〔美〕罗伯特·基欧汉、约瑟夫·奈：《权力与相互依赖》，门洪华译，北京大学出版社，2002，第11页。

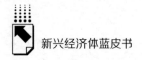
合作，除了使对方做出必要的让步之外，还可以更好地服务于本国获得各种权力的目标。二是两个国家之间的双边合作对双方的承诺往往会要求更高一些。尤其是在政治、军事、经济等领域内的双边合作，同时意味着双方之间存在"特殊关系"，但是在多边合作中，这种含义就会被冲淡。三是多边合作与双边合作各有利弊。多边合作由于需要征求合作各方的意见和建议，其达成合作要比双边合作困难许多，集体行动往往会形成旷日持久的谈判，达成一致意见的成本和代价往往会比较大。

双边合作和多边合作的联系表现在：双边合作可能会与多边合作同时进行，还有可能会起到促进多边合作的作用。例如，在打击恐怖主义和保护环境资源的问题上，由于二者的目标是一致的，为了公共利益，这两种合作形式便可以相互兼容。除此之外，一些比较合理的双边合作形式也会成为合作的典范，被其他国家纷纷效仿，以至于出现"合作文化"的形式，促成多边合作的展开。

对比双边合作和多边合作的分析，我们可以看出双边合作和多边合作各有优劣，完全可以根据不同国家在合作中的具体诉求以及不同议题的形式来做出选择，选取其中的一种形式或者同时采用两种合作形式。

二　金砖国家框架下中国与其他四国的双边合作

在全球化发展的今天，全球多边合作最庞大的组织应该是联合国，在联合国框架内世界各国进行着广泛的双边和多边合作。与联合国不同的是金砖国家机制，这是新兴发展中国家参与全球治理、变革国际秩序的重要舞台。中国与其他四个国家一道在金砖国家框架内开展了广泛的政治、经济、文化合作。

（一）中国与俄罗斯的合作

1. 政治方面

中俄是两个相邻的世界大国，同为联合国常任理事国。在历史上，中俄有着非常悠久的合作历史，并且双方在很多国际问题上保持一致的看法，合作成效也是非常显著的。中国和俄罗斯在双边合作关系上建立了稳固的全面战略协作伙伴关系。经过相互协作，在重大国际问题上保持一致的立场，对很多国际重大问题有着充分的发言权，起着决定性的作用。中国在与俄罗斯的合作中，始终坚持和平共处、平等相待、相互尊重、互利共赢的理念。同时，中国奉行不结盟的外交政策，独立自主地决定本国对内对外的各项方针和政策。中俄关系不会由国际形势的变化而被影响，也不会迫于任何第三方的压力。一方面，俄罗斯是中国的周边大国；另一方面，俄罗斯是世界多极化发展中的重要一极。未来，中俄关系还会不断向前发展。当然由于中国奉行的是不结盟的对外政策，中俄之间的合作也绝不针对第三方国家。中俄在历史交往中建立了深厚的友谊，开创了一种建立在平等、互惠、互利、协作、相互尊重、互不干涉内政的基础上，进行广泛交流与合作的新型大国关系。① 中俄关系的发展深刻影响着 21 世纪的世界格局。

2. 经济方面

（1）中俄之间的双边贸易额

2016 年，中俄双边进口贸易额为 28020 百万美元，2006 年为 17554.3 百万美元（见图 1）。由此可以看出，11 年间中国和俄罗斯的双边进口贸易额增长了将近 60%。在这 11 年间，中国与俄罗斯双边贸易进口额最多的年份是 2012 年，惊人地达到了 44138.2 百万美元；其次是 2014 年，为 41619.1 百万美元；排在第三名的是 2011 年，也达到了 40362.6 百万美元。由图 1 还可以看出，2006～2008 年，中国与俄罗斯的双边进口额是稳步上升的，2009 年由于全球金融危机的影响，出现了双边进口贸易额下降的态势，下降到 21282.9 百万美元。2010 年，中俄两国政府纷纷出台经济增长的刺激性政策，如中国 4 万亿元的投资，使得中俄之间的双边进口贸易额在 2011 年出现了急剧上升的态势，2011 年比 2010 年增长了 55.76%，2012 年开始又恢复到平稳状况，由于世界各国政府的救市没有从根本上解决困扰全

① 齐皓：《中国学界对新型大国关系的共识与分歧》，《国际政治科学》2015 年第 1 期。

球经济下滑的问题，2015～2016 年中俄之间的双边进口贸易额逐步下滑，基本上快要后退到 2010 年的水平了。

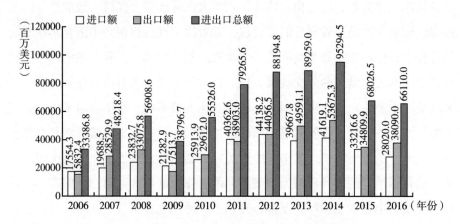

图 1　2006～2016 年中国与俄罗斯双边贸易额

资料来源：联合国商品贸易统计数据库，https：//comtrade. un. org/data/，2016 年的数据来源于《2016 年俄罗斯货物贸易及中俄双边贸易概况》。

2016 年，中俄双边出口贸易额为 38090 百万美元，2006 年为 15832.4 百万美元。11 年间中俄双边出口贸易额增长了 1.41 倍。在过去的 11 年中，中国与俄罗斯双边出口贸易额最多的年份是 2014 年，达到了 53675.3 百万美元。最少的年份为 2006 年，仅为 15832.4 百万美元，二者相差 2.39 倍。这充分说明，11 年间，中俄之间的双边贸易出口额飞速发展，有力地推动了两国之间的经济增长。从图 1 中我们可以看到，中俄之间双边贸易出口额的增长根据其特征可以分为三个阶段。第一阶段是 2006～2008 年，双边出口贸易额迅速增长。第二阶段是 2009 年，由于全球金融危机的影响，中俄双边出口贸易额出现断崖式下滑，2009 年相比 2008 年，几乎下降了一半。第三阶段为 2010～2014 年，在这个阶段中，中俄双边出口贸易额出现大幅增加。一个重要的原因可能是双方的关系日趋紧密，政治上的亲近带动了经济上合作的加强。2015～2016 年，双边出口贸易额进入一个萎缩期，主要原因是 2008 年的全球金融危机余毒未清，世界经济低迷，全球经济出现结构性失调的状态。

2016 年，中俄双边进出口贸易总额为 66110 百万美元，2006 年为 33386.8 百万美元。11 年间中俄双边进出口贸易额增长了 98%。在过去的 11 年中，中国与俄罗斯双边进出口贸易总额最多的年份是 2014 年，达到了 95294.5 百万美元。最少的年份为 2006 年，仅为 33386.8 百万美元，二者相差 1.85 倍。通过对比进口和出口贸易额，可以看出，双边进出口贸易总额的增速不及双边出口贸易额的增速，但是高于双边进口额的增速。从图 1 可以看出，中俄之间的双边进口额、出口额、进出口总额三者的变化基本上是一致的，2008 年全球金融危机之前迅速增长，2009 年急剧下降，2010 年后又恢复到危机前的状况，2015～2016 年又出现低迷的状况。

（2）中俄之间的双边投资额

2015 年，中国对俄罗斯的投资流量为 29.61 亿美元，2006 年为 4.52 亿美元（见图 2）。由此可以看出，10 年间中国对俄罗斯的投资流量增加了 5.55 倍。在这 10 年间，中国对俄罗斯投资最多的年份是 2015 年，惊人地达到了 29.61 亿美元；其次是 2013 年，为 10.22 亿美元；排在第三名的是 2012 年，也达到了 7.85 亿美元。由图 2 还可以看出，2006～2007 年，中国对俄罗斯的投资流量是在稳步上升的，2008～2009 年，受全球金融危机的影响，出现了中国对俄罗斯的投资流量下降的态势。2010～2013 年，中国对俄罗斯的投资稳步增长，2013 年比 2010 年增长了 79.93%，2014 年又开始下滑，减少到 6.34 亿美元，2015 年出现陡然上涨的趋势，由 6.34 亿美元猛然上升到了 29.61 亿美元，这主要与中国"一带一路"投资项目的展开有关。

2015 年，俄罗斯对中国的投资流量仅为 0.13 亿美元，2006 年为 0.67 亿美元。在过去的 10 年中，俄罗斯对中国的投资流量最大的年份是 2006 年，达到了 0.67 亿美元。最少的年份为 2015 年，仅为 0.13 亿美元。这充分说明，10 年间，俄罗斯对中国的投资是在减少的，这也从一个侧面说明了俄罗斯的经济不景气程度。从图 2 可以看到，俄罗斯对中国的投资流量相比中国对俄罗斯的投资流量小很多，这与俄罗斯的军事强国地位不相匹配。总体而言，俄罗斯对中国的投资一直较少，并且还呈现一种逐渐萎缩的趋势。这主要是与乌克兰公投事件后，欧美西方大国对俄罗斯的经济制裁有

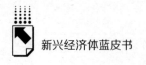

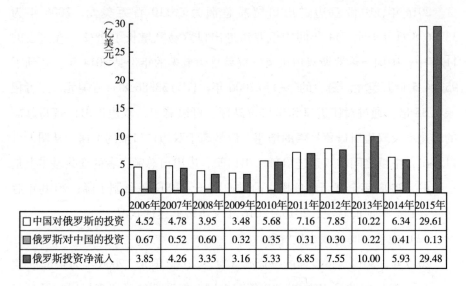

	2006年	2007年	2008年	2009年	2010年	2011年	2012年	2013年	2014年	2015年
中国对俄罗斯的投资	4.52	4.78	3.95	3.48	5.68	7.16	7.85	10.22	6.34	29.61
俄罗斯对中国的投资	0.67	0.52	0.60	0.32	0.35	0.31	0.30	0.22	0.41	0.13
俄罗斯投资净流入	3.85	4.26	3.35	3.16	5.33	6.85	7.55	10.00	5.93	29.48

图2　2006～2015年中国与俄罗斯双边FDI流量

资料来源：2006～2015年的数据来源于《2016年金砖国家联合统计手册》。

关。2009年，全球金融危机使得俄罗斯对中国的投资减少了近一半。从图2中还可以看出，10年间，俄罗斯对中国投资流量的变动类似于波浪式，没有太明显的规律，并且大部分时间变动不大。

2015年，俄罗斯的投资净流入为29.48亿美元，2006年为3.85亿美元。10年间俄罗斯的投资净流入增长了6.657倍。在过去的10年中，俄罗斯的投资净流入最多的年份是2015年，达到了29.48亿美元。最少的年份为2009年，仅为3.16亿美元，二者相差8.33倍。通过对比中国对俄罗斯的投资和俄罗斯对中国的投资，可以看出，俄罗斯投资净流入的增速高于中国对俄罗斯投资的增速和俄罗斯对中国投资的增速。从图2可以看出，俄罗斯投资净流入除了几个年份之外，整体上是递增的，中国对俄罗斯进行的大量投资带动了俄罗斯经济的快速发展。

3. 文化方面

中俄两国文化源远流长，俄罗斯作为苏联的主体继承者，曾经与中国同属于社会主义阵营，尤其是在共产主义运动史上，俄罗斯曾经对中国共产党的产生和壮大在不同时期给予过帮助。站在新的历史起点上，中俄两国继往开来，两国加强人文和民间交流，互办"国家年""语言文化年"等重大的双边文化交流活动，进一步密切了两国的关系。[1] 中俄两国之间在人道主义方面的合作有着非常深厚的文化渊源，这种合作意义重大，可以加深中国与俄罗斯两国公民的相互了解，加强友好合作，也能够促进中国与俄罗斯两国在各方面合作，尤其是当两国的文化基础良好时，经济领域出现的分歧就容易解决。中国与俄罗斯两个国家的文化交往正在变得更加密切，在艺术、旅游等方面有着比较相近的兴趣。从2006年开始，在中国与俄罗斯两国领导人互访机制下举办的中俄"国家年""语言年""旅游年""青年友好交流年""媒体年"不断做大做强，有利于促进两国人民的友好往来，推动在各个领域的务实合作。例如，2015年中国和俄罗斯都举办了纪念世界反法西斯战争胜利70周年的大阅兵活动，中俄国家元首相互出席助威，加深了两国的亲密关系。

（二）中国与印度的双边合作

1. 政治方面

印度与中国在历史上同属于被西方发达国家殖民和压迫的国家，两国人民为了本国的独立、民主、富强进行了艰苦卓绝的斗争，最终都取得了本国民族、民主运动的胜利。[2] 印度曾经在第一次亚非拉会议上支持过中国，两国于1950年4月1日建交。但是后来由于达赖喇嘛问题，中印出现了严重的分歧，两国关系恶化。包括之后的领土纠纷问题也影响到两国的政治交流与合作。面向21世纪，2005年中国和印度发表《联合声明》，建立了两国面向和平与繁荣的战略合作伙伴关系。[3] 中印同属新兴经济体国家，是世界上人口最多的两个国家，两个国家在许多国际事务中，拥有相同的立场，需要加强合作。例如：在共同面对全球气候问题上，中印同属于高碳排放的国

---

[1] 李辉：《文化外交影响深远》，《人民日报》2014年7月31日，第3版。

[2] 邓雯：《论冷战后中国的南亚政策》，华中师范大学硕士学位论文，2014。

[3] 黄正多、严晓风：《多边主义视角下的中印国际合作》，《南亚研究季刊》2012年第2期。

家，需要联合起来，抵制西方发达国家对发展中国家给予的不公平待遇。作为金砖国家框架内两个重要的国家，以及新兴经济体的重要一员，中印相互协作、共同支持，为打破发达国家在国际事务中的话语垄断权而努力。印度没有出席 2017 年 5 月举办的"一带一路"国际合作高峰论坛，对于今后加强金砖国家的合作以及利用共建"一带一路"的历史机遇来发展本国经济是不明智的。期待今后中印之间能够在政治领域有更好的合作。金砖国家合作是 2008 年经济危机后出现的新的多边机制，在促进机制内国家开展多边合作、共同推动国际经济秩序变革的同时，也对中印关系产生了一定影响。①

2. 经济方面

（1）中印之间的双边贸易额

2016 年，中印双边进口贸易额为 8960 百万美元，2006 年为 12909.50 百万美元（见图 3）。由此可以看出，11 年间中国和印度的双边进口贸易额减少了 30.59%。在这 11 年间，中国与印度双边贸易进口额最多的年份是 2010 年，达到了 38099.45 百万美元；其次是 2008 年，为 29863.44 百万美元；排在第三名的是 2009 年，也达到了 28280.98 百万美元。由图 3 还可以看出，2006～2008 年，中国与印度的双边进口额都是在稳步上升的，2009 年由于受全球金融危机的影响，出现了双边进口贸易额的小幅下降，下降到 28280.98 百万美元。2010 年，两国政府纷纷出台经济刺激政策，使得中印之间的双边进口贸易额出现了急剧上升的态势，达到了 38099.45 百万美元的历史最高，2010 年比 2009 年增长了 34.72%，2012 年开始直到今天，中印之间的双边进口贸易额逐步下滑，甚至已经远低于 10 年前的水平了。

2016 年，中印双边出口贸易额为 60656 百万美元，2006 年为 7380.11 百万美元（见图 3）。11 年间中俄双边出口贸易额增长了 7.22 倍。2006 年到 2008 年全球金融危机前，中印之间的双边出口贸易额一路高歌猛进，到了 2009 年，受全球金融危机的影响，有小幅度的下滑，随着政府救市工作

---

① 陈剑煜：《金砖机制与中印双边关系的联系结构与影响路径》，《战略决策研究》2016 年第 4 期。

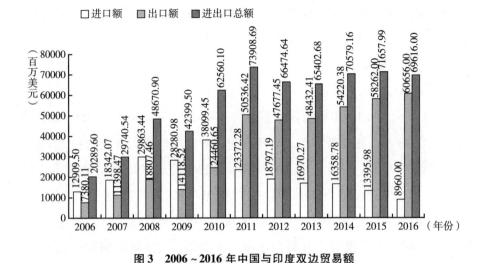

图3 2006～2016年中国与印度双边贸易额

资料来源：联合国商品贸易统计数据库，https：//comtrade. un. org/data/，2016年的数据来源于《2016年印度货物贸易及中印双边贸易概况》。

的展开，2010年开始恢复到危机前的水平并有所增长，2011年出现一个相对小高点，主要是由于政府救市的举措开始全面产生效力，促进了双边出口贸易额的增加。2012年又开始回落，2013年到现在开始保持平稳增长。对比中印之间的双边进口额可以发现，双边出口额要远远大于双边进口额，结合2016年中印贸易相关资料发现，其主要原因是印度从中国的进口额要远远大于向中国的出口额，印度与中国的双边贸易过程中，逆差比较严重。所以在今后的发展中，印度要多发展本国工业，增加对中国的出口。

2016年，中印双边进出口贸易总额为69616百万美元，2006年为20289.60百万美元。11年间中印双边进出口贸易总额增长了2.43倍。在过去的11年中，中印双边进出口贸易总额最多的年份是2011年，达到了73908.69百万美元。最少的年份为2006年，仅为20289.60百万美元，二者相差2.64倍。通过对比进口贸易额和出口贸易额，可以看出，双边进出口贸易总额的增速不及双边出口贸易额的增速，但是高于进口贸易额的增速。从图3可以看出，中印之间的双边进口额、出口额、进出口总额三者的变化基本上是一致的，2006～2008年全球金融危机之前迅速增长，2009年略微减少，2010年、2011年连续两年大幅增加，2012年、2013年又小幅减少，2014年、2015年小幅增加，2016年又开始小幅减少，整体而言，呈现一种波浪式的前进状况。

（2）中印之间的双边投资额

2015年，中国对印度的投资流量为7.05亿美元，2006年为0.06亿美元（见图4）。由此可以看出，10年间中国对印度的投资流量增加了116.5倍。在这10年间，中国对印度的投资最多的年份是2015年，达到了7.05亿美元，几乎是前面9年的总和；其次是2014年，为3.17亿美元；排在第三名的是2012年，也达到了2.77亿美元。由图4还可以看出，2006～2008年，中国对印度的投资流量都是在稳步上升的，受全球金融危机的影响，2009年出现了中国对印度投资流量下降的态势，下降到－0.25亿美元。2010～2012年，中国对印度的投资稳步增长，2012年比2010年增加了4.77倍，2013年又开始下滑，减少到1.49亿美元，2014年又开始上涨，达到了3.17亿美元，2015年又猛然上升到了7.05亿美元，这主要与中国"一带一路"投资战略的展开有关。

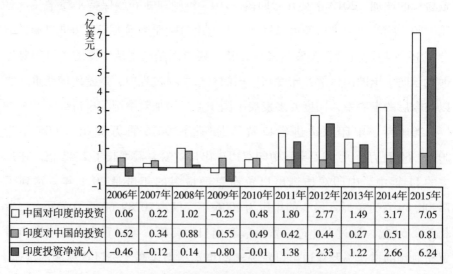

（亿美元）	2006年	2007年	2008年	2009年	2010年	2011年	2012年	2013年	2014年	2015年
□中国对印度的投资	0.06	0.22	1.02	−0.25	0.48	1.80	2.77	1.49	3.17	7.05
▨印度对中国的投资	0.52	0.34	0.88	0.55	0.49	0.42	0.44	0.27	0.51	0.81
■印度投资净流入	−0.46	−0.12	0.14	−0.80	−0.01	1.38	2.33	1.22	2.66	6.24

图4　2006～2015年中国与印度双边 FDI 流量

资料来源：2006～2015年的数据来源于《2016年金砖国家联合统计手册》。

2015 年，印度对中国的投资流量仅为 0.81 亿美元，2006 年为 0.52 亿美元。10 年间印度对中国的投资变化不是很大，仅增加了 0.29 亿美元。在过去的 10 年之中，印度对中国的投资流量最大的年份是 2008 年，达到了 0.88 亿美元。最少的年份为 2013 年，仅为 0.27 亿美元。这充分说明，10 年间，印度对中国的投资流量是在缓慢增长的，这也从一个侧面说明了印度缺乏向外投资的资金。从图 4 可以看到，印度对中国的投资流量相比中国对印度的投资流量小很多，这与印度人口大国地位不相匹配。总体而言，印度对中国的投资一直较少，基本保持在 0.3 亿~0.5 亿美元的范围内，投资时多时少。最近三年由于中国大举对印度投资，带动了印度投资中国的热情，随着"一带一路"的推进，中国和印度这两个人口大国的经济联系将会越来越紧密。2008 年全球金融危机使得印度对中国的投资减少了差不多一半。从图 4 可以看出，近 10 年，印度对中国的投资流量的变动类似于波浪式，没有太明显的规律，并且大部分时间变动也不大。

2015 年，印度的投资净流入为 6.24 亿美元，2006 年为 −0.46 亿美元。10 年间印度的投资净流入增长了 14.57 倍。在过去的 10 年之中，印度的投资净流入最多是年份是在 2015 年，达到了 6.24 亿美元。最少的年份为 2009 年，仅为 −0.8 亿美元。通过对比中国对印度的投资和印度对中国的投资，可以看出，印度的投资净流入的增速高于中国对印度的投资的增速和印度对中国的投资的增速。从图 4 还可以看出，印度投资的净流入除了几个年份（2009 年和 2013 年）之外，整体上是递增的，中国对印度进行的大量投资带动了印度经济的快速发展。

3. 文化方面

中国和印度同属于四大文明古国，历史文化源远流长。早在唐朝时期，就有玄奘西天取经的故事。包括印度的佛教、禅宗对中国的影响深远。站在历史的新起点上，中印有必要加强文化交流与合作，文化上的交流与合作更能够促进其他方面的合作与发展。近年来，中印也进行了一系列的合作，两国人文领域的交流与合作不断扩大。2011 年是"中印交流年"。4 月，"感知中国·印度行—四川周"活动在印度举办。5 月，国家新闻出版总署副署

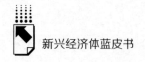

长邬书林访印，与印方签署关于编纂"中印文化交流百科全书"的谅解备忘录。7月，印度文化关系委员会与上海档案馆共同举办"泰戈尔中国之旅"图片展。2015年5月，首届中印地方合作论坛在北京举行，四川省与卡纳塔卡邦、重庆市和金奈市、青岛市和海德拉巴市、敦煌市和奥朗加巴德市建立友好城市关系。2016年，贵州省与安德拉邦、济南市与那格浦尔市、新疆昌吉回族自治州与古吉拉特邦巴罗达市结成友好省邦/城市。

（三）中国与巴西的合作

1. 政治方面

巴西是拉丁美洲领土面积最大的国家，在历史上也是深受西方殖民主义压迫，拉美各国人民通过艰苦卓绝的努力终于赢得了民族解放，获得了独立。新中国成立之初，巴西也是积极支持中国恢复联合国合法席位的国家，在历史上与中国建立了深厚的友谊。面向新时期，政治领域，中国和巴西进行了良好合作。在处理利比亚问题上，中国和巴西都是主张运用和平的方式来解决利比亚危机问题，支持联合国安理会采取适当和必要的行动。在一系列重大国际政治问题上，中国与巴西立场一致，两国都奉行独立自主的和平外交政策，主张世界多极化，积极参与全球治理。中巴两国充分利用联合国和金砖国家合作机制来协调国际事务，提高在国际舞台上的影响力。

2. 经济方面

（1）中巴之间的双边贸易额

2016年，中巴双边进口贸易额为35130百万美元，2006年为12909.5百万美元（见图5）。由此可以看出，11年间中国和巴西的双边进口贸易额增加了1.72倍。在这11年间，中国与巴西双边贸易进口额最多的年份是2013年，达到了54299.12百万美元；其次是2011年，为52386.75百万美元；排在第三名的是2012年，也达到了52281.13百万美元。由图5还可以看出，2006~2008年，中国与巴西的双边进口额都是在稳步上升的，2009年受全球金融危机的影响，双边进口贸易额略有下降，下降到28280.98百万美元。2010年，两国政府开始出台刺激经济增长的政策，使得中巴之间的双边进口贸易额在 2011 年出现了急剧上升的态势，2011 年比 2010 年增加了 37.5%，2012 年开始又恢复到平稳状况，由于世界各国政府的救市政策没有从根本上解决困扰全球经济下滑的问题，近两年中巴之间的进口贸易额逐步下滑。

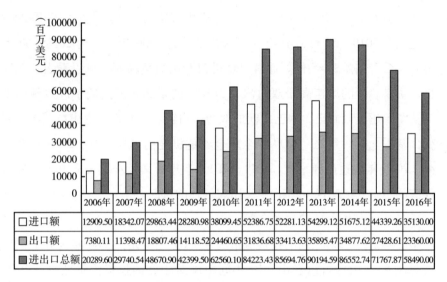

图 5 2006～2016 年中国与巴西双边贸易额

资料来源：联合国商品贸易统计数据库，https：//comtrade.un.org/data/，2016 年的数据来源于《2016 年巴西和中国双边贸易概况》。

2016 年，中巴双边出口贸易额为 23360 百万美元，2006 年为 7380.11 百万美元。11 年间中巴双边出口贸易额增长了 2.17 倍。在过去的 11 年中，中国与巴西双边出口贸易额最多的年份是 2013 年，达到了 35895.47 百万美元。最少的年份为 2006 年，仅为 7380.11 百万美元，二者相差 3.86 倍。这充分说明，11 年间，中巴之间的双边贸易出口额飞速发展，有力地推动了两国的经济增长。从图 5 可以看到，中巴之间双边贸易出口额的增长根据其特征可以分为三个阶段：第一阶段是 2006～2008 年，双边出口贸易额迅速增长。第二阶段是 2009 年，由于全球金融危机的影响，中巴双边出口贸易额出现小幅下降。第三阶段是 2010～2013 年，中巴双边出口贸易额平稳发展，出口额出现小幅增加。2014～2016 年，双边出口贸易进入一个萎缩期，

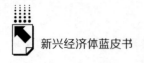
主要原因是 2009 年的全球金融危机导致世界经济低迷，全球经济出现结构性失调的状态。

2016 年，中巴双边进出口贸易总额为 58490 百万美元，2006 年为 20289.60 百万美元（见图 5）。11 年间中巴双边进出口贸易额增长了 1.88 倍。在过去的 11 年中，中国与巴西双边进出口贸易总额最多的年份是 2013 年，达到了 90194.59 百万美元。最少的年份为 2006 年，仅为 20289.60 百万美元，二者相差 3.45 倍。通过对比进口和出口贸易额，可以看出，双边进出口贸易总额的增速高于双边出口贸易额的增速，但是低于进口额的增速。从图 5 还可以看出，中巴之间的双边进口额、出口额、进出口总额三者的变化基本上是一致的，2009 年全球金融危机之前迅速增长，2009 年略有下降，2010 年快速反弹增长，2011～2013 年开始又稳步增长，由于世界整体经济的不景气，2014～2016 年又出现低迷的状况。

（2）中国与巴西的双边投资额

2015 年，中国对巴西的投资流量为 -0.63 亿美元，2006 年为 0.1 亿美元（见图 6）。由此可以看出，10 年间中国对印度的投资流量减少了 0.73 亿美元。在这 10 年间，中国对巴西投资最多的年份是 2014 年，达到了 7.3 亿美元，投资最少的年份为 2015 年，为 -0.63 亿美元，最多的年份是最少年份的 12.59 倍；其次是 2010 年，为 4.87 亿美元；排在第三名的是 2013 年，也达到了 3.11 亿美元。由图 6 还可以看出，2008～2010 年，中国对巴西的投资流量稳步上升，2010～2014 年，中国对巴西的投资呈现波浪式的变化，上升与下降轮流出现，直到 2015 年跌入谷底。全球金融危机并没有使中国减少对巴西的投资，反而在 2008～2010 年，中国对巴西的投资稳步上升，由 0.22 亿美元上升到 4.87 亿美元；2011 开始下降，紧接着 2012～2014 年又开始迅速上升，在 2014 年达到最高值，直到 2015 年又猛然跌入谷底。

2015 年，巴西对中国的投资流量仅为 0.51 亿美元，2006 年为 0.56 亿美元。10 年间巴西对中国的投资变化不是很大，下降了 0.05 亿美元。在过去的 10 年中，巴西对中国的投资流量最大的年份是 2012 年，达到了 0.58

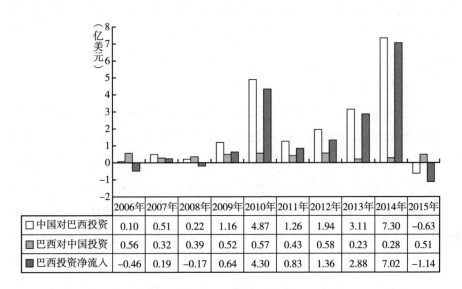

	2006年	2007年	2008年	2009年	2010年	2011年	2012年	2013年	2014年	2015年
□中国对巴西投资	0.10	0.51	0.22	1.16	4.87	1.26	1.94	3.11	7.30	−0.63
▨巴西对中国投资	0.56	0.32	0.39	0.52	0.57	0.43	0.58	0.23	0.28	0.51
■巴西投资净流入	−0.46	0.19	−0.17	0.64	4.30	0.83	1.36	2.88	7.02	−1.14

图 6　2006～2015 年中国与巴西双边 FDI 流量

资料来源：2006～2015 年的数据来源于《2016 年金砖国家联合统计手册》。

亿美元。最少的年份为 2013 年，仅为 0.23 亿美元。这充分说明，10 年间，巴西对中国的投资流量是在缓慢变化的，这也从一个侧面说明了巴西缺乏向外投资的雄厚实力。从图 6 还可以看到，巴西对中国的投资流量相比中国对巴西的投资流量小很多。总体而言，巴西对中国的投资一直较少，基本保持在 0.3 亿～0.5 亿美元的范围内，投资时多时少，2007～2010 年也是在增加，2011～2015 年时增时减。最近三年主要是中国大举对巴西投资，带动了巴西回馈中国的热情。2008 年全球金融危机没有造成巴西对中国投资减少，反而使其增加。从图 6 可以看出，近 10 年，巴西对中国的投资流量的变动近似于波浪式，没有太明显的规律，并且大部分时间变动不大。

2015 年，巴西的投资净流入为 −1.14 亿美元，2006 年为 −0.46 亿美元（见图 6）。在过去的 10 年中，巴西的投资净流入最多的年份是 2014 年，达到了 7.02 亿美元。最少的年份为 2015 年，仅为 −1.14 亿美元，二者相差7.16 倍。通过对比中国对巴西的投资和巴西对中国的投资，可以看出，巴西的投资净流入的增速高于中国对巴西的投资的增速和巴西对中国的投资的

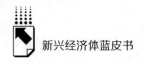
增速。从图 6 可以看出，巴西投资的净流入除了 2008 年、2011 年和 2015 年之外，整体上是递增的，中国对巴西进行的大量投资带动了巴西经济的快速发展。

3. 文化方面

虽然巴西是较早与中国进行文化交流的国家，但是一直以来，文化交流的内容比较单一。1985 年中国与巴西签署了《中巴文化教育合作协定》，30 多年来，中巴合作走上了正轨、持续、均衡的发展道路。最近几年，伴随着中国经济的快速发展和双方合作伙伴关系的加强，中国和巴西文化领域合作的势头快速发展，两个国家在对方国家先后举办了一系列文化艺术活动，在加深两国人民的友谊和相互了解方面起到了重要作用。2013 年中国和巴西分别举办"文化月"活动，中国教育部在巴西的圣保罗大学设有汉语教学点，孔子学院总部在巴西设有 10 所孔子学院和 2 所孔子学堂。中央电视台和中国国际广播电台分别在巴西建有拉美中心站和拉美地区总站。这些都彰显了文化因素在构建中巴合作关系中的重要作用。

（四）中国与南非的合作

1. 政治方面

中国与南非建交于 1998 年，建交以来双边关系稳步发展。在过去一些年份，中国与南非基于平等的地位建立了互利共赢、协同发展的战略合作伙伴关系，中国与南非携手依托金砖国家这个国际化的大平台进行双边或者多边合作，和衷共济、共同前进，充分发挥了金砖国家在世界经济复苏过程中的作用，推动了国际秩序向着更加均衡、平稳的方向发展。[①] 面向未来，中国将同南非在维护世界和平、促进全球治理和国际秩序改革方面进一步合作。中国与南非利用金砖国家的平台，共同维护非洲的稳定与和平，在控制利比亚局势、解决利比亚冲突问题上，呼吁有关方面按照《联合国宪章》

---

① 汪巍:《中国与南非在"金砖国家"框架下合作的对策思考》,《中国经济时报》2011 年 4 月 14 日第 12 版。

的宗旨与原则以及相关国际法准则，同时尊重利比亚的主权独立、统一和领土完整，避免武装冲突升级造成更多平民伤亡，使利比亚局势尽快能够恢复稳定。值得关注的是，在 2011 年，出现了所有的"金砖国家"都是联合国理事国的情形，中国、俄罗斯是联合国安理会常任理事国，印度、巴西、南非是安理会非常任理事国，这一局面的产生有利于中国与南非等"金砖国家"密切协调配合，倡导多边主义和国际关系民主化，共同维护全球发展中国家的各种合法权益，在进一步加快发展中国家经济发展的前提下，解决全球经济失衡问题。①

2. 经济方面

（1）中国与南非之间的双边贸易额

2016 年，中南双边进口贸易额为 6800 百万美元，2006 年为 4085.36 百万美元（见图 7）。由此可以看出，11 年间中国和南非的双边进口贸易额增加了 66.45%。在这 11 年间，中国与南非双边贸易进口额最多的年份是 2013 年，达到了 48388.4 百万美元；其次是 2012 年，为 44653.7 百万美元；排在第三名的是 2014 年，也达到了 44571.2 百万美元。由图 7 还可以看出，2006~2008 年，中国与南非的双边进口额都是迅速上升的，2009 年受全球金融危机的影响，双边进口贸易额略有下降，下降到 8693.25 百万美元。2010 年，两国政府开始出台刺激经济增长的政策，使得中南之间的进口贸易额在 2011 年出现了急剧上升的态势，2011 年比 2010 年增加了 1.15 倍，2012 年、2013 年也稳步增加，直到 2014 年，由于世界各国政府的救市政策没有从根本上解决困扰全球经济下滑的问题，最近三年中南之间的进口贸易额逐步下滑，与 2007 年相差无几。

2016 年，中南双边出口贸易额为 13600 百万美元，2006 年为 5767.71 百万美元。11 年间，中南双边出口贸易额增长了 1.36 倍。在过去的 11 年中，中国与南非双边出口贸易额最多的年份是 2013 年，达到了 16830.7 百万美元。最少的年份为 2006 年，仅为 5767.71 百万美元，二者相差 1.92

---

① 陈鹤高：《共同维护发展中国家的整体利益》，《新华每日电讯》2009 年 6 月 17 日第 1 版。

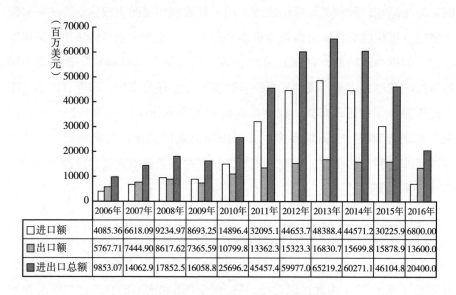

（百万美元）	2006年	2007年	2008年	2009年	2010年	2011年	2012年	2013年	2014年	2015年	2016年
□进口额	4085.36	6618.09	9234.97	8693.25	14896.4	32095.1	44653.7	48388.4	44571.2	30225.9	6800.00
出口额	5767.71	7444.90	8617.62	7365.59	10799.8	13362.3	15323.3	16830.7	15699.8	15878.9	13600.0
进出口总额	9853.07	14062.9	17852.5	16058.8	25696.2	45457.4	59977.0	65219.2	60271.1	46104.8	20400.0

图7　2006～2016年中国与南非双边贸易额

资料来源：联合国商品贸易统计数据库，https：//comtrade. un. org/data/，2016 年的数据来源于《2016 年中国和南非双边贸易概况》。

倍。这充分说明，11 年间，中南之间的双边贸易出口额快速增长，有力地推动了两国的经济增长。从图 7 可以看到，中南之间双边贸易出口额的增长根据其特征可以分为三个阶段：第一阶段是 2006～2008 年，双边出口贸易额迅速增长。2009 年，由于全球金融危机的影响，中南双边出口贸易额出现小幅下降。随后进入又一个快速发展的阶段：2010～2013 年，中南双边出口贸易额平稳发展，贸易额出现小幅增加。

2014～2016 年，中南双边出口贸易额进入一个萎缩期，2014 年小幅下降、2015 年又出现小幅增加、2016 年又出现小幅下降，主要原因是 2008 年的全球金融危机导致世界经济低迷，全球经济出现结构性失调的状态。

2016 年，中南双边进出口贸易总额为 20400 百万美元，2006 年为 9853.07 百万美元。11 年间中俄双边进出口贸易额增长了 1.07 倍。在过去的 11 年中，中国与南非双边进出口贸易总额最多的年份是 2013 年，达到了 65219.2 百万美元。最少的年份为 2006 年，仅为 9853.07 百万美元，二者相差 5.62 倍。通过对比进口和出口贸易额，可以看出，双边进出口贸易总额的增速高于双边进口和出口贸易额的增速。从图 7 可以看出，中南之间的进出口总额变化情况为，2009 年全球金融危机之前迅速增长，2009 年略有下降，2010 年快速反弹增长，2011~2013 年又开始快速增长，由于世界整体经济的不景气，2014~2016 年又出现低迷下滑的状况。

（2）中国与南非的双边投资额

2015 年，中国对南非的投资流量为 2.33 亿美元，2006 年为 0.41 亿美元（见图 8）。由此可以看出，10 年间中国对南非的投资流量增加了 1.92 亿美元。在这 10 年间，中国对南非投资最多的年份是 2008 年，达到了惊人的 48.08 亿美元，投资最少的年份为 2012 年，为 -8.15 亿美元，最多的年份是最少年份的 6.90 倍；其次是 2007 年，为 4.54 亿美元；排在第三名的是 2010 年，也达到了 4.11 亿美元。由图 8 还可以看出，2006~2008 年，中国对南非的投资流量都是增加的，2009 年陡然间减少到 0.42 亿美元，2010 年又增加到 4.11 亿美元，2011~2013 年，中国对南非的投资流量连续三年为负，表明有投资撤回来的情况，2014 年，中国对南非的投资为 0.42 亿美元，相比前一年略有增加。2015 年又大幅增加到 2.33 亿美元。2008 年的全球性金融危机并没有使中国减少对南非的投资，反而在 2012 年，中国对南非的投资下滑比较明显；2014 年又缓慢上升，达到 0.42 亿美元，在 2015 年又上升到 2.33 亿美元。

2015 年，南非对中国的投资流量仅为 0.02 亿美元，2006 年为 0.95 亿美元（见图 8）。10 年间南非对中国的投资减少了 0.93 亿美元。在过去的 10 年中，南非对中国的投资流量最大的年份是 2006 年，达到 0.95 亿美元。最少的年份为 2015 年，仅为 0.02 亿美元。这充分说明，10 年间，南非对中国的投资流量是在大幅减少的，这也从一个侧面说明了南非缺乏向外投资的雄厚实力。从图 8 可以看到，南非对中国的投资流量相比中国对南非的投资流量小很多。总体而言，南非对中国的投资一直较少，除个别年份外，整体趋势是逐年减少的，投资时多时少，2006~2008 年也是在逐年减少，2009~2010 年有所增加。2011~2015 年有时增加有时减少。

2008 年全球金融危机没有造成南非对中国的投资减少，反而使其增加。从图 8 可以看出，近 10 年，南非对中国投资流量的变动近似于波浪式，没有太明显的规律，并且大部分时间变动不大。

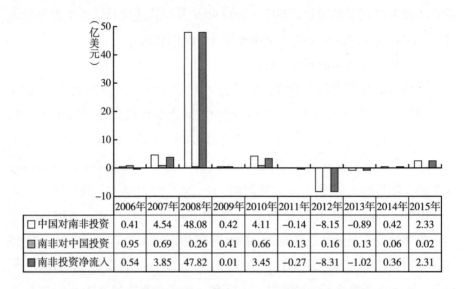

	2006年	2007年	2008年	2009年	2010年	2011年	2012年	2013年	2014年	2015年
□ 中国对南非投资	0.41	4.54	48.08	0.42	4.11	-0.14	-8.15	-0.89	0.42	2.33
▨ 南非对中国投资	0.95	0.69	0.26	0.41	0.66	0.13	0.16	0.13	0.06	0.02
■ 南非投资净流入	0.54	3.85	47.82	0.01	3.45	-0.27	-8.31	-1.02	0.36	2.31

图 8　2006 ~ 2015 年中国与南非双边 FDI 流量

资料来源：2006 ~ 2015 年的数据来源于《2016 年金砖国家联合统计手册》。

2015 年，南非的投资净流入为 2.31 亿美元，2006 年为 - 0.54 亿美元。10 年间南非的投资净流入增长了 5.28 倍。在过去的 10 年中，南非的投资净流入最多的年份是 2008 年，达到了 47.82 亿美元。最少的年份为 2012 年，仅为 - 8.31 亿美元，二者相差 6.75 倍。通过对比中国对南非的投资和南非对中国的投资，可以看出，南非的投资净流入的增速高于中国对南非投资的增速和南非对中国投资的增速。从图 8 还可以看出，南非投资的净流入除了几个年份（2009 年、2011 年和 2012 年）之外，整体上是递增的，中国对南非进行的大量投资带动了南非经济的快速发展。

3. **文化方面**

早在百余年前，第一批华侨远渡重洋来到被称为"彩虹之国"的南非，建立了双方民间剪不断的联系。目前，南非是非洲大陆中国侨民最多、与中国建立友好省市最多、吸引中国游客最多、接收中国留学生最多的国家。不久前，中国国航开通了北京至南非首都约翰内斯堡的新航线。^①不仅如此，中国与南非建交以来，两国在政府、立法机构、政党、地方省市、民间等各个层面都建立了相互合作、互利友好的交流机制，两国在人员往来、文化、教育、旅游、科技等领域的双边交流与合作不断深化。两国在最近两年都有成功互办"国家年"的情况，这是中国首次在一个非洲大陆国家举办"国家年"的活动，具有开创性的意义，为推进中南各领域的交流与合作打开了大门，提供了平台。两国"国家年"期间，百余个文化演出团体互访，来自中国的舞蹈、影视、音乐在南非舞台或荧幕上不断收获当地人的掌声与喝彩。随着两国文化合作的不断深入，中国文化在南非广受欢迎，越来越多的南非人也将他们的文化带到了中国。^②

三 构建新型的金砖国家合作机制

通过研究发现，目前金砖国家合作中，无论是政治、经济还是文化领域，双边合作比较多，多边合作还比较少，主要原因在于还没有形成多边合作的范式。为此，在新的历史条件下，有必要构建新型多边合作范式。鉴于中国在金砖国家的特殊地位，在新的多边合作机制中，需要中国扮演好角色，充分发挥其作用，勇于担当。

（一）合作的主体、内容、理念、目标

1. 合作的主体

金砖国家合作的主体应该是金砖五国基础下的多国参与。当前金砖国家仅由 5 个成员国组成，南非还是后期加进来的。从数量上来说远远小于 G20 组织，甚至在参与国家个数上还不如 G8 和 G7 等国际组织。但是从代表性

---

① 姜浩峰：《"旋风"过处将来会更好》，《新民周刊》2015 年第 48 期。

② 《中非文化交流奏响新乐章》，新华网，http://news.xinhuanet.com/world/2015 - 11/29/c_1117295177.htm。

来说一点儿也不差。中国和印度属于亚洲，俄罗斯属于欧洲，南非属于非洲，巴西属于美洲，这五个国家都是其所在区域内发挥重要影响力的大国，最广泛地代表了所在地区国家的利益。同时，这五个国家都是联合国常任理事国或曾经担任过非常任理事国的职责。在国际社会中很有影响力，在国际事务决策过程中享有一定的权力。尤其是 2008 年全球金融危机后，西方大国经济开始衰退，作为新兴经济体代表的金砖五国在提振全球经济、积极参与全球治理和改革国际秩序过程中发挥了重要作用。当然，为了进一步壮大金砖国家的实力，未来可以有条件地吸纳一些有实力的国家进来，形成"BRICS + N"的合作模式。[①] 可以预见，金砖国家的主体数量会越来越多，实力会越来越强大。

2. 合作的内容

2008 年全球金融危机以后，欧美西方大国逐渐式微，全球经济格局开始发生微妙的变化，广大新兴经济体国家已经开始越来越多地坚持自己的发展道路和利益主张。但是尽管发达国家的实力有所衰弱，但是仍然控制着全球治理的话语权和主导着全球秩序，广大的发展中国家被排斥在外。金砖国家无力重构国际新秩序。同时，金砖国家都处于快速发展的上升时期，受到发达国家的联合打压，具有抱团取暖的需求。所以，首先，金砖国家需要联合起来发出共同的心声，防止由于发展过程中的利益差异引发分歧，最后被发达国家分而治之；其次，金砖国家要提高参与规则制定的能力，积极参与全球治理和国际秩序的改革；最后，金砖国家要提高创设议题和主导议程的能力，打破发达国家的垄断局面。

3. 合作的理念

首先，金砖框架下的合作应该是全面开放的合作。各国应该一视同仁、平等相待，各国不应该构建排他性的贸易保护圈子，应该努力向着平等协商、合作共赢的道路前进，而不是搞恶意竞争；其次，金砖框架下的合作应该是平等的合作。金砖框架下的各国应该不分国家大小、强弱、贫富状况，

---

① 徐秀军：《制度非中性与金砖国家合作》，《世界经济与政治》2013 年第 6 期。

平等地享有参与金砖框架下国际事务决策、共同履行职责义务的权利；再次，金砖框架下的合作应该是包容的合作。不应以社会制度和意识形态来决定好恶和亲疏冷热，充分尊重每一个参与国家根据本国的国情和历史发展经验，选择符合本国发展道路的社会制度和文化意识；最后，金砖框架下的合作应该是普惠的合作。要大力倡导共赢共生的世界观，参与国家不应该由于文化、制度和意识形态的差异而被排斥，同时在分配成果时要多照顾小国和弱国的利益。

4. 合作的目标

金砖国家合作的目标是"互惠互利、合作共赢"。胡锦涛曾明确表示，金砖国家的合作目标就是金砖国家在相互合作的过程中实现"互利共赢、共同发展"；习近平则进一步阐释为"求和平、谋发展、促合作、图共赢"的 12 字方针，这代表了金砖国家合作的愿景和责任与担当。在这个目标的基础上，金砖国家共同维护共同利益，加强国际交流与合作，加强经济金融领域的协调发展，提高新兴经济体和发展中国家在全球治理中的地位，建立公正合理的全球政治经济秩序。①

（二）合作的路径

金砖国家合作经过几年的磨合期，已经进入实质性合作的深水区，选择正确的路径对于金砖国家的合作非常必要。

首先，金砖国家的合作必须坚持渐进式的路径。金砖国家处于整体实力不够强大的阶段，还需要经过一个时期的进一步发展壮大。就目前而言，通过渐进式的转型有助于新旧力量以一种平和的方式完成。从当前到今后相当长的一段时期，金砖国家的合作将会主要集中在经济领域，金砖国家需要提高自身的实力才能深度参与全球治理，经济能力转变为国际影响力需要一个较长的时间周期，金砖国家进一步完善国内治理，提升本国实力才能有助于提高其国际领导力。

---

① 裴广江：《金砖的未来，新理念昭示新愿景》，《人民日报》2016 年 10 月 22 日第 8 版。

其次，金砖合作须走兼顾平等与效率的路径。金砖五国之间的实力相差很大，怎样在合作中兼顾平等与效率最大化是面临的最大挑战。除了中国之外，其他四个国家非常希望通过金砖国家这个全球性的大平台来提升其在全球范围内的地位，一方面不希望实力强大的中国通过多投入居于主导地位；另一方面也不愿意依靠完全均等的投入而使得金砖机制在全球范围内的影响有限。[①] 多边合作的困境主要是相对收益和绝对收益的共存，互利共赢更强调绝对获益，相对获益会更强调谁能够从合作中获得更大的收益，二者的矛盾要求中国能够从合作的全局出发，同时兼顾合作各方的共同利益而进行合作。这样也需要金砖国家的其他成员国遵循合作共赢的伙伴精神，从而推动金砖国家走向深入合作。[②]

（三）中国的角色和作用

作为实力最强、地位最高的金砖国家，中国是金砖国家其他成员最重要的贸易伙伴与战略合作伙伴，在金砖合作当中发挥支撑和引领作用显得至关重要。

1. 中国的角色

中共十八大报告明确指出"中国将会积极支持金砖国家合作，推动国际秩序和全球治理向着公正合理的方向前进"。由此可以看出，中国已经对金砖国家合作做出了十分坚定的承诺，并且是放置于中国多边外交和国际体系转型的背景下进行阐释。其中提到了坚持金砖多边合作非常重要。金砖国家合作不能够建成一个封闭保守的小圈子，而是应该建立起具有包容性和全球性的机制和规则。在经济全球化的今天，中国应该借助金砖国家合作这个平台来推动双边外交和金砖国家内部合作，不能忽略这个平台在全球多边议程中的引领作用，更不能把这个平台作为双边谈判的平台。金砖国家的合作应该坚持把联合国为主导的多边体系放在核心地位，反对霸权主义和贸易保

---

① 牛海彬：《金砖国家合作的评估与前瞻》，《华东师范大学学报》（哲学社会科学版），2013，45（4），第 123～129、161 页。

② 王永中、姚枝仲：《金砖国家峰会的经济议题、各方立场与中国对策》，《国际经济评论》2011 年第 3 期。

护主义，为广大的发展中国家开拓更为广阔的市场。

2. 中国的作用

首先，中国将会为金砖国家的合作提供良好的发展机会。中国经济快速增长，为全球经济稳定和增长提供了持续强大的动力。一方面，中国为金砖国家合作提供了良好的机遇，创造了实实在在的发展机会。在世界经济处于结构性低迷的情况下，有利于提振金砖各国对未来发展的信心。据有关统计预测，未来 5 年内，中国将会对外进口 8 万亿美元商品，吸引外来投资 6000 亿美元，本国对外直接投资额将会超过 7500 亿美元，跨境旅游将会突破 7 亿人次。巨大的经济体量将为金砖国家提供更加广阔开放的市场、更充足丰厚的资本、更丰富的产品和更宝贵的合作契机。作为全球化的倡导者，中国愿意把自身发展同世界的发展更紧密地结合起来，也欢迎金砖各国搭乘中国发展的"快车"和"便车"。①

其次，中国将会是加深各成员国之间互信的桥梁。中国把金砖国家合作机制作为参与国际一体化的一种尝试，通过金砖国家合作机制，中国在国际舞台上发挥了更为积极的作用。金砖国家各成员国近年来采取行动，建立了更深层的关系，加深了各成员国之间的互信，中国在其中起到了主要的桥梁作用。中国不仅仅是金砖国家合作的坚定支持者和积极参与者，同时还发挥了重要的引领作用。中国有条件、有能力，也正在引领金砖国家前行。近期，国际上对于金砖国家未来发展的质疑声不断增加，而中国则是金砖国家渡过当前困局的基石，保持金砖国家合作机制的稳定也更多地依赖中国。②

---

① 蒋建国：《中国正在给世界创造更大的机遇》，《社会科学报》2015 年 11 月 26 日第 1 版。
② 颜欢：《深化务实合作 推动互利共赢》，《人民日报》2015 年 7 月 1 日第 21 版。

B.13
浅析金砖国家贸易投资合作机制

仇莉娜　沈铭辉*

摘　要： 本文首先回顾了金砖国家贸易投资合作机制已取得的成就、剖析了深化经贸投资合作存在的基础条件薄弱、规制环境不佳及各方存在战略偏差等困境，提出了进一步推进贸易投资合作需要推进互信建设、发展互补贸易、改善国内规制、扩大多边合作立场协调及从双边和多边入手推进合作机制建设等建议。

关键词： 金砖国家　贸易投资　合作机制

全球金融危机后，新兴经济体在全球经济发展中的贡献开始超过传统的西方七国集团，成为新的经济力量。长期以来，由西方强国富国主导的全球经济治理机制未能有效地反映世界经济发展图景的变化，也无法满足新兴经济体要求获得更大话语权、维护自身正当利益的需求。在这种情况下，发展路径、全球治理理念、对西方的整体态度类似的部分新兴经济体组成金砖国家，构成21世纪南南合作的代表，带动南方国家共同富裕，推动国际经济秩序向着更加公平、民主和多元化方向发展。金砖国家已经建立起全方位、多层级的立体合作网络，其中贸易和投资合作是重要组成部分。而且，类似于其他绝大部分南南合作案例，金砖国家贸易和投资合作存在诸多局限，互补基础弱、起步晚、制度少、摩擦多、妥协少，与已经成熟的成功的北美自

---

* 仇莉娜，中国社会科学院研究生院亚洲太平洋研究系硕士研究生；沈铭辉，研究员，中国社会科学院亚太与全球战略研究院新兴经济体研究室主任。

由贸易区相比还有较大差距。这些问题正持续影响金砖国家合作的进一步推进和深化，非常值得研究。

金砖国家合作的开始任务是金融合作，而且是力求改善新兴经济体在全球金融治理中的地位，具有很强的政策协调目的和战略需求。实际上金砖国家间的金融联系并不紧密，贸易和投资话题更是在第二次领导人峰会上提出的。通过回顾以往的文献，以及评估金砖国家之间的贸易和投资联系、对比金砖国家在全球价值链贸易中的地位，我们发现金砖国家间在构建合作机制的前后彼此的贸易和投资联系尽管获得较大发展，但还是相对微弱，五国之间也缺乏一个贸易或者投资联系的中心。金砖国家均处在全球价值链中的中低端环节，比如组装、加工、模块零部件生产、分批等，而且金砖五国的经济发展外向型较高，发展模式趋同。而倾向于吸收外国先进技术改进自身产业结构的金砖国家也未能从彼此的投资中满足需求，这些都说明了金砖国家合作的限度，也说明了金砖国家合作的政治属性强于经济属性。但是金砖国家的全球治理意义是不可忽视的，其作为增加新兴经济体谈判筹码、削减谈判成本和探索南南合作的多元路径是有积极意义的，我们应该继续推进金砖国家的政治互信，通过经济利益交换、满足差异化需求来寻找深化贸易投资合作的方式。

一　金砖国家贸易和投资联系

目前学界对于金砖国家间贸易合作的研究较多，主要集中在对金砖国家间的贸易联系、互补性、竞争性和便利化研究领域，对金砖国家间的贸易联系及其贸易合作潜力和困难有较为全面的研究。具体来说，从贸易结合度、经常市场份额等测度标准来看，金砖国家的贸易联系迄今为止虽进展迅速但还颇为松散，[1] 不及金砖国家与外部经济体尤其是欧美的贸易联系；[2] 从显

---

[1] 参见武敬云《"金砖国家"的贸易互补性和竞争性分析》，载《国际商务：对外经济贸易大学学报》2012 年第 2 期。

[2] 参见薛荣久《"金砖国家"货物贸易特点与合作发展愿景》，载《国际贸易》2012 年第 7 期。

性比较优势指数、产品分散度指数、经常市场份额指数等测度标准来看，金砖国家间较强的贸易竞争性和互补性并存，但因产品和行业有所不同;[1] 通过从港口效率、海关环境、规制环境以及电子商务四个方面对金砖国家进行贸易便利化测算，发现金砖国家贸易便利化存在较大改进的潜力和预期收益;[2] 考虑到金砖国家的顶层设计，就金砖国家间的贸易合作而言，金砖国家 FTA 战略的差异反映在彼此的战略重点、利益诉求和推进方式上，是金砖国家构建自由贸易区的重要障碍。[3]

最新的数据支持上述学者对于金砖国家贸易联系的研究。金砖国家的进出口贸易总额增长强劲，贸易额占世界货物贸易总额的比例持续升高，反映了金砖国家在世界贸易格局中日益重要的地位。其中，金砖国家之间的贸易额自 21 世纪以来呈现上升趋势，并且内部贸易额占总贸易额的比重持续增加，从 2001 年的 6.85%% 上升至 2010 年的 15.93%，增长明显。但是，金砖国家之间的贸易联系并不紧密，内部贸易额比重还相对较小，除 2010 年外，金砖国家内部出口比重长期低于金砖国家出口占全球出口的比重，并且在近年来有日益下滑的趋势，相反，金砖国家出口占全球出口的比重基本稳定增长（见图 1）。从金砖国家 2015 年的贸易伙伴分布，除了中国是其他四国主要的贸易伙伴，其他四国彼此均不是对方的主要贸易伙伴，而且除了印度和巴西之外，其他金砖国家均不是中国的主要贸易伙伴（见表 1）。

---

① 参见陈万灵、韦晓慧《金砖国家经贸合作关系的定量分析》，载《经济社会体制比较》2013 年第 1 期；杨广青、潘潇、林朝颖：《中国与其他金砖国家贸易合作：优势互补与政策选择》，载《亚太经济》2014 年第 5 期；武敬云：《"金砖国家"的贸易互补性和竞争性分析》，载《国际商务：对外经济贸易大学学报》2012 年第 2 期；崔宇明、李玫、赵亚辉：《金砖国家贸易竞争与互补性研究——基于指数模型的比较分析》，载《山东社会科学》2015 年第 4 期。

② 参见沈铭辉《金砖国家合作机制探索——基于贸易便利化的合作前景》，载《太平洋学报》2011 年第 19 卷第 10 期。

③ 参见蔡春林、刘畅《金砖国家发展自由贸易区的战略冲突与利益协调》，载《国际经贸探索》2013 年第 2 期。

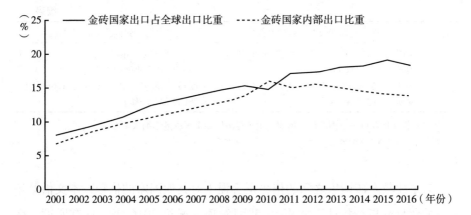

图1 金砖国家出口情况

注：根据国际贸易中心 ITC 货物贸易数据计算；本图中"金砖国家"指中国、俄罗斯、印度、巴西、南非五国。

表1 金砖五国 2015 年贸易伙伴分布情况

成员	出口市场前四位及金砖贸易伙伴	进口市场前四位及金砖贸易伙伴
中 国	美国(18.0%)、日本(6.0%)、韩国(4.4%)、德国(3.0%)；印度(9 位,2.6%)、俄罗斯(16 位,1.5%)、巴西(21 位,1.2%)、南非(30 位,0.7%)	韩国（10.4%）、美国（8.9%）、日本（8.5%）、德国（5.2%）；印度(27 位,0.8%)、巴西(9 位,2.6%)、俄罗斯(12 位,2.0%)、南非(13 位,1.8%)
俄罗斯	荷兰（11.7%）、中国（8.2%）、意大利(4.7%)、德国(4.6%)；印度(17 位,1.3%)、巴西(34 位,0.6%)、南非(72 位,0.1%)	中国（19.3%）、德国（10.4%）、美国(6.3%)、白俄罗斯(4.4%)；印度(20 位,1.2%)、巴西(15 位,1.6%)、南非(47 位,0.3%)
印 度	美国（15.2%）、阿联酋（11.3%）、中国(3.6%)、英国(3.4%)；南非(19 位,1.4%)、巴西(27 位,1.2%)、俄罗斯(38 位,0.6%)	中国（15.8%）、沙特（5.5%）、瑞士(5.4%)、美国(5.2%)；南非(19 位,1.6%)俄罗斯(25 位,1.2%)、巴西(27 位,1.1%)
巴 西	中国（18.6%）、美国（12.7%）、阿根廷(6.7%)、荷兰(5.3%)；印度(8 位,1.9%)、俄罗斯(20 位,1.3%)、南非(37 位,0.7%)	中国（17.9%）、美国（15.6%）、德国(6.1%)、阿根廷(6.0%)；印度（11 位,2.5%)、俄罗斯（19 位,1.3%)、南非(44 位,0.4%)

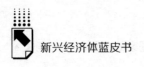
续表

成员	出口市场前四位及金砖贸易伙伴	进口市场前四位及金砖贸易伙伴
南非	中国(8.3%)、美国(7.5%)、德国(6.1%)、纳米比亚(5.5%); 印度(7位,4.5%)、巴西(31位,0.7%)、俄罗斯(45位,0.4%)	中国(18.3%)、德国(11.8%)、美国(6.7%)、尼日利亚(5.8%); 印度(5位,5.0%)、巴西(13位,1.6%)、俄罗斯(39位,0.5%)

注:贸易伙伴仅以主权国家计,类似非主权经济体如中国香港不纳入考虑。

资料来源:UN Comtrade。

为了比较金砖国家之间的依赖是否强于对其他国家的依赖,本文借鉴拓展过的贸易密集指数计算方法。[①] 我们发现,截至 2016 年,只有印度—南非和巴西—南非的贸易密集度大于 1,说明它们之间的贸易依赖大于对外部世界市场的依赖,其他的国别组合贸易密集度均未达到 1。而且巴西和南非的贸易密集度波动较大,在建立金砖国家合作机制之后连续在 2010 年至 2015 年低于 1。更值得注意的是,自 2009 年金砖国家第一次领导人峰会之后,金砖国家间的贸易密集度并未趋高,除了俄—南和印—南贸易之外,其他国别贸易组合基本处于略下降的状态(见表 2、表 3)。而从金砖各国的贸易伙伴分布来看,金砖国家与外部经济体尤其是欧美市场经济体的联系更加密切。

学界对于金砖国家间投资合作的研究有限,这可能与金砖国家间投资联系不密切相关。中国学界对金砖国家投资合作的研究包括两方面思路;一是从单个国别的角度讨论如中国对其他金砖国家投资情况;[②] 二是讨论金砖国

---

① 计算方式为 $I_{ab} = [(X_{ab} + X_{ba} + M_{ab} + M_{ba}) / (X_a + X_b + M_a + M_b)] / [(X_a + X_b + M_a + M_b) / (2X_g + 2M_g)]$,其中 I_{ab} 表示 a 国和 b 国的贸易密集度,X_{ab}、X_{ba}、M_{ab}、M_{ba} 分别表示 a 国对 b 国的出口、b 国对 a 国的出口、a 国从 b 国的进口、b 国从 a 国的进口,X_a、X_b、M_a、M_b 分别表示 a 国和 b 国的总出口、总进口,X_g 和 M_g 分别表示全球的总出口和总进口。参考余振、沈铭辉、吴莹《非对称依赖与中国参与亚太区域经济一体化路径选择——基于贸易指数实证分析》,载《亚太经济》2010 年第 3 期。

② 参见戴锦贤、董明达《金砖国家视角下中国加强对印度直接投资必要性研究》,载《上海对外经贸大学学报》2013 年第 6 期;高欣、路平:《中俄投资合作影响因素的实证分析》,载《哈尔滨商业大学学报》(社会科学版)2012 年第 4 期。

表 2　金砖国家 2001～2009 年贸易密集度指数

年份	2001	2002	2003	2004	2005	2006	2007	2008	2009
中印	0.38	0.41	0.37	0.42	0.49	0.51	0.58	0.58	0.57
中俄	1.25	1.04	0.88	0.79	0.79	0.67	0.72	0.68	0.54
中巴	0.47	0.44	0.51	0.53	0.48	0.50	0.55	0.73	0.68
中南	0.24	0.20	0.21	0.19	0.19	0.22	0.24	0.23	0.24
印俄	1.75	1.80	2.00	1.24	0.75	0.67	0.53	0.54	0.82
印巴	0.75	0.94	1.06	1.04	1.04	1.03	0.98	0.86	0.58
印南	1.62	1.74	1.31	1.56	1.83	1.58	1.50	1.42	1.28
俄巴	0.85	1.17	1.08	0.74	0.87	0.80	0.84	0.71	0.81
俄南	0.05	0.10	0.08	0.07	0.04	0.04	0.04	0.05	0.11
巴南	1.26	1.38	1.57	1.55	1.64	1.47	1.40	1.10	1.02

表 3　金砖国家 2010～2016 年贸易密集度指数

年份	2010	2011	2012	2013	2014	2015	2016
中印	0.56	0.5	0.43	0.4	0.4	0.42	0.46
中俄	0.52	0.58	0.59	0.54	0.56	0.45	0.51
中巴	0.68	0.72	0.68	0.64	0.58	0.51	0.53
中南	0.23	0.25	0.23	0.23	0.18	0.17	0.17
印俄	0.58	0.38	0.55	0.53	0.41	0.59	0.77
印巴	0.67	0.66	0.76	0.73	0.84	0.57	0.53
印南	1.50	1.18	1.34	1.33	1.54	1.43	1.39
俄巴	0.70	0.55	0.49	0.47	0.62	0.81	0.88
俄南	0.06	0.06	0.10	0.10	0.10	0.15	0.16
巴南	0.83	0.76	0.85	0.82	0.68	0.94	1.02

注：笔者根据国际贸易中心 ITC 国际货物贸易数据计算。

家间的投资联系以及投资合作的障碍。① 国外专门针对金砖国家投资贸易合作机制的研究文献也比较有限，较多的研究思路是将金砖国家的合作历史和

---

① 参见黄荣斌《"后危机时代"金砖国家的投资合作——中国 OFDI 视角》，载《国际经贸探索》2012 年第 1 卷第 3 期；李杨、黄宁：《金砖国家投资合作机制的发展与对策》，载《河北学刊》2016 年第 5 期。

前景纳进全球治理转型、权力转移的分析框架中①。有部分学者认可金砖国家贸易合作的成就，但是对金砖国家间合作的限度存在分歧。② 此外，绝大部分对金砖国家投资问题的研究几乎全部集中在用金砖国家吸收的 FDI 数据来检验其与经济增长的关系③以及验证 FDI 的影响因素上④。

通过验证最新的数据，我们可以看到，金砖国家之间的相互投资流量和存量占金砖国家总的对外投资额的比重还比较小。就已成为世界第二对外直接投资大国和第二位的吸收外资流量的中国来说，与金砖国家的投资联系还较为松散。联合国贸发组织曾于 2016 年发布《世界投资报告 2016》，该报告指出金砖国家的对外直接投资流量占全球的比重从 2000 年的不足 1% 升至 2013 年的 14%，但是金砖国家内部投资联系很微弱，2013 年对外直接投资流入金砖国家内部的比例很低，只有 2.5%，其他 42% 流向发达国家，43% 流向周边国家。金砖国家吸收的外国直接投资中来自金砖国家内部的比例更低，2010~2014 年，内部投资在金砖国家整体吸引的外国直接投资流量中所占比

① 参见 Stuenkel O. , "The Financial Crisis, Contested Legitimacy, and the Genesis of Intra-BRICS Cooperation", *Global Governance*, Vol. 19, No. 4, 2013, pp. 611 – 630; Glosny M A. , "China and the BRICs: A Real (but Limited) Partnership in a Unipolar World", *Polity*, Vol. 42, Iss. 1, 2010, pp. 100 – 129; Abdenur A E. , "China and the BRICS Development Bank: Legitimacy and Multilateralism in South – South cooperation", *IDS Bulletin*, Vol. 45, Iss. 4, 2014, pp. 85 – 101; Hurrell A. , "Hegemony, Liberalism and Global Order: What Space for Would-Be Great Powers?", *International Affairs*, Vol. 82, No. 1, 2006, pp. 1 – 19.

② 部分学者认可金砖国家间贸易和投资（尤其是贸易层面）所取得的成就，并对金砖国家作为世界经济发展中的新兴力量之间的合作前景持较为积极的态度。参见 O'Neill J. , Wilson D. , Purushothaman R. and Stupnytska A. , "How Solid are the BRICs?", Goldman Sachs Global Economics Paper, No. 134, 2005, http: //www. goldmansachs. com/our – thinking/topics/brics/how – solid. Html; Stuenkel O. , "The Financial Crisis, Contested Legitimacy, and the Genesis of Intra – BRICS Cooperation", *Global Governance*, Vol. 19, No. 4, 2013, pp. 611 – 630. 当然，也有不同声音，认为金砖国家间就经济联系而言，存在较多贸易摩擦。参见 Sharma R. , "Broken BRICs: Why the Rest Stopped Rising", Foreign Affairs, 2012, https: //www. foreignaffairs. com/articles/brazil/2012 – 10 – 22/broken – brics.

③ Vijayakumar N. , "Causal Relationship Between Foreign Direct Investment and Growth: Evidence from BRICS Countries", *International Business Research*, Vol. 2, No. 4, 2009, pp. 198 – 203.

④ Jadhav P. , "Determinants of Foreign Direct Investment in BRICS Economies: Analysis of Economic, Institutional and Political Factor", Procedia-Social and Behavioral Sciences, Vol. 37, 2012, pp. 5 – 14.

例平均仅为 0.5%，远远低于 TTIP 国家的 63%，也远远低于 RCEP 国家 30% 的水平（见表 4）。① 就对外直接投资最为迅猛的中国 OFDI 数据来看，中国对金砖国家投资的流量和存量，除南非外基本都在增长，而中国对南非的投资不稳定且有下滑趋势。此外，中国 OFDI 中金砖国家占的比例也是比较小的，自2003 年起，流量不稳定且未超过 10%，存量比例最高只达到 3%，增长不明显（见图 2）。

表 4　2010～2014 年各区域内部投资额占整体投资额的平均比重

单位：%

区域	APEC	BRICS	G20	RCEP	TTIP	TPP
比重	47	0.5	42	30	63	36

资料来源：UNCTAD，World Investment Report 2016。

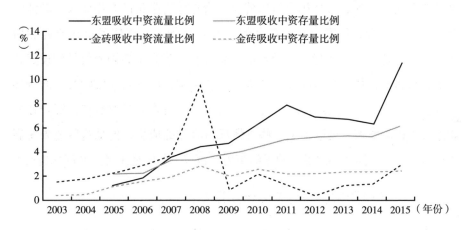

图 2　金砖国家吸收中资比例

注：笔者根据 2010 年、2015 年中国对外直接投资统计报告整理；"金砖国家"指除中国之外的金砖四国。

因此，无论是从贸易联系还是从投资方向来看，金砖国家之间的合作并没有较高的相互依赖基础，而且对比金砖国家合作机制建立前后的贸易和投

---

① 参见联合国贸易和发展组织：《世界投资报告 2016：投资者国籍及其政策挑战》，冼国明、葛顺奇译，南开大学出版社，2016。

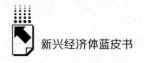

资数据，金砖国家之间的贸易和投资联系并没有显著增强，反而部分国家间的贸易密集度以及部分时段金砖国家内部投资比例有所下降。

二 金砖国家贸易投资合作机制发展及特点

金砖国家合作是平等的各方相互妥协、协调立场，力求改善全球经济治理的重要机制。集体协商、开放对话、形式灵活是其机制运作的一大特点。不同于其他发展较为成熟的区域经济合作机制，如北美自由贸易区、欧盟等，金砖国家贸易和投资合作发展起步晚、机制建设少、政策协调多。金砖国家已经建立了由金砖国家领导人峰会做顶层设计、统筹合作方向，金砖国家经贸部长会议和经贸联络组做政策协调，金砖国家工商理事会和工商论坛推动企业对话合作，金砖国家智库峰会为合作建言献策的合作体系。具体的合作内容以《金砖国家贸易投资合作框架》为指导。该体系重在研究和协调立场。具体规划和指导经贸合作的经贸部长会议是金砖国家贸易和投资合作的关键机制，往往是由部长会议提出合作方案，然后再在紧随其后的领导人峰会上得到确认。通过梳理金砖合作历史，历届峰会对贸易和投资合作机制的关注逐渐增多，也取得了一些具体项目合作的成果，但是这些成果多属于框架、共识、路线图之类的缺乏约束力的倡议，暂时还未形成制度化建设。

（一）金砖国家历届会议及贸易投资合作进展

金砖国家第一次领导人峰会于 2009 年在俄罗斯叶卡捷琳堡举行，当时并没有专门关注彼此之间的贸易和投资合作机制，而是将讨论的重点放在国际金融治理上，提出要提升发展中国家在多边国际组织尤其是国际货币基金组织中的代表权。[①] 金砖国家贸易合作议题在第二次领导人峰会上得到了关

---

① 叶卡捷琳堡联合声明中指出"我们承诺推动国际金融机构改革，使其体现世界经济形势的变化。应提高新兴市场和发展中国家在国际金融机构中的发言权和代表性。国际金融机构负责人和高级领导层选举应遵循公开、透明、择优原则。我们强烈认为应建立一个稳定的、可预期的、更加多元化的国际货币体系"。

注。在巴西利亚峰会开始前巴西和印度、中国和巴西都曾举行双边会谈，中印均表达了同意增强合作以避免竞争、提供更多市场准入以提高彼此贸易的愿望。在峰会上四国领导人除了继续呼吁扩大发展中经济体的国际金融治理话语权之外，还积极承诺抵制保护主义，并表示研究用本币进行贸易。这一声明对促进金砖国家经贸合作的真正开启具有显著意义。

金砖国家贸易投资合作机制真正开启始于 2011 年 4 月 12 日在海南三亚举行的首届经贸部长会议。在本次会议上，各部长承诺反对各种形式的贸易和投资保护主义，拥护强大、开放和以规则为基础的多边贸易体系。会议进一步将金砖国家贸易和投资合作正式落实，同意建立金砖国家经贸联络组。联络组的职能是分析金砖国家经贸合作现状、科学研判金砖国家经贸合作发展趋势，并以此为基础提出机制框架和具体措施，扩大金砖国家经贸合作。其中并没有明确谈到投资议题，而且联络组的工作任务还包括扩大南南合作，说明金砖国家经贸合作的领域并不限于金砖内部，具备开放性，并不会朝着自由贸易区发展。这是金砖国家构建高水平的经济合作机制的局限。紧接着在 4 月 13 日、14 日，金砖国家领导人三亚峰会举行，在之后发表的《三亚宣言》中，金砖国家第一次将贸易领域合作与经济金融合作并列，提出要确保金砖国家经济继续保持强劲增长势头，为世界经济长期稳定健康发展做出贡献，并积极依托二十国集团戛纳峰会推进经济、金融、贸易和发展领域合作。同时，在行动计划中，金砖国家表示要联合开展经贸研究。但是相比金融领域合作，金砖国家在贸易投资（尤其是投资）合作方面的进展较小，仍处于起步阶段。

金砖国家第二届经贸部长会议进一步明确了加强和深化金砖国家间合作的方式和途径，特别是在海关合作、分享贸易便利化经验、投资促进、中小企业、贸易数据采集和一致化、电子商务合作和知识产权合作等领域。此后在第四届领导人峰会上，《德里宣言》中明确提出投资议题，并在各国领导人的见证下，共同签署《金砖国家银行合作机制多边本币授信总协议》和《多边信用证保兑服务协议》。这两项协议旨在以多边促进双边的方式，切实促进金砖国家境内的以各国官方货币结算的商贸、服务与投资活动。

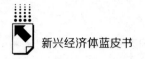

2013 年 3 月举行的金砖国家第五次峰会是成果显著的一次峰会，本次峰会及配套的经贸部长会议界定了贸易投资合作的基本框架。在领导人会晤前的经贸部长会议上成立了金砖国家工商理事会，同时发表了《金砖国家贸易投资合作框架》，这是金砖国家贸易和投资合作最重要的文件。该合作框架确定经贸联络组是金砖国家在一系列经济、贸易和投资相关问题上交换意见的核心平台，也明确了各方协调立场和优先关注的领域。其中，世贸组织多哈回合、投资政策、投资促进机构、投资环境透明度、本币结算都是金砖国家贸易投资合作的重要内容（见表 5）。

除此之外，在这次领导人会晤中，金砖国家还决定设立金砖国家开发银行、外汇储备库，宣布成立金砖国家工商理事会和智库理事会，在财金、经贸、科技、卫生、农业、人文等近 20 个领域形成新的合作行动计划。理事会的宗旨是加强和促进五个金砖国家工商界间经济、贸易、商务和投资联系，确保金砖国家工商界与政府间的定期对话，厘清阻碍金砖国家加强经济、贸易和投资联系的问题并提出解决方案。合作领域将涵盖包括基础设施建设、矿业及选矿、制药业、农产品加工、服务业（包括金融、信息通信技术、卫生保健、旅游）、制造业、可持续发展等在内的各个领域。之后金砖国家的贸易投资合作基本围绕该框架进行，并进行适当的深化和扩展。

2014 年 7 月 14 日，金砖国家第四次经贸部长会议在巴西福塔莱萨市举行。五国经贸部长共同发表了联合公报和《金砖国家贸易投资便利化行动计划》。公报强调电子商务合作对扩展金砖国家间贸易往来和促进金砖国家更紧密经济合作的重要性。他们提出欢迎建立"金砖国家电子商务专家对话"的建议。经贸部长强调，有必要通过分享金砖国家"中小微"企业的管理体系、促进业界直接交流和建立"中小微"企业机制性合作框架，来推动金砖国家"中小微"企业间紧密合作。行动计划中提出促进金砖国家贸易投资便利化工作的原则包括：提高透明度与意识、推动简化与高效、确保连贯性与可预见性、增强交流与沟通、鼓励合作与协调。在行动建议上，提出要：（1）提高政策透明度；（2）推动简化与高效；（3）推进连贯性与可预见性；（4）促进交流与沟通；（5）推进合作与协调。

表5　金砖国家贸易投资合作框架

合作领域	具体内容
多边场合的合作与协调	1. 加强在世贸组织多哈回合以及涉及贸易投资问题的其他多边场合的协调。 2. 在涉及贸易投资问题的多边和国际组织中定期召开金砖国家高官会议。 3. 在支持其他发展中国家发展方面，找出可能的合作活动领域。
贸易投资促进和便利化	1. 加强相关贸易、投资政策和商业机会的信息交流，建立贸易和投资信息共享网站。 2. 鼓励各国贸易和投资促进机构建立更密切联系，为互派贸易和投资促进团体访问提供政策支持。 3. 扩大在展览会、博览会等贸易和投资促进平台方面的合作，增加金砖国家企业交流合作的机会。 4. 按照各国法律法规，提高各国贸易投资环境的透明度。 5. 加强各国标准、认证、检验、检疫等机构的相互交流与合作。 6. 加强各国贸易救济机构的交流与合作。 7. 财政和央行行长会议关于本币结算的报告提出了积极安排，应考虑这一安排对促进金砖国家间贸易有何影响。
技术创新合作	1. 建立项目对接平台，促进在高科技领域的交流与合作。 2. 鼓励扩大高附加值产品的贸易和投资。 3. 推动在新兴产业开展对话交流，促进在技术密集、知识密集、资本密集领域的贸易和投资。
中小企业合作	1. 在中小企业政府管理、支持政策、发展经验和实践案例等方面加强信息交流。 2. 推动商签《金砖国家中小企业合作协议》。 3. 鼓励各国中小企业协会、中小企业发展促进中心的中介服务机构间建立联系，并鼓励其合作开展中小企业贸易投资、人员培训、信息咨询、举办论坛等活动。
知识产权合作	1. 通过会晤、研讨会等活动，加强知识产权法律框架、执法守法等方面的信息交流。 2. 共同开展知识产权领域的能力建设项目。 3. 促进各国知识产权机构间的合作。
基础设施和工业合作	1. 在基础设施领域加强经验和信息交流。 2. 鼓励本国企业积极参与金砖国家的基础设施建设发展和工业化，并相互开展技术合作。 3. 分析金砖国家企业合作承揽国际大型基础设施的可能性。

资料来源：http：//www. mofcom. gov. cn/article/ae/ai/201303/20130300068116. shtml。

　　金砖国家第七届领导人峰会与第六届峰会紧密衔接，除了一贯地声明支持多边贸易体制之外，也制定了以贸易投资为核心内容的《金砖国家经济伙伴战略》，明确了贸易投资、制造业、能源、金融等八大重点合作领域及合作举措。同时，本次峰会上进一步落实了第六次峰会提出的电子商务合作，通过了《金砖国家电子商务合作框架》。在第八届领导人峰会，即果阿峰会上金砖国家将贸易合作扩展到服务贸易领域，批准了有关服务贸易、中小企业、单一窗口、标准等方面的合作框架。值得注意的是本次峰会组织了金砖国家与环孟加拉湾多领域经济技术合作组织（BIMSTEC，成员国包括孟加拉国、不丹、印度、缅甸、尼泊尔、斯里兰卡和泰国）的谈话，探讨了金砖国家同 BIMSTEC 成员国经贸和投资合作的可能。金砖国家的贸易和投资合作除了领域的扩展外，在地域上也开始扩大。

（二）金砖国家贸易投资合作发展历史特点

金砖国家自福塔莱萨峰会之后就一直比较关注贸易和投资话题，从金砖国家历届峰会所强调的合作领域来看，经济、社会、文化、政治等合作全面铺开，但是经济合作议题居首要位置，在诸多话题中所占比例也最高。贸易投资合作或者其子领域，如出口信贷保险和再保险、税收、海关、电子商务、国有企业、中小企业、本币结算、基础设施投资、劳工、知识产权、环境等，基本都被金砖国家历届峰会所覆盖（见表6）。仅就贸易投资合作议题的广度而言，与 TTP 的议题分布的差距已经不大，但是明显不同的是，金砖国家之间所讨论的话题主要围绕对话和信息交流沟通展开，鲜有涉及约束性的贸易投资自由化内容，对于贸易合作最传统的领域如关税减免以及非关税壁垒减免等也没有额外关注，如果从深化金砖经贸合作角度，这是有待提高的。

表6　金砖国家历届领导人峰会宣言合作议题分布

宣言或声明	强调金砖内部合作领域及先后顺序
叶卡捷琳堡联合声明	金融体系改革、能效、粮食安全、科教和教育
巴西利亚联合声明	金融体系改革、区域货币机制、农业、能源、财政、银行、安全、商业、智库、统计、科技、文化、体育、减灾
三亚宣言	利比亚问题、金融、贸易、核能、气候变化、社会事务(社会保护、体面工作、性别平等、青年、公共卫生等)、投资、科技和创新
德里宣言	金融(探讨建立开发银行)、贸易、投资、气候变化、农业、卫生、科技、城市化、可再生能源、能效、节能、统计、青年、教育、文化、旅游、体育

续表

宣言或声明	强调金砖内部合作领域及先后顺序
德班宣言	非洲国家工业化、金融(基础设施融资和应急储备安排)、国有企业、中小企业
福塔莱萨宣言	统计、金融(开发银行和应急储备安排)、出口信贷保险及保险和再保险、税收、海关、经济合作路线图、电子商务、国有企业、中小企业、国际和平与安全、人权、跨国犯罪、反海盗、禁毒、反恐、打击网络犯罪、能源(可再生能源、清洁能源、能效)、教育、人口、反腐、文化、农业科技和创新、贸易投资、竞争环境
乌法宣言	金融、贸易(出口信用机构对话)、投资、制造业、矿业、能源、农业、科技创新、互联互通、信息技术合作、知识产权、中小企业、本币结算、竞争性政策、税收、反恐、禁毒、反腐、预防和打击跨国犯罪、空间合作、信息通信技术、预防和应对自然灾害、制药业、化石和石化、基础设施投资、统计、民间交流、就业、人口、移民、卫生、教育、文化、气候变化
果阿宣言	合作机制建设、贸易、中小企业、智库、海关、保险和再保险、反腐、反恐、反洗钱、禁毒、信息通信技术、能源(节能、清洁能源)、卫生(传染病、药物和诊断工具)、人口、就业、教育、外交官交流、科技和创新、农业及农业研究、灾害管理、环保、青年、旅游、城镇化、地方预算、移民、文化、议会论坛、可持续发展、性别平等和妇女赋权、铁路研究、体育、经济问题研究

注：宣言中明确表示金砖国家之间合作的内容，并非金砖国家任何宣誓的外部合作；表中整理的合作领域，表述力求尊重宣言原文，可能有部分内容重复。

资料来源：笔者根据八次金砖国家领导人峰会宣言整理。

只要关注历届金砖国家领导人峰会宣言的前半部分，就可以发现金砖国家强调的合作方式，是在诸如国际货币基金组织、世界贸易组织、世界银行、联合国贸发会议、二十国集团峰会等进行立场协调的内容。这都充分说明了金砖国家合作机制兴起的初衷是作为全球经济治理协调团体出现并发挥作用的，其主要功能并非经济合作与发展。这样我们就不难理解金砖国家出现的国际政治经济学逻辑，是要改善已有的国际经济治理中话语权不平衡的局面，通过逐渐发展起来的经济影响力来进一步维护、巩固和扩大在诸如国际金融治理、贸易治理、投资治理等事务中的谈判地位。而金砖国家的贸易投资合作能走多远，既取决于预期的经济收益，比如贸易创造，也取决于各方合作的决心以及战略层面目标的相符程度。

三　金砖国家贸易投资合作的限度

金砖国家合作的第一驱动力并非是经济因素，这就使得我们对金砖国家

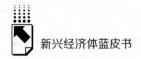

贸易投资合作机制的评估不能仅局限于一般的经济合作层面。在经济利益驱动乏力的情况下，我们还要更多地考虑到金砖国家各自的国家战略层面，才能够对金砖国家贸易投资合作有更深刻的认识。

（一）金砖国家贸易合作基础薄弱

从经济利益预期的层面，金砖国家贸易合作的福利效应是其持续存在的动力，而解释贸易合作福利效应的传统工具就是对贸易创造和贸易转移的衡量。贸易创造是用从伙伴国进口的较为便宜的产品取代了国内较为昂贵的产品，而贸易转移是用从伙伴国进口的较为昂贵的产品取代了原来从外部进口的较为便宜的产品。因此，贸易创造和贸易转移产生的根本原因是国别之间的生产率（表现为产品的生产成本）存在差异。如果伙伴国的生产成本低于本国生产成本，利用价格较低的伙伴国产品替代价格较高的本国产品，不仅可以节约社会劳动和经济资源，产生生产效应，还可以减少消费者支出，带来消费效应。但是也会出现另一种情况，即贸易合作安排的对象生产成本低于本国，却高于其他未参与合作的对象国，这就产生了不利的贸易转移。因此，一个有效且可持续的贸易合作机制应该是实现积极的贸易创造，而非消极的贸易转移。

一般情况下，如果两国相互依赖较大，就更有利于因为相互需求而进一步合作，避免贸易转移，如果两个国家的出口形成对称性的相互依赖关系，那么这两个国家更容易在区域贸易安排问题上形成相互需求，达成区域贸易安排的可能性也更大。因此，一国应该优先选择与自己构成明显对称性依赖的国家作为区域经济一体化的伙伴，其次应该与其经贸关系密切且对其市场有着明显单方面依赖的国家建立区域贸易安排。[1] 在前文中我们知道金砖国家之间的贸易联系持续上升，但是仍很有限，而且，五国缺乏必要的对称性贸易依赖，也没有强大的非对称性贸易依赖情况存在。这与北美自由贸易区

---

[1] 余振、沈铭辉、吴莹：《非对称依赖与中国参与亚太区域经济一体化路径选择——基于贸易指数实证分析》，载《亚太经济》2010 年第 3 期。

非常不同,加拿大和墨西哥均对美国市场的依赖很大,构成了以美国为核心的区域一体化形态。当然,金砖国家缺乏必要的贸易依赖的含义非常丰富,这与五国同处于全球价值链的中低端、产品雷同度高等因素密不可分,导致出现较多的贸易摩擦案例,进而更限制了金砖国家贸易合作的进程。

(二)投资环境有待进一步改善

在投资层面,金砖国家间相似的分工水平也阻碍了投资关系的发展。对外直接投资的影响因素很多,尽管最主要的影响因素是资本回报率,但是基于发展阶段需求,发展中国家的对外直接投资具备明显的特殊性。比如中国已成为世界第二对外直接投资大国,对外直接投资越来越多地向发达国家集中。研究发现,中国的投资具备明显的寻求优质资产和高级技术的目的性,而这种需求在金砖国家内难以得到满足。而中国目前投资的存量主要集中在发展中区域,这些区域无一例外都不被国际知名的投资环境评估项目看好。其原因是中国的投资具备明显的寻求市场和自然资源的目的性。[①] 但是中国的投资并没有大批量地进入其他金砖国家也在于他国难以规避的投资壁垒。在投资环境和投资政策协调的难度上,金砖国家比较明显。就投资环境层面来说,无论是被世界银行营商环境评估评价较高的俄罗斯,还是评价较差的印度,外国投资者面临的障碍和挑战都比较多。这既说明金砖国家投资合作的空间和潜力很大,也正面说明了投资促进谈判和政策协调的难度大、任务重。

就世界银行营商环境评估(Doing Business Project)来看,俄罗斯的营商环境在金砖国家中是最友好的(见表7),但是问题也较多,主要集中在建筑许可和税务上,外资股权比例超过10%的企业获得建筑相关许可平均耗时202.2天,比内资企业多了77.6天,比全球平均水平多了133.5天。此外它在市场准入、土地、劳务输出、税收和签证等领域限制也很多。

---

① 参见李猛、于津平《东道国区位优势与中国对外直接投资的相关性研究——基于动态面板数据广义矩估计分析》,载《世界经济研究》2011年第6期。

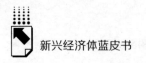

表 7　金砖国家营商环境排名（2017 年）

类别	中国	印度	俄罗斯	巴西	南非
开办企业	127	155	26	175	131
取得建筑许可	177	185	115	172	99
登记财产	42	138	9	128	105
获得信贷	62	44	44	101	62
保护投资者	123	13	53	32	22
赋税	131	172	45	181	51
跨境贸易	96	143	140	149	139
执行合同	5	172	12	37	113
破产	53	136	51	67	50
获得电力	97	26	30	47	111
便利度排名	78	130	40	123	74

资料来源：世界银行 2017 年度世界银行营商环境报告。

　　而印度政府腐败问题较为严重，在世界银行企业调查项目 2014 年做的调查中，外资股权比例超过 10% 的企业中 48.1% 的企业主表示需要贿赂来保障政府合同，而全球平均水平为 24.9%。印度政府禁止或严格限制外国投资者直接进入诸如农业、零售贸易、铁路和房地产等所谓的政治敏感部门，并且监管程序不透明，各邦监管政策差异大，致使投资风险大。

　　巴西的投资和运营成本巨大，税负重、纳税程序繁杂；巴西企业赋税很重，本地内资中小企业赋税便利度在全球仅排第 181 位，几乎垫底，而在外商的缴税待遇上面，世界银行 2009 年的调查显示，有 62.2% 的企业（外资股权超过 10%）将税率认定为投资的主要障碍。此外，巴西基础设施领域投资难度大，电信、能源和交通市场尚无明确的投资法律法规，内外资待遇差别大，外资股权比例超过 10% 的企业要获得建筑相关许可需要耗时 229.1 天，而内资企业需要 59.1 天，全球平均水平为 68.7 天。

　　南非的投资壁垒包括三个方面：一是外资所有权限制方面，要求企业 25% 的所有权必须由当地黑人持有；二是外资比例、控制权或营运收入分配给非南非居民，超过 75% 的公司在向南非当地的信贷机构申请融资时受到限制；三是签证制度方面，签证缓慢等。此外，南非社会治安较差，外资股权比例超过 10% 的企业为安保付钱的比例为 87.9%，全球平均水平为 67.7%，而因遭受偷窃或破坏产生损失的企业比例为 44.5%，全球平均水平为 20.1%，中国为 7.0%，巴西为 9.8%，俄罗斯为 4.8%，印度仅为 1.6%。

中国至今还没有统一的国际投资法律，主要通过各种行政法规来规定，如《外商投资创业企业管理规定》《境外投资管理办法》《指导外商投资方向规定》等。而俄罗斯、巴西和南非则都有明确完整的外商投资立法体系，立法水平较高。不过这除了中国自身的问题之外，也是金砖国家间的问题，各国立法水平不一，且与国际立法缺乏协调，致使各国投资合作中会存在诸多协调问题。例如在金砖国家间已经签署的多个 BIT 中，存在很多差异，在有关最惠国待遇的例外条款上，《中国—俄罗斯双边投资协定》和《中国—南非双边投资协定》规定是"国际协定"或"国家安排"，而《中国—印度双边投资协定》则规定"与税收有关的事宜"。

（三）贸易投资合作战略方向各异

除了在贸易合作效益以及投资目的和投资的国内规制方面的障碍外，金砖国家自身对于金砖国家合作机制的重视程度也有待进一步加强。金砖国家合作既不是区域经济一体化的尝试，也不是多边国际组织，目前作为几个主要的新兴经济体政策协调和立场发声的平台，尽管取得了显著的进步，但是相对于各新兴经济体所关注的区域经济合作重点来说还没有得到应有的重视，而且金砖各国对该合作机制的需求也不同，立场存在差异。

具体来说，俄罗斯、巴西和南非采取的是立足本地区（独联体、南方共同市场和大非洲自由贸易区）的防守型区域合作战略，这也是它们获得谈判筹码的立足点。比如巴西以南方共同体市场为载体，推动了和印度、南非互惠协定框架协议的达成，又与中国签订了《关于进一步加强经济贸易合作联合声明》。而南非则由于体量过小，同时在非洲经济影响力较大，极力推动建设大非洲自由贸易区，同时又明确表示不与大国建设自由贸易区。印度的自由贸易区战略比较急促，自 20 世纪 90 年代实行"东向战略"之后就积极扩展在东南亚地区的影响力。印度选择 FTA 对象追求三个标准：一是安全标准，注重与周边国家合作，抑制中国影响力；二是经济标准，为保护国内产业，避免和与本国产业构成竞争的对象签署 FTA，同时注重能源矿产的出口；三是战略标准，积极融入亚太地区合作，避免被边缘化，遏制中国影响。[①] 金砖国家在对待区域合作立场和目标排序上的差异构成了金砖国家经贸合作向区域经济合作发展的障碍。这也是金砖国家在历次峰会上重视对话和立场协调、不断提出新议题、重视具体项目的合作，但是又鲜有触及多边合作机制建设的原因之一。

四　总结及建议

金砖国家当前的贸易投资合作存在诸多问题，内部贸易投资联系不足，且不稳定。自 2009 年金砖国家合作机制建立以后，合作成就主要集中在立场协调层面而非贸易投资合作的制度建设层面，这源于金砖国家贸易投资合作的主要驱动因素不完全是经济效益，而更多地体现为战略层面的需求，即满足新兴经济体在全球治理中扩大话语权的需要。但是不可否认，金砖国家间仍旧存在继续深化贸易投资合作的必要，因为无论是经济收益上还是政治战略层面上均有其明显的积极效应。第一，金砖国家之间的贸易投资便利化水平还比较低，贸易投资便利化的预期经济效益还比较大；第二，从国际贸易治理的角度来看，在当前多哈回合谈判停滞的情况下，新兴经济体基于自身发展的局限，构建有限水平的经济合作机制也有利于增强其在国际贸易治理中的话语权；第三，特朗普当选美国总统、美国退出 TPP 和英国脱欧代表了当前反全球化冲击的一种思潮，各种类型的保护主义此起彼伏，使得无论是在技术水平上还是在目前的消费市场规模上都欠缺的外向型新兴经济体面临不利的局面，促进金砖国家经贸投资合作和在国际事务中的立场协调有利于抵制保护主义和开拓市场；第四，国际上尚未形成通行的多边投资规

---

① 沈铭辉：《亚洲经济一体化——基于多国 FTA 战略角度》，《当代亚太》2010 年第 4 期。

则，主要由分散而多样化的多边和区域协定支撑，而当前的国际投资领域缺乏多边规制。金砖国家作为发展中国家，是吸收外资地位越来越重要的典型代表，应该根据投资者利益和东道国利益平衡的标准，构建新一代多边投资规制，这有利于在全球投资治理领域改善治理。

金砖国家应继续坚持在扩大政治互信的前提下维持在诸如世界贸易组织、国际货币基金组织、二十国集团、联合国等多边平台的立场协调，多提出发展中国家关心的议题；从内部和外部两个层面推进贸易投资合作，一方面将合作议题向诸如政府采购、竞争政策、劳工等新兴议题扩展；另一方面深化已有的合作领域，尝试先在金砖范围内进行双边或者小多边谈判，重点在海关环境和国内规制方面加强合作，简化海关程序、提高透明度，缩小国内法律、标准差异，营造公平竞争环境；金砖国家加强互补品间的贸易和产业内贸易，有选择地提供优惠政策，同时扩大人民币结算范围，节约交易成本；进一步加强贸易投资合作的机制建设，建立和完善贸易和投资信息共享平台，建立贸易投资争端解决机制。

B.14
金砖国家经贸合作前景展望

刘文革　周洋*

摘　要：　本文分析总结了 10 年来金砖国家合作机制变迁的过程与成
　　　　　果，讨论了未来金砖国家为打造"一体化大市场"而急需重
　　　　　点落实的构建"一体化大市场"的新方向及相关问题。

关键词：　金砖国家　经贸合作　"一体化大市场"

从 2006 年 9 月在联合国大会期间举行的金砖四国首次外长会晤，到
2016 年 10 月在印度果阿召开的金砖国家领导人第八次会晤，金砖国家合作
已经历了十年。10 年来，金砖国家合作机制不断升级，合作内容不仅多样，
且逐渐趋于务实，对话机制也更具多层次、多方位。在现今世界经济格局
下，"有利共图，包容互惠"的国际合作已是实现可持续发展的主流途径。
在笔者看来，构建"一体化大市场"是未来金砖国家急需重点落实的方向，
建立金砖国家"一体化大市场"符合果阿峰会"打造有效、包容、共同的
解决方案"的主题，亦是完美地紧跟了未来世界经济发展潮流的步伐。

一　金砖国家合作成果回顾（2009 ~2016 年）

2016 年果阿峰会上，习近平发表了题为"坚定信心　共谋发展"的重

---

* 刘文革，浙江工商大学新兴经济体研究所教授；周洋，浙江工商大学新兴经济体研究所助理
研究员。

要讲话，积极评价了金砖国家合作 10 年发展取得的丰硕成果，他指出，金砖国家合作不断走实，携手应对国际金融危机冲击，在重大国际和地区问题上共同发声，积极推进全球经济治理改革进程，带动新兴经济体国家和发展中国家在国际上赢得了更多的发言权和影响力。过去 10 年，金砖国家对世界经济增长贡献率超过 50%。

（一）2001~2008年：金砖国家亮相世界舞台

2001 年，"金砖概念"首次由高盛公司经济学家吉姆·奥尼尔在报告《全球需要更好的经济之砖》中提出，并再次在 2003 年高盛题为"与金砖国家一起梦想：通向 2050 之路"的报告中提出，并预测在 2050 年"金砖四国"将领导世界经济。伴随着 21 世纪新兴经济体的崛起，"金砖四国"越来越受到国际的关注和认可。自此，"金砖四国"合作渐趋紧密。

（二）2009年至今：深化合作，成果颇丰

（1）2009 年：属于金砖国家的正式合作机制开始形成，起初仅有外长会议，现会晤机制是由领导人会晤为主导，辅有外长等部长会晤，并于当年 6 月在俄罗斯叶卡捷琳堡举行首次金砖峰会。此次峰会恰逢金融危机，四国领导人就如何应对金融危机、未来对话与合作前景等重大问题交换了意见，在峰会成果《"金砖四国"领导人俄罗斯叶卡捷琳堡会晤联合声明》中，四国就建立一个更具多元货币体系的方案达成一致，目的是帮助金砖各国及其他发展中国家在全球经济治理中有更多的话语权，并承诺积极推动金砖国家在金融领域的合作，如国际金融机构改革，使之能适应当前世界经济格局的变化，以及认识到经贸合作和外国直接投资对复苏全球经济有着重要作用。

（2）2010 年：巴西利亚峰会上发表了《金砖国家领导人第二次正式会晤联合声明》，在联合声明中，四国商定推动"金砖四国"合作与协调的具体措施，"金砖国家"合作机制初步形成。同时还举办了四国企业家论坛，银行联合体、合作社论坛，智库会议等活动。同年 12 月吸收南非为金砖成员国。

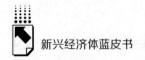

（3）2011年：中国三亚峰会上通过了《三亚宣言》，并对今后在金融、智库、工商界、科技以及能源等领域加深合作达成共识，还签署了《金砖国家银行合作机制金融合作框架协议》，再次强调金砖国家应加快加深在金融领域的合作以能迅速反映世界经济形势的变化，更快地为新兴经济体和发展中国家小群体提升发言权和代表性。此次峰会五国齐聚，共同对未来的合作描绘了一幅"发展蓝图"，这标志着金砖国家合作机制开始走向成熟。

（4）2012年：印度新德里峰会上通过了《德里宣言》，并首次提议成立金砖国家开发银行，这标志着金砖国家将国际金融机构改革已经提上重要议程。一致认为这将是代表金砖国家及其"朋友圈"的第二个"世界银行"，意味着金砖国家间的合作逐渐趋向务实层面。此外签署的《金砖国家银行合作机制多边本币授信总协议》和《多边信用证保兑服务协议》两项意在推行金砖国家本币结算和扩大贷款业务规模，使得金砖国家间的经贸合作更具自由化和便利化。

（5）2013年：南非德班峰会是第一轮金砖峰会的收官之作，会上通过了《德班宣言》，在财贸、科技、卫生、农业、人文等20多个领域达成新的合作计划和签署了多项文件，会议通过了设立金砖国家开发银行、外汇储备库，成立智库理事会和工商理事会的提议。

（6）2014年：巴西福塔莱萨峰会是第二轮开局之作，通过了《福塔莱萨宣言》，并签署了关于成立金砖国家开发银行和应急储备安排的两项协议，为金砖国家以及其他新兴市场和发展中国家的大工程、大项目建设提供充足的资金保障。此外会上强调，金砖国家今后的合作重点将是经济和政治"双管齐下"，金砖国家合作再次迈向一个新台阶。

（7）2015年：在乌法峰会上，金砖各国就广泛的议题达成了共识，峰会通过了《乌法宣言》、行动计划等纲领性文件。会议通过的《金砖国家经济伙伴战略》制定了到2020年金砖国家经贸以及投资合作的路线图和为金砖国家未来合作更走实规划了蓝图，指明了方向。此次会晤最大的成果在于推动了金砖国家务实合作走实走深，并为推动国际关系民主化增强了信心。

（8）2016年：金砖国家领导人第八次会晤在印度南部城市果阿举行，

会议通过了《果阿宣言》,并且提出要开展对人民直接有利的务实合作,让金砖国家在世界的舞台上发出更有影响力的声音。此外,峰会上领导人将金砖智库峰会提上了一个新高度,认为金砖国家应积极开展人文交流合作。其次关于在海洋、太空、网络等领域的合作也受到了关注,特别是太空合作,这可能将是 2017 年厦门峰会的一大关注焦点。近些年,西方发达国家的政策出现了严重的内顾倾向,全球各地出现了反全球化和贸易保护的浪潮,面对剧变的世界经济环境,金砖国家更应加快构建贸易伙伴关系和推动全球治理合作。这次会晤取得了重要成果,再一次增强了金砖国家应对各方阻力的信心,为金砖国家今后合作又增添几分动力。

二 共建"一体化大市场"是金砖国家未来深化合作的大方向

(一)金砖"一体化大市场"含义概述

迄今为止,鲜有学者对金砖国家"一体化大市场"给予精确的定义,在对现有文献梳理后笔者总结出,所谓金砖国家"一体化大市场"是指,以金砖国家为主要核心国,其他发展经济体为其成员国,秉承价值共享、利益融合、更加开放、更加包容的合作宗旨,鼓励有着共同利益诉求的新兴经济体加入其中,能为金砖国家及其伙伴国在国际经贸合作中创造共同利益,在不平衡的国际秩序下赢得更多话语权,在世界大舞台中提升国际地位的一种全新的全球治理平台。

(二)金砖国家合作机制日渐走向成熟

自首次会晤至果阿会晤,金砖国家合作已走过第一个十年。从无到有,从窄到宽,从虚到实,金砖国家合作的范围越来越宽,逐渐形成了以各国领导人会晤为主导,以高级代表会议、外长会议等部长会议为支撑,以经济合作为主线,建立起覆盖政治、经济、人文交流与合作的全方位、宽领域、多

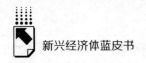

层次的合作关系。从总体来看，自首次合作以来，金砖国家合作机制日渐成熟，合作领域更加宽泛，国际地位和综合实力不断提升，这主要表现在以下几个方面。

1. 发展中国家和新兴市场最信赖的"领导者"

金砖国家代表着广大的发展中国家，始终把国际关系民主和多极化作为构建伙伴关系的理念。在首次金砖峰会上，中巴印俄便已提出将提升金砖国家在世界的话语权作为金砖国家未来努力的方向之一。在2011年第三届金砖峰会上，就利比亚危机问题，各国摆明了各自的立场，一致反对西方发达国家趁机干涉发展中国家的内政，使得紧张的国际形势愈加恶化、地区安全愈加没有保障。2015年，正值反法西斯战争胜利70周年，针对不公平的国际秩序和复杂的国际关系问题，乌法峰会上提出要推动国际秩序朝着更平衡合理的方向发展，反对以美国为首的西方国家为谋取私利弱化联合国等多边机构权威。回首10年发展历程，可以清楚地认识到，金砖国家峰会实质上是国际关系多极化深入发展和国际政治经济深入发展的产物。到目前为止，金砖国家对拉动世界经济增长做出了巨大贡献，IMF可靠数据显示，该贡献率高达50%以上，已经普遍高于其他发展中国家，并且预计在2030年有可能超过大多数发达国家。另外，随着金砖开发银行的成立，金砖国家改变现今不合理的全球治理体系的决心也越加坚定。如今，金砖国家已然成为新兴市场和发展中国家的最可靠的"领头羊"。

2. 有力推动"一带一路"倡议的实施

金砖国家合作机制遵循"开放、包容、合作、共赢"的理念，始终强调建立共谋发展、团结互助、开放透明的伙伴关系。"一带一路"倡议坚持"共商、共建、共享"原则，强调以"丝路精神"作为精神纲要。可以看出，两者具有相同的战略意义，都是以共同发展为目标，为改造现今不合理的国际秩序和全球治理体系，打造属于能够代表广大发展中国家利益的共同体和命运体。在推动"一带一路"倡议实施上，具体表现为以下几个方面：（1）金砖国家高层会晤和低层会晤相结合的对话机制为"一带一路"沿线国家未来建立有效的会晤机制提供了宝贵的经验。（2）金砖国家"一体化大市场"促进"一带一路"自贸区建设。"一带一路"建设尚处于初级阶段，投资贸易便利是未来对于沿线国家需要解决的问题；金砖国家由于存在要素禀赋的差异性和产业结构的互补性，使得"一体化大市场"的建立具有可能性，这也为"一带一路"自贸区的建立打下了良好的基础。（3）金砖国家开发银行为"一带一路"建设提供了充足的资金保障，应急储备安排保障"一带一路"沿线国家的金融安全。现有的丝路基金是直接支持"一带一路"的金融机构，亚投行是"一带一路"国际金融保障机构。而"金砖精神"与"丝路精神"不管是在理念上，还是战略眼光上都存在契合之处。这对于"一带一路"的建设具有较大的互补和促进作用。

（三）当前国际贸易形势新动态

经济全球化和自由贸易一直以来被世界各国所倡导。金融危机产生了贸易保护主义，为了应对贸易保护主义，世界各国之间建立了不同区域的自由贸易区，增加与其他各国的贸易联系，以便能从贸易区内其他经济体中受益。而从 2016 年特朗普的竞选纲领——"重振美国制造业"到 2017 年 1 月其宣布退出 TPP（Trans-Pacific Partnership Agreement）来看，这无不表露出美国已高举反全球化的大旗。就当前形势来看，金融危机的影响还没有完全消除，特朗普当选对于深陷泥沼的全球经济来说是雪上加霜，国际贸易环境受到了严重的影响和面临着更多不确定性。近年来，作为新兴经济体代表的金砖国家，是推动世界经济增长的重要来源，各国已将发展自贸区作为提升本国竞争力、增强国家综合实力的重要途径，并相继制定了各自的自由贸易区战略。

在以往关于金砖国家合作的研究中，众多学者认为建立自由贸易区是未来金砖国家合作的重点和方向。蔡春林认为，建立自由贸易区不仅是当今世界各主要经济体的重点政策选择之一，而且它还是对多边贸易体制的有效补充；周元诚通过 GTAP 模型分析得出金砖国家通过自贸区合作可以帮助各国在现今复杂的国际经济秩序中保持自身处在有利的位置；在笔者看来，若要在这纷繁复杂、尔虞我诈的国际竞争中保有一席之地，实现可持续共同发展

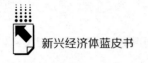
和"金砖梦",共建金砖国家"一体化大市场",将"金砖国家模式"升级成"金砖国家＋模型"才是长久之计。

（四）"一体化大市场"是未来金砖国家的发展目标

2013年3月的南非德班峰会，习近平在发表的讲话中就已提出"一体化大市场"的设想，金砖国家要朝着"一体化大市场"的目标迈进，并将之与宏观经济政策相协调，以金砖国家为领导带动发展中国家合作发展，共同拉动全球低迷的经济，为世界经济增长做出贡献。此外，习近平还指出，朝着目标发展的同时还应兼顾合作与竞争的关系，始终将互利共赢作为首要目标。笔者曾经就金砖国家未来合作方向做了深入的研究，如运用GTAP模型全面分析了金砖构建自贸区的可行性，模拟分析结果表明，构建自贸区对于金砖国家来说是利远大于弊的。习近平在2014年7月福塔莱萨峰会上再次提及，若要构建更紧密的经济伙伴关系，金砖国家应以"八字精神"为指导，坚持开展全方位经济合作，在经贸领域探索建立"一体化大市场"，实现海陆空大联通，在金融合作方面构建多层次大流通，在人文领域推进各国人民文化大交流，共同带动全球经济可持续增长。2015年俄罗斯乌法峰会上，各国通过制定《金砖国家经济伙伴战略》为金砖国家未来几年的经贸合作制定了规划蓝图，发掘亮点，并再次强调建立"一体化大市场"的重要性，由此可见，在共建金砖国家"一体化大市场"的过程中已由虚论转为实干。

迄今为止，金砖国家举办金砖峰会已有8次，各国在金融、能源、气候变化、农产品等一系列重要议题上均已达成共识，并已取得重大成果。随着金砖国家合作的脚步不断迈进，合作的领域不断拓宽，金砖国家间的贸易往来也日益紧密，但合作紧密的同时，各国经贸竞争也随之加剧，利益冲突也愈加显现出来。因此，在保证金砖国家之间合理的竞争限度和竞争力的同时，能继续深化金砖国家间及其与其他发展中国家的经贸合作，促进双赢发展，是一个尚未解决的问题。在笔者看来，构建金砖国家"一体化大市场"不失为一种有效改善合作不力状况，改善贸易环境，实现自由贸易的良策。

三 构建金砖国家"一体化大市场"的可行性分析

（一）共建金砖国家"朋友圈"，共对危机，共谋发展

金砖国家可以看作 2008 年金融危机的产物，危机爆发后，全球经济格局发生大扭转，传统发达经济体受到重创，经济发展速度迅速下降，新兴经济体尽管也受到了金融危机的冲击，但远小于发达经济体的损失。新兴经济体不论是在经济增长速度上，还是在经济实际增量上均已超过发达经济体。金砖四国（中、俄、印、巴）借机联合，于 2009 年 6 月在俄罗斯叶卡捷琳堡举行金砖四国首次峰会，并在 2010 年 11 月，南非提出愿意加入金砖国家的阵营，并于同年 12 月正式接受南非为金砖成员。如今，金砖国家合作成果丰硕，发展成效世界各国有目共睹，这对于深受危机影响至今还未痊愈的以及希望与大国合作促进发展的小团体们难道不是天赐良机吗？

（二）全球治理新局势有望推动"金砖国家＋模型"面向世界

现今的国际政治形势也是推动中小发展中国家同金砖国家共组"一体化大市场"的重要因素。这可以从内部与外部两个方面来看。从内部看，司文认为部分成员国政治关系"不和谐"，各国政治制度、宗教文化与历史传统的巨大差异导致其缺乏共同的价值观是金砖国家合作的障碍，其他学者亦认为这是金砖国家面临的巨大挑战。但在笔者看来，阻力未尝不是动力，领土争端、双边关系不确定性等一系列问题至今尚未解决，说明金砖国家间合作机制还不够完善和深入，只有"包容性"的合作机制和平台才能让金砖国家走得更远更久。因此，加强金砖国家间合作，鼓励其他小团体加入这个"大集体"，务实、多层次、宽领域的合作是必不可少的。从外部看，在全球治理中，李稻葵认为发展中国家在国际组织中欠缺话语权，以 IMF 为例，IMF 规定所有方案需要至少 85% 的赞同票才能通过，而仅美国一国就占有 16.7% 的投票权，这意味着美国具有绝对的一票否决权，并且发达国

家的总投票权大于发展中国家；由美国控制的世界银行，发展中国家同样也缺乏话语权。由此看来，如果现有的全球治理平台不能满足发展中国家的利益诉求时，那么新的治理平台便会随即产生，如在 2014 年 7 月巴西福塔莱萨金砖峰会上提出并预计在 2015 年投入运行的金砖国家开发银行。建立资源共享、包容性的新平台是促进发展中国家深化合作的动力，这个未来的新平台即是金砖国家所领导的"一体化大市场"，发展中国家通过新平台可以保障自身的权益，享有与发达国家对等的话语权，能为全球经济做出更多的贡献，全球治理的效应也能随之得到提高。

（三）资源丰富保障"一体化大市场"长久运作

从地理位置来看，金砖国家横跨四大洲，亚洲的中国和印度，欧洲的俄罗斯，南美洲的巴西以及非洲的南非，除各国地处分散外，金砖国家国土总面积也占据世界国土总面积的不小比重（约 1/3）。因此金砖国家所拥有的各种资源是非常丰富的，不仅如此，金砖国家在产业结构以及要素禀赋方面也是各不相同的，在经贸方面存在着很强的互补性，这为金砖国家间的合作提供了雄厚的物质基础和广阔的空间。有着"世界加油站"美称的俄罗斯，拥有极其丰富的石油和天然气资源；印度的软件服务业非常发达，不仅占有全球服务外包市场的大量份额，而且有"世界办公室"之称；中国则是人力资源大国，名副其实的"世界工厂"；南非是非洲最具代表性的国家，非洲拥有大量的矿产资源，南非更是占据其总量的 50%，采矿等一系列深井技术也十分先进；巴西是世界的"原料基地"，农牧业发达，是农产品的出口和蕴藏矿产资源的大国。金砖国家通过彼此不同的比较优势和资源条件，并且结合当前各国经济发展的现实需要，可以在贸易、投资等领域的合作上区分开来。例如推进互补性贸易、产业链分工以及梯度型转移等合作模式，在侧重垂直型和水平型转移方面可以有所不同，除此之外，可将地理空间与产业领域相联系，这样可以有针对性地和有效地提高金砖国家间产能合作。未来，作为"领头羊"倡导共同发展的金砖国家，在初尝"一体化大市场"带来的甜头后，定会邀请更多的小群体加入阵营，其中包括中国周边的东盟国家，与巴西有贸易协议的南美各国，南非的非洲各国等。

四 构建"一体化大市场"存在的挑战和障碍

（一）金砖国家经济增长速度整体放缓

2011 年，中国、俄罗斯、印度、南非和巴西的 GDP 增长率分别为：9.54%、4.26%、6.64%、3.28%、3.91%。而世界银行最新的数据显示，2015 年五国的 GDP 增长率分别为：6.91%、-3.73%、7.56%、1.27%、-3.85%，与 2011 年相比，只有印度表现为上升，其余四国经济增速均下降，俄罗斯和巴西更是出现负增长，且只有中国和印度高于 2.4% 的全球经济平均增速。经济放缓的结果则是各国采取内顾的政策，甚至提高贸易壁垒，使得金砖国家间竞争加剧，矛盾进一步激化。除此以外，中国与其他金砖国成员摩擦也不断升级，反补贴、反倾销等顾国政策尚不能得到有效的解决，梁俊伟、代中强在研究金砖国家对华反倾销动因中发现，无论从数量还是从强度而言，金砖国家已经成为对华反倾销的重要发起国，在对华反倾销的前十个国家中，除俄罗斯外，其余均在列，且印度是对中国反倾销最多的国家，这对"一体化大市场"的建设影响颇深。

（二）成员国自贸区发展战略差异较大

在前文中笔者提出，从长远来看金砖国家自贸区是金砖国家"一体化大市场"的基础与试金石，只有在自贸区建立并在持续有条不紊运作的前提下，这个"新兴经济体大市场"才能有望在国际舞台崭露头角。但就目前而言，金砖各国对自贸区的作用或是功能定位尚没有形成一致认识，各自自贸区发展战略也存在明显差异。从实施程度上看，中国和印度均极力推行自贸区的建设，实施较积极的自贸区发展战略，俄罗斯、南非和巴西相对来说较为保守，这与各国的经济、政治、国防等国情有很大的关系。

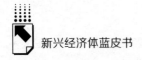

其中，印度推行自贸区建设较早，早在 1985 年便已经是南非区域合作联盟（SAARC）成员，30 年来，印度不断加快调整、深化和拓宽区域合作的范围以谋求大国地位，同时推进与发展中国家和发达国家、区域内和区域间的合作以实现其全球大国梦。

我国的自贸区发展略晚于印度，最开始的区域合作是 1991 年加入亚太经合组织，步入 21 世纪后，我国开始意识到参与和构建自贸区的重要性。当前我国经济发展进入新常态，与他国经贸合作机遇和挑战并存。加快实施自由贸易区战略不仅是我国适应世界经济环境变化新趋势的客观要求，也是落实全面深化改革、构建开放型经济新体制的必然选择。截至目前，中国已与 22 个国家和地区签署了 14 个贸易协定，其中已实施 12 个，自贸伙伴遍及世界各大洲。

巴西在与各国进行自贸区合作谈判时则表现得较为保守，采取的是立足本地区和非洲自由贸易区的发展战略，始终以南方共同市场作为与外方进行合作谈判的筹码和依据，例如，在与安第斯集团和阿根廷、墨西哥等国签署协议中均是秉持这个原则。

南非自贸区发展战略与巴西较为相似，都是以本地区为中心，以丰富的地下资源为基础来构建区域合作。早期，南非进行区域合作的范围仅限在非洲自由贸易区，并且避免和大国建立自由贸易区。直到近年，南非开始加大与其他地区国家的贸易，中国、俄罗斯等欧洲各国均在列。

俄罗斯在建立自贸区方面则稍逊于其他四国，早期仅仅是与东欧和独联体国家进行经贸合作，随着经济全球化的呼声高涨，俄罗斯开始将建立自贸区提上议程。俄罗斯自由贸易区建设起步较晚，且实施的是以资源为导向的较为保守的发展战略，由于盛产石油、天然气等自然资源，俄罗斯目前的合作对象国大多为独联体以及对自然资源需求量较大的国家。

（三）各国产业结构同质化，竞争争夺国际市场份额

林跃勤认为经贸同构化导致金砖国家"同床异梦"。金砖国家内部与外部，均存在经济合作与互补的一面（由于资源禀赋各有差异），但也存在贸

易竞争性、同构化和替代性的一面（由于产业结构相似，同处全球价值链的低端位置）。金砖国家除俄罗斯外，其他都是发展中国家，需要推动出口贸易来带动各自的经济发展，这样就产生了相同产业存在相互竞争的问题，产业存在替代性和同构性，贸易摩擦和争端是不可避免的。从另一个角度看，金砖国家依附式发展较为明显，金砖各国开放程度都很高，且金砖国家在全球分工体系价值链中处于低端位置，大多出口低廉消费品，较多依靠出口拉动经济增长，若再次出现国际金融危机，发达国家经济衰退，对外需求便迅速下降，意味着靠出口带动经济的发展中国家将面临贸易量急剧萎缩的危险。近几年的 IMF 数据显示，中国与美国、中国与日本的贸易额总量均大于中国与金砖其他四国的贸易额总量，说明金砖国家间的经贸合作拉动经济的作用比较小，还有很大的合作空间。

（四）未来"一体化大市场"的经济效应存在不确定性

笔者认为构建金砖国家自由贸易区在经济效应上存在静态效应和动态效应。本文中，笔者认为仅仅构建自贸区是不够的，"一体化大市场"才是长远的目标，其与自贸区产生的经济效应是相差无几的。静态效应包括贸易转移效应和贸易创造效应。贸易创造可以理解为，若金砖国家"一体化大市场"建成后，各国之间取消关税等贸易壁垒，成员国此前购买别国的高价格、高成本产品便会转向购买市场内成员低成本产品以减少开支，这样各成员国之间将相互扩大贸易规模和提高福利水平。贸易转移意义则不同，"一体化大市场"建立后，成员国本从世界上生产率最高、成本最低的国家进口产品，转而向市场内生产率最高、成本最低的其他成员国进口产品，如果此时成员国的生产率不是世界上最高的，该国的成本较前是增加的，这样各国之间的福利水平是降低的。从静态效应来看，建立"一体化大市场"对于金砖国家以及其他成员国来说是福利还是损失是不可预测的。动态效应包括资源优化配置、技术进步、规模经济、竞争等方面。一方面，这个"大市场"拥有丰富的自然资源，国际"朋友圈"的建立可以更有效地在各国之间优化配置，相互之间引进各自先进的生产技术；另一方面，各国利用区域一体化的优势，充分发展本国比较优势的产业，生产低端产品，结果是服务业、高端产业没有得到足够重视，这在一定程度上阻碍了圈内各国向全球价值链上端发展。

五　金砖国家未来协调利益冲突和问题的方向与途径

多年来，金砖国家在全球经济治理等一系列国际热点问题上，始终坚持实施可持续和包容性的经济政策，虽然金砖国家在合作中遭遇了一些问题和阻碍，但各国之间的共性与区别在资源、市场、技术等方面决定了未来合作空间宽阔，总体潜力和优势没有改变，长期发展前景是可观的。

（一）将建立一个完善的海陆空联运体系提上议程

金砖国家地处分散，其优势在于自然资源十分丰富，但劣势也十分明显，南非和巴西分别远在非洲的南部和南美洲，中国、印度、俄罗斯虽然相隔较近，但各自国土辽阔，各国之间接壤的部分均是发展水平较低的地区。因此，拥有一个完善的海陆空联运体系对于建立金砖国家"一体化大市场"来说是首要的。陆海空联运以空运和海运为主，陆运为辅，主要是为了解决地缘上不相接、长距离、大批量运送的难题，是集低成本的陆运、迅捷的空运以及装载量大的海运优势于一体的新的国际运输方式。这个新的国际运输体系实质上是一张属于金砖国家"大市场"内部的陆海空联运网，这个联运网连接各国各自重要的港口，例如中国的上海、大连；俄罗斯的圣彼得堡；南非的开普敦；印度的新德里、加尔各答；巴西的里约热内卢、圣保罗以及其他成员的重要港口。此外，由于建立一个庞大国际运输体系涉及大批的项目和工程，其中包含铁路公路的铺修，大型货轮船只的建造，码头仓库的大批兴建等，而这些均能极大地促进金砖国家与其他国家合作的积极性。从可行性条件来说，金砖国家成立的工商理事会不乏极具国际竞争力的优质型大企业，这为大工程、大项目的建造提供了强劲的动力；另外金砖国家开发银行和应急储备基金可以解决庞大的资金量问题。因此从另一方面来说还能带动每个成员国基础设施建设的发展，同时还能解决我国的产能过剩问题，可以说这是一个一举多得的大项目。

（二）深化金砖金融务实合作

在 2017 年德国巴登举行的首次金砖国家财长和央行行长会议上，财政部长肖捷指出，务实合作是金砖国家金融合作的基础。央行行长周小川认为，金砖国家应继续在 G20 框架下加强合作，特别是在国际金融架构、普惠金融和绿色金融领域。近年来，金砖国家取得了国家开发银行，应急储备安排等具有标志性和开创性的务实成果，这为深化和稳固金砖国家未来在金融领域合作提供了重要平台。未来，金砖国家合作的重点仍是金融领域，推动加强本币结算，电子商务交流合作，金融机构网络化建设等领域的合作；要继续提高国家开发银行融资规模和项目质量，增强应急储备安排的抗风险能力，以助金砖国家及其他新兴国家可持续发展。

1. 加强货币合作，深化落实金砖国家开发银行和应急储备安排

现阶段以发达国家所控制的 INF 和世界银行为核心的国际金融体系，其主要的问题是国际货币单极化。2016 年欧洲央行年度报告数据显示，欧元仍是国际货币体系中仅次于美元的第二大货币。在我国的国际外汇储备中，美元储备占了 64.1%，尽管相较 2015 年有所下滑，但仍然占据主要份额；欧元储备也高达 19.9%，比 2015 年下降了 0.6 个百分点。此外，在国际支付中，美元和欧元的支付方式也占据了大半，美元占比 29.4%，欧元占比 43%。可以看出，以欧元和美元计价的国际外汇储备占有超过 80% 的世界比重。

在 2017 年 3 月金砖国家智库研讨会上，南非驻华大使多拉娜·姆西曼提出金砖合作机制对于发展中国家而言是重中之重，这是由于当前美元走强趋势明显，金砖国家各国货币受到的压力增加和资本外流不断加重，唯有更有效成熟的合作机制才能增加自身在全球经济市场的话语权。此外，现今的金砖国家合作机制已经形成了一种全新的国际事务讨论模式，而 2017 年中国主办的厦门峰会也必将收获满满。金砖国家以及其他成员国通过加深货币合作，完善本币结算制度，减少甚至规避使用第三方货币进行结算，可以在一定程度上减少对外汇储备的依赖。汇率风险是影响双边贸易的一个重要因素，持有的外汇储备越多，面临的损失也越大。

金砖银行和应急储备基金是在当前这种不公平的国际金融秩序下由金砖国家共同出资设立，小到可以资助成员国或是其他发展中国家在基础设施建设、可持续发展等项目上所需资金以及应对突发性支付和流动性危机等；大到用于解决构建"一带一路"自贸区，金砖"一体化大市场"等大战略用资难题。在这方面，扩大开发银行的贷款规模是最主要的，金砖国家开发银行的法定资本为1000亿美元，在未来，各成员国和其他发展中国家所需总额将远远超过这个数字。未来可以通过发行金融债券、续缴资本或是提高法定资本来增加其贷款规模。如何解决金砖国家和其他发展中国家在满足基础设施等项目建设方面所需的资金缺口，是金砖国家落实合作的另一大方向。

2. 推进电子商务与中小企业方联合发展

果阿峰会上，"电子商务与中小企业的发展"是重要的议题之一，会上提出，为了更好地促进金砖国家中小企业间的电子商务合作，还需要建立专门的电子商务门户网站。在2016年果阿会晤前夕关于"金砖国家电子商务合作与促进中小企业发展"的规划研讨会上，上海社科院院长指出，金砖国家推进中小企业在电子商务方面的合作是个非常好的发展思路。因为在2008年全球金融危机以后，金砖国家对世界经济增长的贡献率曾高达70%，到了2016年数值虽有所下降，但这五个国家的人口已达世界总人数的一半，如果能通过中小企业电子商务来带动经贸合作发展的话，将是一个非常具有战略价值的课题。

目前在金砖国家框架内，关于"电子商务和中小企业联盟"的系列合作伙伴关系已经成型，主要是政府之间的合作。如俄罗斯的经济发展部，主要的领域是在工业和贸易方面；印度设有中小企业办公厅、微型与中小企业部、商业工业部等；巴西则设有工业发展理事会和"微型及小型企业支持处"，都是对外合作机构；南非也在贸易工业部设立了中小型企业发展机构。而在中国，商务部、工信部中小型企业发展中心都是参与联盟的主要部门，国际经济技术交流中心和上海社科院则参与到智库合作中。

将中小企业融入电子商务中，本身是一个具有包容性、可持续的工业发展美好愿景。金砖国家若能开辟一个跨区域、跨境的、以中小企业为主体和服务对象的电商新平台，不仅可以加深金砖国家间的务实合作，也可以拉近与其他发展中国家的关系，并带动它们共同参与到国际电商的大环境中，在这一点上，与金砖"一体化大市场"的理念是契合的。

3. 推进新型多边金融合作机制

在 2017 年 5 月"一带一路"国际合作论坛上，学者鲁臻提出促进区域内国家金融机构的双向进入，也即既让本国金融机构走出国门，同样也接受他国金融机构在本国设立，促进沿线国家互设跨境分支机构，从而达到促进跨境以本币结算等货币业务的形成。设立多边合作金融机构，目的则是为"一体化大市场"中的成员国提供更便利和自由的金融服务。由于现有的大型国际金融机构（如 IMF、世界银行等）明显倾向于西方发达国家的阵营，由此，金砖国家及其他国家急需新的多边金融机构来打破现今不公平的国际金融体系。正因如此，金砖国家及其他国家转向新的多边金融机构，金砖国家开发银行、亚投行、丝路基金等由此应运而生。在笔者看来，不管是现有的金砖银行、亚投行、丝路基金还是未来新的金融机构，均是对现存的国际金融结构的有效补充。

笔者认为，除了共建新的多边金融机构外，也可以通过金融创新的方式构建新型多边金融合作机制。如业务创新，为建设"一体化大市场"的需要，金砖开发银行可探索一种为解决未来资金缺口大而将贷款、股权、债券等多种投资工具相结合的融资业务，根据不同国家不同经济发展情况"量体裁衣"。金砖国家始终坚持开放、包容的理念，适用于"一体化大市场"的多边金融机构应亦是多元包容的，其治理效果也必然是有效的。

（三）推进金砖国家融入全球价值链合作

金砖国家不断完善和成熟的合作机制，不仅为其在经贸产业、经济、政

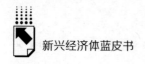

治等领域的合作以及进一步融入全球价值链提供了充足的动力，还为金砖国家实现全球价值链升级和转型打下了扎实的基础。

在 2017 年 5 月 16 日围绕"全球价值链建设"这一主题的金砖智库研讨会上，众专家学者针对金砖国家如何进一步融入全球价值链这一问题交换了意见。盛斌教授认为，金砖国家推进贸易自由化和便利化建设、投资与产能合作以及金融合作等政策选择是开展金砖国家间全球价值链合作的有效途径。中山大学毛艳华论及"产能合作与区域价值链构建的关系"这一问题时提出了自己的观点，他认为，对于金砖国家合作来说，未来能推动产能合作、加快区域价值链构建的有效策略之一是秉持开放性原则，吸收经济有活力、发展有潜力的国家加入金砖国家合作机制，实现金砖国家再次扩员。

就这一问题，在笔者看来，2017 年正值金砖国家合作第二个"金色十年"的开始，构建金砖国家全球价值链既是推动金砖国家产业合作、扩大金砖"朋友圈"的新思路，也为金砖"一体化大市场"的建设，以及将金砖合作打造成为未来世界最具影响力的南南合作新平台奠定了基石。

（四）加强金砖国家智库合作，推进文化大交流

金砖国家在经济发展阶段上虽然存在一定的差异，但在发展过程中面临着共同的问题，如如何完全从危机的泥沼中走出来，如何与他国形成包容性合作机制，如何实现技术创新等。由此，各国之间相互借鉴各自采取的政策和措施是十分必要的，通过学习、交流、总结他国之经验以便制定符合各自的有效政策。除了在政治、经济上合作外，智力合作和文化交流也是必不可少的，它是政治和经济合作的基础，因此有必要推动金砖国家以及与其他发展中国家的文化交流合作。可实施的具体方案有，落实共建金砖国家大学联盟，并设立专门的金砖国家留学资助基金，鼓励和扩大各国之间学生的交流。起初可以在金砖国家中各选取 3～5 所知名高等学府，以形成各国进行文化交流的基础，在金砖国家"一体化大市场"建成后，可考虑联合其他成员国加入其中，共建金砖国家"文化圈"。

另外，金砖国家智库活动影响着各成员国公共政策的制定，智库是金砖

国家合作机制必不可少的贡献者。此外，在现今的全球治理新格局下，提升金砖国家的治理能力更需要智库的支持，这是由于西方国家制定的全球治理秩序已经不适应当今世界经济变化的新形势，因此充分发挥金砖国家智库的力量和智慧，提升金砖国家在国际金融机构中的话语权是不可或缺的。加强智库合作，不仅仅是国家政府层面的，更重要的是金砖国家应增强创新、管理和协同三位一体的意识，扩大沟通交流的领域，整合共享更丰富的资源，在完善政府智库建设的同时，也应成立能够促进国际伙伴关系的民间智库，并配以健全的法律系统和充足的资金支持，如可由各国政府联合出资成立金砖国家民间智库发展基金。总而言之，秉承了更加包容的态度，鼓励各国更多有为之士参与进来，为未来金砖国家智库发展拓宽领域探索更广阔的大道。

（五）提高进出口效率，统一海关信息化管理

在这个强调效率的时代，贸易便利化程度的高低决定了两国经贸合作的紧密程度。这对于分散于世界各地的金砖国家来说更是如此。能否建成"一体化大市场"，问题之一在于能否给各成员国带来贸易的便利，能否减少进出口成本。

在笔者看来，在这个问题上，可以借鉴广东自贸区的做法，那就是建立国际贸易"单一窗口"，这是一种集贸易、加工、运输、仓储等业务为一体的新型综合管理服务平台，它可以有效地实现不同部门之间的信息共享、监管与执法互助和协同管理。

一方面，国际贸易"单一窗口"对企业来说可以有效地实现进出口便利化。在此之前，企业进出口需要办理多个手续，涉及海关、检疫等多个环节，不同环节不同窗口的模式不仅成本高，而且各个环节均不得出错，出错率明显比"单一窗口"高得多。而通过"单一窗口"，不同部门之间实现"信息共享，协同管理"，这在申报流程上为企业极大地降低了办理的复杂程度，节省了大量的人力和时间，来往经贸效率也明显增加了。另一方面，这里所指的"单一窗口"，并不仅仅局限于口岸"单一窗口"，也即除了包

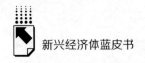

含海关、检验等与进出口直接相关的部门，还囊括了税务、工商等与国际贸易相关的部门，这是实现贸易便利化和优化营商环境质的飞跃。

参考文献

1. 刘文革：《构建自贸区应成为金砖国家深化合作的方向》，《中国经济导报》2013年3月30日第B01版。
2. 林跃勤：《金砖国家崛起及其动因》，《中国经贸导刊》2011年第9期。
3. 蔡春林、刘畅：《金砖国家发展自由贸易区的战略冲突与利益协调》，《国际经贸探索》2013年第2期。
4. 李稻葵、徐翔：《全球治理视野的金砖国家合作机制》，《改革》2015年第10期。
5. 李巍：《金砖机制与国际金融治理改革》，《国际观察》2013年第1期。
6. 朱杰进：《金砖国家合作机制的转型》，《国际观察》2014年第3期。
7. 王友民：《金砖机制建设的角色定位与利益融合》，《国际问题研究》2015年第5期。
8. 张海冰：《世界经济格局调整中的金砖国家合作》，《国际展望》2014年第5期。

B.15
金砖国家独立评级机构初探

姜璐 杨扬 侯筱辰*

摘 要： 本文从国际政治经济学视角，论述了主权信用评级的含义与影响，并介绍了西方三大评级机构及金砖国家本土评级机构的发展历程与现状，初步讨论了建立金砖国家独立评级机构的必要性与可行性并提出了相应的政策建议。

关键词： 金砖国家 主权信用评级 独立评价机构

金砖国家间合作自 2009 年正式启动至今，依托每年的峰会机制及在政治、经济、社会、文化等各领域多层次的互动交流，正在经历一个不断深入的过程。特别是 2013 年由金砖五国主导的新开发银行在上海的成功落地，不仅标志着金砖国家合作领域内第一个实体性机构的建成，同时对于推动建立一个更加符合新兴市场国家及发展中国家的全球治理格局也具有重大意义。在 2015 年金砖五国乌法峰会上，与会各国首次提出了（联合）建立独立评级机构的建议，并在次年的《果阿宣言》中再度确认，鼓励专家就设立一个由市场主导的、独立的金砖国家评级机构的可能性进行广泛探讨。在此背景下，本文主要旨在从国际政治经济学视角，对建立金砖国家独立评级机构的必要性（特别是在其主权信用评级业务层面上）及可行性进行初步探讨。为此，本文正文部分将首先论述主权信用评级的含义与影响，进而简要介绍西方三大评级机构及金砖国家本土评级机构发展的历程与现状，在此基础之上再对建立金砖国家独立评级机构的必要性与可行性给予讨论，并在结语部分提出相应的政策建议。

---

* 姜璐，复旦大学发展研究院金砖国家研究中心博士后、研究员；杨扬，复旦大学发展研究院金砖国家研究中心研究助理；侯筱辰，复旦大学发展研究院金砖国家研究中心研究助理。

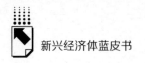

一　主权信用评级及其影响

主权信用评级是指评级机构对债务国主权债务[1]的还款能力与意愿，或换言之，对其违约可能性的评估。一国的主权信用评级主要通过对国内外投资者的判断与信心的作用，进而影响该国政府及其国内银行、企业等在国内外资本市场的融资难度与成本，甚至可能在一定程度上波及该国的实体经济。鉴于评级所针对的是债务国政府的还款能力和意愿，主权信用评级首先也最直接地影响到主权国家自身的举债能力，评级较高的国家更容易获得债券融资，成本也相对较低；以 2008 年为例，评级在 AA 级以上的仅 29 个国家就占用了当年全球信用资源的 91.3%[2]，可见评级对于债券融资流向的影响。与此同时，主权信用评级还会通过所谓"天花板效应"作用于该国银行、企业等的债券融资——亦即，其国内银行、企业等的债务评级通常不会高于其所属国的主权信用评级[3]；而这种公司债务评级与主权债务评级间的紧密关联被论证认为在发展中国家比在发达国家表现得更加明显[4]。除此之外，主权信用评级还被认为会对股票及外汇市场产生不同程度的影响[5]，而这一系列由主权信用评级引起的资本市场的波动，有可能会进一步蔓延渗透

---

① 主权债务是指一国政府以其国家主权做担保向国内外借款人——可能是个人、政府或金融机构等——所借的款项。

② 段炳德、米建国：《主权信用评级的影响、现状及发展对策研究》，《发展研究》2011 年第 3 期。

③ Richard Cantor and Frank Packer, "Determinants and Impact of Sovereign Credit Ratings", *FRBNY Economic Policy Review*, 1996, p. 38.

④ Li-Gang Liu and Giovanni Ferri, "How do Global Credit Rating Agencies Rate Firms from Developing Countries?", *ADB Institute Research Paper Series*, No. 26, 2001, pp. 2 – 3.

⑤ Rodolfo Martell, "The Effect of Sovereign Credit Rating Changes on Emerging Stock Markets", *Krannert School of Management (Purdue University) Working Paper*, 2003; Ibrahim Fatnassi, Zied Ftiti and Habib Hasnaoui, "Stock Market Reactions to Sovereign Credit Rating Changes: Evidence from Four European Countries", *IPAG Business School Working Paper Series*, No. 111, 2014; Rasha Alsakka and Owain ap Gwilym, "Foreign Exchange Market Reactions to Sovereign Credit News", *Journal of International Money and Finance*, Vol. 31, 2012, pp. 845 – 864.

到实体经济当中①。

据估算，截至 2011 年左右，世界范围内较为活跃的信用评级机构大约有 200 家，然而这其中的"三大巨头"——标普（Standard & Poor's）、穆迪（Moody's）、惠誉（Fitch Group）——控制了全球信用评级市场上超过 95% 的业务量②。这三大巨头全部来自西方国家，两家为美资，一家为美欧合资。主权信用评级由于通常不收取费用且评级难度较大，往往是中小规模评级机构无心也无力涉足的领域，这就使得三大评级机构对世界主要国家的主权信用评级更加具有权威性乃至垄断性。依照西方三大评级机构的评级标准，它们给予发展中国家或新兴市场国家的主权信用评级都相对较低，以标普对"金砖五国"与对主要发达国家近年来的评级（见表 1）可以看出，除中国外，其他金砖四国的评级基本在 B 级（BBB，BB，B 及 +/- 浮动）或以下，低于所谓"投资级"（BBB 及以上）而落入"投机级"（BB 及以下）。这样的评级结果往往被新兴市场国家视为有失公允甚至不予接受，然而鉴于三大巨头的垄断地位及影响力，它们的评级结果仍会作为世界范围内广大的投资者主要的参考依据，从而会对新兴市场国家政府及企业、金融机构等在国际资本市场上融资借贷，乃至对其实体经济产生不同程度的消极影响。也正是在此背景之下，以金砖国家为代表的新兴经济体在对西方三大评级机构表示不满的同时，开始萌发并酝酿建立独立于西方体系的评级机构的想法，并开始召集金融专家对拟设立的评级机构采取的商业模式和相关算法进行讨论③。

然而，建立一个金砖评级机构的实体是容易的，但使其能够具备存在的合理性依据，更重要的是能够卓有成效并可持续地运转下去，并进而能够建立起其国际声誉与可信度，则绝非易事。这就需要对这一提议的战略必要性

---

① 胡海峰、王爱萍：《主权信用评级调整的因素与效应分析——基于穆迪和标普下调中国主权信用评级的思考》，《社会科学辑刊》2016 年第 6 期。
② 段炳德、米建国：《主权信用评级的影响、现状及发展对策研究》，《发展研究》2011 年第 3 期。
③ 《金砖五国拟设立独立评级机构》，中国日报网，http://world.chinadaily.com.cn/2017-02/17/content_28243003.htm。

与现实可行性有深入的认识。金砖独立评级机构并非在真空中产生，当前西方主导的评级体系是其产生的背景，而金砖各国本土评级行业的发展则是其孕育的土壤，基于此，下文将首先介绍西方（特别是美欧体系内的"三大巨头"）和发展中国家（特别是以金砖五国为代表的新兴市场国家）评级体系的发展概况与利弊优劣，以期为后文的讨论奠定基础。

表1　标普近五年对金砖五国和主要发达国家主权信用评级

年份	巴西	俄罗斯	印度	中国	南非	美国	英国	日本	德国
2016	BB	BB +	BBB −	AA −	BBB −	AA +	AA	A +	AAA
2015	BB +	BB +	BBB −	AA −	BBB −	AA +	AAA	A +	AAA
2014	BBB −	BBB −	BBB −	AA −	BBB −	AA +	AAA	AA −	AAA
2013	BBB	BBB	BBB −	AA −	BBB	AA +	AAA	AA −	AAA
2012	BBB	BBB	BBB −	AA −	BBB +	AA +	AAA	AA −	AAA

资料来源：本文作者整理。

二　西方三大信用评级机构及其主权信用评级

西方三大信用评级机构——标普、穆迪、惠誉——先后于19世纪末20世纪初成立，核心业务均围绕为投资者提供信用评级、分析研究、投资咨询等服务，服务及评估的对象主要为企业、金融机构、主权国家等。其主权信用评级业务，如前所述，是专门针对主权国家政府作为债务人的情况，进而对其偿付债务的能力与意愿进行判断。目前，三大评级机构基本都是通过定性与定量相结合的方法来评估一国政府的主权信用状况，它们认为并不存在一个定量模型可以将导致某一政府违约的众多复杂因素涵盖进去，相反需要对主权国家政治、经济、金融和社会等多方面的因素加以综合考虑（见表2）。有学者通过定量研究对三大评级机构纷繁复杂的评级因素进行分析指出八个对评级结果影响最大的因素，分别为人均收入、GDP增长率、通胀率、财政收支平衡、国际收支平衡、外债状况、经济发展程度及违约历史①。三大评级机构最终通过一系列符号来体现其对评级对象信用状况的判断与预测②。

表2 西方三大评级机构的主权评级标准比较

主要影响因素		评估细化指标		
		标普	穆迪	惠誉
政治	政治体制	a. 主权决策机制的有效性及稳定性及可预测性 b. 机构的透明度和问责制 c. 信息的可靠性	a. 体制框架 b. 治理水平	a. 政治和国家因素 b. 国际地位
经济	经济结构经济表现	a. 收入水平 b. 增长前景 c. 经济多样性和有效性	a. 人均GDP b. 多元化程度 c. 结构性因素	a. 宏观经济政策 b. 经济结构
	财政稳定性	a. 财政政策灵活度和结果 b. 负债水平成本及结构	a. 政府债务占GDP的比重 b. 政府债务收入比	财政货币政策的适应性和一致性
	国际贸易外部经济	a. 主权货币使用情况 b. 对外偿债能力 c. 国际收支	外部脆弱性和流动性	a. 国际市场的占有率 b. 市场的分布多样性 c. 经济的开放程度
	金融稳健性	a. 外部流动性 b. 国际投资者头寸 c. 货币政策调控的能力、有效性	a. 外汇储备的对外流动性 b. 债务与出口比 c. 债务对外部事件的抗压力	a. 银行金融 b. 外部资产

资料来源：作者整理。

此外，三大评级公司还会发布信用观察/展望评价来显示对评级中短期走向的判断，主要包括"正面"（可能上调）、"负面"（可能下调）、"观

① Richard Cantor and Frank Packer, "Determinants and Impact of Sovereign Credit Ratings", *FRBNY Economic Policy Review*, Oct. 1996, pp. 39–40.
② 三大评级机构的评级符号略有差异，以长期信用评级为例：标普分为投资级AAA、AA、A和BBB，投机级BB、B、CCC、CC、C和D共10级，并通过+和-在同一级别内区别高低；穆迪分为Aaa、Aa、A、Baa、Ba、B、Caa、Ca、C共9级，并通过数字1、2、3在同一级别内区别高低（Baa3及以上为投资级，以下为投机级）；惠誉分为投资级AAA、AA、A和BBB，投机级BB、B、CCC、CC、C、RD和D共11级，并通过+和-在同一级别内区别高低。

察"（可能上调或下调）、"稳定"（评级不变）等评价，这些信用观察/展望评价主要基于对主权国家短期政治、经济事件的跟踪，主观性较强，一旦对新兴市场国家采用"负面"（可能下调）、"观察"（可能上调或下调）等评价，可能会扭曲主体的信用评级，带来更大的不确定性。

西方三大评级机构被广泛认为至少存在如下三方面的问题（并不仅限于主权信用评级）。首先，三大评级机构在评级的技术操作层面存在诸多缺陷：第一，在信息来源方面，评级所用的大多数数据主要是从被评级主权国家自身或其他国际组织方面获取，由于数据主要来自于官方，统计数据的质量和时效性受制于政府的统计和行政力，导致其客观准确性受到一定程度的质疑。且目前的主权信用评级模型以经验性评估为主，更多的是对过往信息的反映，而对未来情况的考虑不足。第二，在评估指标方面，国际上常用的反映一国政府负债状况与偿债能力的指标，诸如外汇储备率、政府负债率、政府新增负债率等与各评级机构的评级结果都没有相关性，三大评级机构很少考虑被评级国家的财政收入状况，而更多地聚焦于被评级国家的债务收入能力，即以被评级国家是否能借新债还旧债作为评级标准——此种方式绕开了众多发达国家政府高负债与低储备的事实。第三，在时效性方面，三大评级机构在主权信用评级上顺周期现象特征明显，缺乏逆周期性，表现在经济繁荣时期，评级普遍较高，进一步促进投资者投资需求，引发投机；在不景气时期，下调评级，导致抛售，引发危机。此类顺周期的评级行为不仅未能提前预警金融危机，而且有可能扩大经济周期的波动性，对发展中国家来说更是推波助澜，火上浇油[①]。这使得国际评级机构的公信力、专业性和独立性受到了广泛的质疑。

其次，三大评级机构在评级的中立客观性上也存在明显的问题。这首先

[①] 例如，在1997年东南亚经济危机前，三大评级机构未能预警危机，反而在危机发生之时为维持声誉而连续降级，人为地制造恐慌情绪，加剧市场下行和危机蔓延，如1997年12月，穆迪降低泰国、印度尼西亚、马来西亚和韩国外汇债券及银行存款信用等级，东南亚和韩国股市暴跌。1998年7月至9月，评级公司前后发布多次降级、"观察"或"负面"通告，引起十多次区域性股市震荡。

表现在其付费模式上。目前信用评级主要采用的都是发行者付账（Issuer-pay model）模式，即评级机构的收入主要来源于债券发行者，而最希望从公正准确的评级结果受益的投资者对评级机构的财政贡献却非常有限——其对评级机构出版物、会议和培训支付的费用仅占后者年收入极小的一部分。其次，债券发行者还会通过在不同评级机构间周旋来获得最利于自己的评级结果。这样的付费模式被认为直接导致了评级结果的不公正①。此外，其他一些商业及政治因素也在不同程度上削弱了三大评级机构的中立客观性。如评级机构为了获得收入和扩大市场占有额，吸引新的客户，或在处理目标客户与投资者的关系的时候，可能会在客观标准的基础上做出妥协，谋取更大的利益②。

最后，尤为重要的一点还在于，受价值观影响，三大评级机构对西方的制度模式具有明显的偏向性。欧美国家遵从的经济模式是以市场为基础，突出自由竞争、放松管制、削弱国家的作用。三大评级机构在进行主权评级时，相应会侧重被评级国自由市场经济体制的完善程度——例如其评估的重要方面之一就是国际贸易和外部经济状况，具体包括诸如国际市场的占有率、市场的分布多样性和经济的开放程度等考察因素，而根据三大评级机构的标准，国际市场占有率越高，市场分布越多，市场自由化程度越高的国家，获得的评级也就越高，反之则评级越低。

三 金砖国家本土信用评级机构的发展

和已有百余年历史的欧美信用评级行业相比，金砖国家的信用评级行业起步较晚，迄今为止只有三十年左右的发展历史，特别是在主权评级业务领域内，虽有尝试性发展（详见正文第五节）但整体而言相对滞后。金砖各国的本土信用评级机构大都发源于 20 世纪 80 年代末 90 年代初。从其发展

---

① Martin Fridson, "Bond Rating Agencies: Conflicts and Competence", *Journal of Applied Corporate Finance*, Vol. 22（3），2010，pp. 56 – 64.

② 朱冰、张智嘉：《三大机构与大公国际主权评级比较与启示》，《世界经济与国际比较》2012 年第 5 期（第 22 卷），第 61 页。

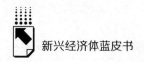
历程上看，金砖国家信用评级行业的兴起以及本土评级机构的出现与其国内外经济政策的改革有着直接的联系。大部分的金砖国家本土信用评级机构的市场范围都是针对本国市场。2000 年以后，金砖国家信用评级市场经历了很大的外资渗透，部分本土信用评级机构逐渐被西方三大评级机构收购和控股。

在金砖国家当中，印度和中国的评级行业起步最早，规模也相对最大。印度的信用评级行业产生于 1987 年，是伴随着印度政府在 20 世纪 80 年代末开始转变经济政策，推行经济自由化和市场化为导向的经济改革的背景下应运而生的①。从 1987 年印度第一家信用评级机构 Credit Rating Information Services of India Ltd（CRISIL）在孟买成立到 2017 年 3 月，已先后有七家本土信用评级机构通过印度证券交易董事会（Securities and Exchange Board of India）注册认证并具备评级资质，分别为 CRISIL、India Ratings and Research Pvt. Ltd（Ind-Ra）、ICRA、Credit Analysis & Research Ltd（CARE）、Brickwork Ratings India Pvt. Ltd、SMERA Ratings Limited 和 Infomerics Valuations and Rating Pvt. Ltd②。作为印度本土的信用评级机构，这些机构主要以服务印度国内市场为主，业务范围主要涉及企业主体评级、企业债券评级、金融机构评级、中小微企业信用评级等。其中，CRISIL 和 ICRA 分别于 2005 年和 2014 年被国际评级机构标普和穆迪并购，完成合资并由外资控股；而 Ind-Ra 则由惠誉 100% 控股，成为其全资子公司。

中国的信用评级行业也兴起于相同时期。改革开放和市场化进程的推进打开了中国金融市场，增加了对信用评级业务的需求，中国信用评级行业就此建立起来。1987 年，国务院发布了《企业债券管理暂行条例》，在中国人民银行的领导之下，全国组建了若干的地方评估机构。1988 年上海远东信用评估有限公司成立，成为中国第一家独立的专业信用评级机构。随着市场经济的发展壮大，中国信用评级行业运作模式逐步市场化，更多的独立信用

---

① M. Jayanthi, "Individual Investors' Perception Towards Performance of Credit Rating Agencies – A Study in Erode and Coimbatore Districts", *S. N. R. Sons. College*, India, October 2014.

② SEBI, "Name and Registered Addresses of Credit Rating Agencies", http：//www. sebi. gov. in/ commondata/recognised/Registered – Credit – Rating – Agencies. pdf.

评级机构开始成立。目前，在全国范围内开展业务的注册信用评级机构主要有八家：中诚信国际信用评级有限公司、联合资信评估有限公司、鹏元资信评估有限公司、大公国际资信评估有限公司、东方金诚国际信用评估有限公司、中债资信评估有限责任公司、上海远东资信评估有限公司和上海新世纪资信评估投资服务有限公司。西方三大评级机构从 2006 年开始以参股的方式渗入中国信用评级行业。其中，2006 年，穆迪收购了中诚信国际 49% 的股权，中诚信国际成为穆迪投资者服务公司的成员；次年，惠誉买入联合资信 49% 的股份，成为其重要股东；而上海新世纪与标普则在 2008 年和 2012年分别签署技术合作协议和全面战略合作备忘录。

同印度和中国相比，巴西、俄罗斯和南非的信用评级机构成立时间相对较晚，大多起步于 20 世纪 90 年代。在这个时期，这三个国家均先后完成经济改革，巴西结束进口替代发展模式，开始大力推进经济改革、放宽外资限制、鼓励私有化和调整对外开放的战略；俄罗斯则在苏联解体后通过实行经济改革，从计划经济转变到市场经济的轨道；南非在 20 世纪 90 年代初实行政治改革，废除种族隔离制度——各国国内经济形势和投资环境的改善进而为其金融市场和信用评级市场的发展创造了有利条件。目前，在巴西国内信用评级市场上，通过巴西证券交易委员会（the Commisssao de Valores Mobiliarios）认证的本土评级机构只有 Austin Rating、SR Ratings 和 LF Rating三家；在俄罗斯本土信用评级市场上，规模相对较大的目前有四家，包括 Interfax Rating Agency、Expert RA、RusRating 和 Analytical Credit Rating Agency（ACRA）；而在南非金融行业管理机构南非金融服务委员会（Financial Services Board）注册的三家评级机构中，本土机构只有 Global Credit Rating Co.（GCR），另外两家分别为穆迪与标普在南非的分支机构①。三大评级机构除了通过建立分支机构的方式，也有通过收购股权的方式来渗入巴西、俄罗斯和南非的国内信用评级市场，比如 2003 年穆迪购入俄罗斯

---

① Financial Services Board，"Registered Credit Rating Agencies"，https：//www.fsb.co.za/Depart ments/ creditRatingServices/Pages/agencies. aspx.

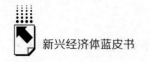

Interfax Rating Agency 20% 的股权，并在 2004 年掌握了该评级机构的大部分股权和经营权[1]。作为本土信用评级机构，除了南非的 GCR 的市场范围辐射非洲区域，巴西和俄罗斯的评级机构的业务对象主要是针对本国的评级主体。

四 建立金砖国家独立评级机构的必要性

此前，我们对主权信用评级的意义、西方三大评级机构的主权评级实践以及金砖国家内部的评级体系进行了一个简要的综述，在此基础上我们将尝试回答的第一个问题是：金砖国家有没有必要（联合）建立一个独立评级机构？我们认为，这个问题可以从现实和战略需要两个层面予以考虑。从现实需要的角度来看，鉴于主权信用评级的重要性，进而因西方主导的评级体系对新兴市场国家给予较低评级所可能带来的不利影响，对上述问题的回答自然是肯定的，这也是官方所以提出成立独立评级机构建议的现实背景。特别值得指出的是，新兴市场国家大都不认可三大评级机构所给出的较低评级，认为自己国家的主权信用被不公正地低估了，而低估的根源则是三大评级机构"西方中心"的标准制定与评价体系。尽管评级标准中涉及很多看似中立的宏观经济指标，但中国学者一般认为在这些标准背后存在"预设的价值取向"[2] 或"潜意识下的制度偏好"[3]。这其中又尤其体现为西方国家所践行并倡导的自由市场经济模式，具体表现在诸如经济的开放性、贸易的自由度、央行不受行政干预的独立性等方面[4]；一些国外学者通过定量研究的方法也部分地验证了这种观点，他们发现自由贸易是发展中国家（研究

---

① Interfax，"Interfax History Highlights"，http：//www. interfax. com/txt. asp？rbr = 30.

② 许文彬、张亦春、黄瑾轩：《美国三大评级公司主权评级模式评析》，《国际金融研究》2009 年第 10 期。

③ 孙红等：《国际三大评级机构主权信用评级模式的经验与启示》，《征信》2015 年第 5 期（总第 196 期）。

④ 许文彬、张亦春、黄瑾轩：《美国三大评级公司主权评级模式评析》，《国际金融研究》2009 年第 10 期；朱冰、张智嘉：《三大机构与大公国际主权评级比较与启示》，《世界经济与国际比较》2012 年第 5 期（第 22 卷）。

中以拉美国家为案例）想要获得更高评级的三个至关重要的变量之一①。

这样的标准设定很显然是参照欧美国家自身的自由市场经济体制②，因而不难理解为何西方国家的主权信用评级都相对较高。正如许文彬等学者所指出的，与其说三大评级机构对发达国家和新兴市场国家的主权评级高低悬殊是因为实行了"双重标准"，倒不如说恰是因其"过于泥守单一标准"，也即所谓的"盎格鲁—撒克逊模式"或西方模式。当这样的价值预设与制度偏好被应用到新兴市场和发展中国家时，鉴于两者在政治经济之环境与制度上的差异，就势必造成对后者评级的低估。这种"把政体和制度的选择等同于国家信用"的方式偏离了信用评级的初衷③，导致了评级结果在一定程度上的失真——这不仅体现为对新兴市场及发展中国家评级的低估，也同样表现为对西方国家评级的高估，较为典型的如2008年金融危机之前乃至初期三大评级机构对作为危机源头的美国，甚至已经宣布"国家破产"的冰岛等发达国家仍旧保持高评级的案例。在这种情况下，推动西方评级机构的改革固然是路径之一，然而，且不论改革的可能性与难度大小，需要承认的是让西方主导的机构彻底摆脱"西方中心"的思维几乎是不可能的，因此对于新兴市场及发展中国家而言，更为务实的方式或在于通过打破垄断来实现评价标准与体系的多样化，从而更利于自身发展的需要。

更进一步而言，除了上述出于削弱西方评级机构对新兴市场国家偏低且不尽公允的评级所带来的负面影响的这一现实考虑，金砖国家建立自己独立

---

① 另外两个变量是控制通胀和减少违约纪录，详见 Candace Archer, Glen Biglaiser and Karl DeRouen, "Sovereign Bonds and the 'Democratic Advantage': Does Regime Type Affect Credit Rating Agency Ratings in the Developing World?", *International Organization*, Vol. 61, No. 2 (Spring 2007), pp. 341 – 365。

② 政治因素被认为不是最重要的因素，但作为讨论的语境对评级结果也会产生影响。参见 Candace Archer, Glen Biglaiser and Karl DeRouen, "Sovereign Bonds and the 'Democratic Advantage': Does Regime Type Affect Credit Rating Agency Ratings in the Developing World?", *International Organization*, Vol. 61, No. 2 (Spring 2007), pp. 341 – 365; Glen Biglaiser and Karl DeRouen, "Sovereign Bond Ratings and Neoliberalism in Latin America", *International Studies Quarterly*, Vol. 51, No. 1 (Mar., 2007), pp. 121 – 138.

③ 孙红等：《国际三大评级机构主权信用评级模式的经验与启示》，《征信》2015年第5期；朱冰、张智嘉：《三大机构与大公国际主权评级比较与启示》，《西部论坛》2012年第5期。

的评级机构还具有更深层的意义。这就需要联系到整个金砖机制的建立背景与战略意图。樊勇明、沈陈曾撰文指出，当前全球治理格局正在经历重组，其背后的动力源自世界范围内政治经济实力交替的战略变动——特别是以中国、俄罗斯、南非、巴西和印度等金砖国家为代表的新兴经济体的崛起——国际政治经济格局的中心因而正在加速地从欧洲大陆—大西洋地区向亚洲—太平洋地区转移，使得以西方国家为主导的传统治理模式逐渐难以为继①。这种由政治经济实力转换所驱动的全球治理格局，尤其使其权力格局的重组，对于新兴市场国家乃至更广泛的发展中国家而言无疑是一个重要的机遇：抓住这一机遇，特别是通过团结凝聚集体的力量，进一步扩大在全球事务中的参与度，建立话语权，增强决策权，从而推动建立一个新的，更能让新兴市场及发展中国家发声并发挥实际影响的全球治理权力格局，无疑将为它们在中长期内营造一个更有利于自身发展的国际环境。金砖国家在发展中国家的领军地位自然而然地赋予了其在这一过程中的特殊责任，包括金砖峰会特别是实体化了的新开发银行等一系列金砖机制的建立，从深层次上体现了重塑全球治理权力格局这一题中之意。

包括主权信用评级在内的评级体系从根本上讲是国际规制建立的一种补充，它通过给予优劣评判来确认、巩固或排斥、边缘化特定的标准与规则，故而也是全球经济治理的一个组成部分。如前所述，西方三大评级机构几乎不可避免地会将西方国家的制度模式和价值取向作为评级标准的蓝本，基于其垄断地位及评级结果的影响效力，其评级过程事实上在推动着西方的标准体系被反复地确认和强化，而在标准与规制背后，同时被确认和强化的还有西方发达国家在全球治理领域传统的权力格局。建立金砖国家独立评级机构将有助于打破这一垄断，输出更符合新兴市场与发展中国家实际情况乃至利益诉求的价值与标准，从而有助于全球治理权力格局的重塑。这也是建立金砖国家独立评级机构的战略意义，以及即使此项努力需要旷日持久但仍有必要启动、开展的必要性之所在。

---

① 樊勇明、沈陈：《全球经济治理结构重组是中国的新战略机遇》，《金砖国家研究》第一辑，2013，上海人民出版社，第10页。

五　建立金砖国家独立评级机构的可行性

如上所述，在国际评级体系内话语权的缺失对金砖国家的金融与经济安全造成了消极影响与潜在威胁①，因此金砖各国对于打破现行国际信用评级市场的高度垄断表现出了浓厚的兴趣及意愿。然而，组建一个"独立、客观、公正"的金砖国家独立评级机构并非易事，特别当寄望于这样一个新兴机构能够卓有成效并可持续地发挥效力，从而最终能够打破西方垄断，切实增进新兴市场国家及发展中国家的发展利益——这样的期望在多大程度上可能与可行，极大地取决于金砖国家作为整体在这一领域的既有实力基础。

首先，本章第三节的研究已表明，金砖国家在培育和发展本土信用评级机构方面具备一定的能力和经验，且在诸多方面走在了发展中国家的前列。其一，金砖国家已经成功培育出一些粗具实力的本土评级机构，而且这些评级机构已积累了独立判断主权债务质量的能力。比较典型的如中国的大公，从 2010 年 7 月首次发布对 50 余个国家的主权信用等级开始，大公迄今为止已面向全球发布近 90 个国家和地区的信用风险信息，成为第一家在世界范围内提供国家信用风险信息和主权信用评级的非西方国际评级机构。尤其值得一提的是大公自主研发的国家评级标准——突出表现为其不以意识形态和政治经济体制作为划分标准，而更为注重一国经济发展的前景②——更被看作来自发展中国家的评级机构在争夺主权评级国际话语权上的一次勇敢尝试。此外，巴西本土评级机构 SR Rating 早在 1994 年就开始对本国的主权信用进行评级，并于 2009 年启动对美国主权信用的风险评级；中国联合资信从 2012 年 5 月开始尝试开展主权评级业务，其国家评级业务目前已辐射到 27 个主要国家和地区；南非的 Global Credit Ratings （GCR） 则计划将于

---

① 余国君：《国际信用评级机构垄断背景下的国家金融安全思考》，《现代经济信息》2012 年第 22 期。

② 朱冰、张智嘉：《三大机构与大公国际主权评级比较与启示》，《世界经济与国际比较》2012 年第 5 期（第 22 卷），第 60 页。

2017 年启动其主权信用评级服务①。

其二，金砖国家本土的评级机构已开始在国际评级市场崭露头角，并获得一定的市场认可度。比如，中国大公于 2011 年 11 月 8 日与白俄罗斯政府签署协议，为其开展国家信用评级服务——这是大公第一次受他国委托进行主权信用评级，标志着大公在获得国际承认方面迈出了可喜的一步；同年，大公正式接受葡萄牙 BES 银行的委托为其进行信用评级，这也是国际评级史上第一次由发展中国家的评级机构为欧洲国家的金融机构进行委托信用评级的案例。此后，2013 年中国大公旗下的大公欧洲资信评估有限公司通过欧洲证券和市场管理局（ESMA）的批准，获得欧盟信用评级机构执照，并于同年 6 月 13 日正式启动欧洲评级业务②，成为亚洲第一家在欧洲注册并获得信用评级资质的评级机构。其他的本土评级机构也显现出强劲的发展态势，如南非的 GCR 经过 20 年的发展，已发展成为非洲区域最大的和最有影响力的评级机构，其评级业务范围遍布所有证券类型，在津巴布韦、尼日利亚、肯尼亚设立区域分支机构，辐射 25 个非洲国家市场。作为立足于服务非洲评级市场的机构，GCR 在非洲区域的评级业务数量占据非洲一半以上市场，甚至高于三大评级机构在非洲市场的占有率之和③。

其次，金砖国家在组建联合评级机构上也已具备相关的实践基础和经验。近年来，以金砖国家为代表的新兴市场国家在积极发展本土评级机构建设的同时，也在尝试通过组建联合评级机构来对抗市场垄断，以期拓展其在评级市场上的国际影响力。比如，2012 年年底，中国大公国际资信评级公司、俄罗斯信用评级公司与美国伊根—琼斯公司在中国香港联合成立了世界信用评级集团，该集团旨在推动国际评级体系改革，倡导构建主权与非主权

---

① Tshepo Mongoai, "SA Rating Agency to Start offering Sovereign Credit Ratings", SABC News, October 18, 2016, http://www.sabc.co.za/news/a/9f1c57004ea230f196dddedd3b82934c/SA-rating-agency-to-start-offering-sovereign-credit-ratings-20161810.

② European Securities and Markets Authority, "ESMA Approves Dagong Europe as a Credit Rating Agency", ESMA Public Statement, June 7, 2013, https://www.esma.europa.eu/document/esma-approves-dagong-europe-credit-rating-agency.

③ Global Credit Rating Co, "Group History", https://globalratings.net/about-us/group-profile.

双评级体系并存、相互制衡评级风险的新型国际评级体系①。此外，2014 年 1 月，由分别来自印度、南非、巴西与葡萄牙以及马来西亚五家独立信用评级机构联合发起并合资组建的国际评级机构 ARC Ratings 在伦敦正式启动和运营，总部设于里斯本，该机构也已获得 ESMA 的评级资质认证。ARC Ratings 目前在 11 个国家设有分支机构和服务网络，其评级服务遍布欧洲、亚洲、非洲和美洲。与此同时，ARC Ratings 积极倡导以"多角度方法论和本地专业知识"为指导原则，为国际评级市场提供可与以美国为中心的评级机构进行竞争的评级方案，增加国际市场竞争力②。

虽然金砖国家在建立独立评级机构的能力和经验上都表现出强劲的后发潜力，但面对高度垄断的国际评级市场，特别是占尽市场主导地位的西方三大评级机构，金砖国家独立评级机构如何冲破垄断，赢得国际市场的认可则是其接下来需要着力攻坚的问题。我们认为金砖国家独立评级机构需要在如下问题上着重提升攻坚能力。

首先，核心竞争力不足会是金砖国家独立评级机构面临的首要障碍，进而可能会直接影响其评级结果的准确性。对于任何一个评级机构而言，它的声誉和公信力都是建立在其能否发布准确和可信的评级结果基础之上的③。专业性的人才队伍、科学的评级技术与评级方法，以及有效的资信数据库则是构建其核心竞争力的前提条件。纵观三大评级机构的业务发展，它们除了均具备强大的专业性评级研究团队，也都形成了独立的评级技术体系，并在技术方法上表现出了很强的系统性和完整性④。而金砖国家由于经营评级机构时间尚短，在评级行业从业人员培养、评级方法和行业研究、历史数据以及部门间信息透明度等方面均存在很大不足，这些短板将直接影响金砖国家独立评级机构在国际市场上的权威性和公信力。

---

① 《非主权信用评级机构——世界信用评级集团成立》，新华网，http：//news. xinhuanet. com/gangao/2013 – 06/25/c_ 116286782. htm。

② ARC Ratings. A Time for New Dynamism, http：//www. arcratings. com/uk/single_ page/1.

③ 聂飞舟：《后金融危机时代信用评级机构的改革出路》，《上海金融》2011 年第 2 期。

④ 迟家欣等：《国内外评级机构技术体系框架介绍》，《金融发展评论》2015 年第 5 期。

其次，金砖国家独立评级机构会在评级公正性问题上也面临很大挑战。学界关于评级机构在评级过程中存有不公性的讨论主要聚焦于其饱受诟病的付费模式。当前，国际上主要存在两种付费模式：发行人付费和投资人付费。其中，评级机构向评级对象收费是包括三大评级机构在内采用较多的信用评级收费模式。因为发行人付费模式使得评级机构与发行人之间有直接的利益关系，在很大程度上会对评级机构评级结果公正性和客观性构成隐患。而投资人付费模式虽然可以在一定程度上避免上述的利益关系，但也有诸多潜在的问题①。因而金砖国家独立评级机构能否通过创新方式选择或突破现有付费模式是摆在政策制定者面前的很大难题。再者，西方评级机构在很大程度上受到质疑、被认为存在不公，是因为其主权信用评级标准具有明显的西方中心主义和意识形态倾向。而金砖国家独立评级机构能否做到不偏不倚，其评级标准是否能够反映不同发展程度的国家的发展前景与现状，具备普遍适用性则是金砖国家独立评级机构建立过程中需要攻破的难点。此外，由于金砖国家政府在筹划金砖独立评级机构成立当中起到了引领性的作用，因而如何让来自世界各地的投资者相信其评级报告未受到金砖国家政府方面的压力和干涉，确保其评级结果公正性和独立性也将是其日后面临的很大挑战。

再次，金砖国家独立评级机构如何能够赢得国际市场的公信力还需要时间和市场的检验。公信力是评级机构存在的根本，也是其信用评级的价值所在。如果一个评级机构不具备评级公信力，则意味着其评级结果是无参考价值和可信性可言的，进而严重损伤其市场和盈利能力。评级机构的公信力不仅仅需要其强大的评级能力作为支撑，也需要其评级结果的公正性。金砖国家独立评级机构缺乏公信力的客观原因在于其存在时间尚短，未能经历事实的验证与时间的考验，其评级结果的可靠性难免令人生疑；此外，一些发展中国家的特性如较多的行政干预与腐败，也会进一步削弱评级结果的公信

---

① Preety Bhogal, "Rethinking the Relevance of Existing Credit Rating Agencies to BRICS", ORF Occasional Paper, Observer Research Foundation, India, May 2017.

力——而出于保护营利性考虑的投资者自然倾向于规避类似的风险。这就导致至少在金砖国家评级机构初创时期，会较难赢得投资者对其评级结果的信任，因而需要经过市场长时间的反复检验。

最后，金砖国家成员国间的协调性缺乏也会影响金砖国家独立评级机构的运营和成效。从某种意义上说，金砖（联合）评级机构是金砖国家为扩大其国际信用评级话语权而寻求复合影响力的机制设计和运作载体。虽然五个国家在建立金砖国家独立评级机构的总体利益上是趋同的，但涉及一些关键性的细节问题，比如如何分配该评级机构的股权结构，独立评级机构的选址要定在哪个金砖国家，如何确定高层管理人员的比例等都存有内部分歧和矛盾的可能。因而，在建立独立评级机构的过程中，如何合理地解决各自的利益诉求、化解利益分歧对独立评级机构的持续地运作和影响力都是至关重要的。

六　结语

综上所述，主权信用评级对一国政府及其国内金融机构、行业企业在金融市场上的融资难度与成本会产生直接影响，同时还会通过连锁反应不同程度地波及该国的实体经济，因而具有较大的影响效力。而目前处于垄断地位的西方三大评级机构由于受到包括现实利益与价值理念等种种因素的制约，被认为并不总能公平公正地评判各个国家的主权信用状况——这种"不尽公允"在新兴市场国家及发展中国家身上表现得更为突出。基于此，作为发展中国家"领头羊"的金砖各国近年来开始呈现出筹建金砖国家独立（联合）评级机构的政治意愿，并且事实上，评级行业在印度、中国、巴西、俄罗斯和南非已有不同程度的发展，因此在建立金砖独立评级机构方面具有一定的实践经验及制度基础。然而，如前所述，真正建立一个高效、可持续并能为国际社会所普遍承认的金砖评级机构仍面临重重挑战。因此，我们认为，为成功组建一个独立评级机构，金砖国家至少需要从如下方面做出努力。

第一，金砖独立评级机构需要不断提升自身的核心竞争力，在这方面我们认为技术和人才是关键。首先在技术层面，金砖评级机构需要改进优化评级方法和体系，建立完善资讯数据库。具体而言，金砖评级机构应在学习参考西方国家评级机构评级方法和经验的基础上，充分结合发展中国家的制度和国情，创建符合发展中国家政治经济特点的评级体系；评级应不仅仅是单向的评与被评的关系，而应以双方合作为主①；同时为避免顺周期评级的干扰效应，金砖评级机构应引入基于逆周期主权信用评级的相关理论，在此基础上构建相应的评级体系。其次在人才层面，金砖评级机构应大力吸引和储备评级专业人才。具体而言，可着力促进评级机构与高校、科研单位、金融企业的交流合作，加强人才培养和评级技术研发；此外，借鉴新开发银行的经验，金砖评级机构亦可通过加强国际合作来弥补建成初期人才的缺乏，应积极承认彼此的优质评级机构，通过更优惠的招聘条件或建立短期人才交流机制等方式，适当引入国际评级机构（包括西方三大评级机构）的成熟型专业人才。

第二，金砖评级机构需要努力提升其评级公正性。首先金砖评级机构应致力于改进、创新评级付费模式，使评级机构能够相对较少地受到商业利益的"绑架"，产出相对更为客观公正的评级报告，最终实现依靠建立良好的国际声誉而非取悦付费者来维系客户、保持利润的良性循环。其次金砖评级机构在设立评级标准时，也要避免因过分关注发展中国家的特殊性而牺牲评级体系的普遍适用性，尽量保证标准设立的中立和客观，不可走向"发展中国家中心主义"的另一个极端。此外，金砖评级机构应避免不必要的政府行政干预，保持其评级机构市场主体的地位，进而保证其评级结果的客观公正。

第三，金砖评级机构需要主动建立其机构公信力。一个新兴机构的被认可从根本上讲要借助时间来验证，如西方三大评级机构亦是历经百年发展，通过较为完整的经济周期的考验，才逐步获得较高的市场认可度。但作为后

---

① 例如为考察政府因素对经济政治环境可能造成的影响，可对国家政府官员、企业主、雇员等不同阶层以问卷的形式进行访谈，以全面客观衡量政治环境。

来者，金砖评级机构具备有助于其提速发展的"后发优势"，同时战略上讲也要求金砖评级机构用尽量短的时间获得更广泛的国际认可——这就需要金砖国家除了增强竞争力、提升公正性这样的根本性举措之外，还要采取更为积极主动的国际合作策略。具体而言，金砖国家可将彼此和其他发展中国家作为突破口，支持推动金砖评级机构首先在金砖五国及更广泛的发展中国家中开展业务、开拓市场；此外金砖国家的一些评级机构已经得到 ESMA 的资质认可，从而在对相应欧洲国家开展评级业务方面积累了一定的经验和能力，因此金砖（联合）评级机构可以先从这些欧洲国家入手，推广业务、建立根基，进而逐步撬动整个欧美发达国家的评级业务市场。

第四，金砖评级机构需要增强金砖国家间的协调性。金砖评级机构的机制设计可以适度参考新开发银行的筹建经验和运营模式，如可采用"股权均等""平等治理""协商一致"等原则来处理诸如股权分配、决策机制、管理结构、机构选址等一些容易产生分歧冲突的关键性细节问题。这将有助于凝聚金砖国家各方的人力、财力、物力，更有效地协调一致，进而扩大金砖国家在国际评级体系中的集体话语权与影响力。

第五，金砖评级机构需要加强国际监管，做好"声誉资本"管理。尽管不乏指责与质疑，但大体来讲西方三大评级机构仍旧享有较高的国际公信力，长期以来较少出现道德风险等丑闻，这也是其能够长盛不衰的重要原因之一。这种公信力被认为得益于其机构自身的内部管理及美国证券交易委员会（SEC）的外部监管。因此，一方面，金砖评级机构应大力做好内部管理，通过严格自律和约束提升声誉资本；另一方面，金砖国家有必要通过既有或新建机构，加强对评级机构的监管，完善评级机构准入退出机制、市场评价机制、信息披露机制，确立统一和权威的信用评级监管及协调机制。

B.16
新形势下金砖国家合作前景展望

周文 王红红*

摘 要: 本文在回顾金砖国家首脑峰会成果基础上，从全球经济治理、宏观经济调控、国际货币体系改革等方面考察了金砖国家尤其是中国取得的成就，讨论并提出了新形势下金砖国家在国际金融领域、国际贸易领域的合作机制创新、智库建设和其他可能领域深化合作的政策建议。

关键词: 金砖国家 经贸合作 "一体化大市场"

一 引言

"金砖四国"的概念于 2001 年 11 月由美国高盛集团首席经济学家奥尼尔在《全球需要更好的经济金砖》一文中首次提出，并且高盛公司于 2003 年 10 月发表了一篇名为《与金砖四国一起梦想》的研究报告，该报告预测，2050 年世界经济格局经历剧烈调整后，"金砖四国"将悉数进入全球前六大经济体的行列，排名是：中国、美国、印度、日本、巴西、俄罗斯，此报告使得全球的注意力被金砖国家所吸引，为未来金砖国家建设友好合作机制创造了机会。近几年，金砖国家 GDP 占世界 GDP 的比重持续上涨，2016 年金砖国家 GDP 占世界 GDP 的比重为 22.39%（数据来源

---

* 周文，复旦大学中国研究院副院长、教授；王红红，云南师范大学经济与管理学院助理研究员。

于联合国统计司）。

截至 2017 年 6 月，金砖国家已经联合举办了八次金砖国家首脑峰会，金砖国家在如下领域取得了一定的进展：一是在 G20 会议中团结一致，突破了现行国际货币金融体系对发展中国家缺乏公平和正义的制度体系，迫使 G20 对世界银行和国际货币基金组织进行份额和投票权改革，而中国则是此次改革中份额和投票权改变最大的金砖国家之一；二是美元在现行国际货币体系中长期占据的垄断与霸权地位受到了冲击，而金砖国家也加强了双边和多边本币结算业务，挑战美元的霸权地位，人民币国际化的进程也加快了，人民币已于 2016 年 10 月正式纳入特别提款权货币篮子中，成为构成特别提款权篮子（美元、欧元、人民币、日元、英镑）的五大货币之一，且人民币所占权重超过了日元和英镑所占权重，排在第三位；三是对世界储备货币发行国的制衡。不合理的国际货币金融秩序，导致金砖国家成为巨额低收益外汇储备的积累者，而积累的外汇储备主要用于缓冲短期资本流动对其经济、金融安全的冲击，而这在客观上强化了储备货币发行国的金融特权。俄罗斯、巴西已经减少了对美元国债的持有，而中国多年来持有大量的美国国债，也曾尝试在 2016 年大额度减少美元国债的持有量，但 2017 年前三个月持有美国国债的数量又有攀升的趋势。

尽管金砖国家在国际金融合作和全球治理方面取得了一定的成绩，但是随着当前世界政治经济形势的变化，美国新任政府的全球经济政策、英国的公投脱欧事件以及德国、法国、西班牙等国的大选和公投，全球经济政策和走势亦出现了变化和调整，例如 TPP 协议在奥巴马政府时备受推崇，而特朗普政府却对此提出异议。那么，在新的全球经济形势中，金砖各国应该如何通过合作一起来面对全球经济形势的变动呢？这正是本文要探讨的主要问题。

二　金砖国家所面临的严峻的世界经济新形势

当今，全球经济合作的趋势已经发生了变化，取而代之的是以欧美等发

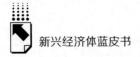

达国家为代表的国家强调的贸易保护主义思潮，以及其与自由贸易主义相偏离的政策。

过去一直以来，欧美等西方发达国家一直是全球化的主导者。从15世纪地理大发现开始，欧美等西方国家开始跨越国家和地区的界限，将全球的物质资源和人力资源进行联通，并且伴随着国家新自由主义的思潮，资源得以在全球范围内得到更有效的配置。

美国的霸主地位正是得益于全球经济一体化。美国在世界上的经济强国地位主要是由其在"二战"时依靠兜售军火，而又凭借租借条约和怀特法案积累了大量财富而巩固。而后美国依靠布雷顿森林体系和马歇尔计划这两个重要的标志性事项，确立了美元在国际货币体系中的霸权地位，并利用马歇尔计划对遭到战争破坏的西欧各国进行经济援助。布雷顿森林体系和马歇尔计划促成了西欧的自由贸易体系，促进了全球经济向一体化的合作迈进。1944年7月在美国新罕布什尔州的布雷顿森林国际货币金融会议上签署了国际货币基金组织协议和国际复兴开发银行协议，确立了美元和黄金直接挂钩、其他国家货币和美元直接挂钩的布雷顿森林体系，以及美元作为国际货币体系的中心。1947~1951年实施的马歇尔计划进一步加速了美元的国际化，美国通过提供贷款给欧洲国家帮助并促进了欧洲经济的复苏、解决了西欧战后的重建问题、转移了国内过剩产能以及扩大了美元在国外流通的规模和流通范围，增强了欧洲对美元的依赖和欧洲美元市场的形成以及美国与欧洲的贸易。尽管最终布雷顿森林体系因不能够维持美元的汇率而于1971年解体，盯着汇率制度变为浮动汇率制度，但这仍不影响美元在国际货币体系中的作用和已建立起来的制度安排，以及各国仍需利用前期已积累的美元外汇储备来进行贸易结算。美元依靠其作为国际货币的"惯性"特征和"自然垄断"特征继续保持着国际货币体系的主导地位，并依靠美国强大的政治和经济力量在国际货币体系中继续发挥着举足轻重的作用。

但与以往不同，现今伴随着民粹主义、贸易保护主义和反全球化的思潮，地缘政治的风险进一步加大，全球经济一体化进入"盘整期"，各国的贸易保护主义开始抬头，反移民浪潮也开始上升。

美国新政府、英国脱欧公投、法国公投和大选、意大利宪法公投、德国公投、西班牙公投，社会政治的民粹主义占了上风，贸易保护主义抬头，反移民政策的推行等使得全球经济形势变得错综复杂，而过去国家之间劳动力资源的相互流动曾被认为是全球化的第三次浪潮，反移民政策使得经济全球化的进程受到阻碍，过去形成的全球经济一体化的格局面临调整的严重挑战。

其实早期也存在反对全球经济一体化的呼声，只是因为参与的主体和目的都具有多样性，问题并不集中，并未对发达国家政府决策产生重大影响，最多也只是加强了会议的安保防范，因此并未受到人们的重视。在20世纪末期存在的针对全球化的抗议活动，例如绿色环保组织反对破坏环境、劳工组织呼吁提高工人待遇等一定规模的抗议国家加入全球化进程的活动，但这些活动的特点是活动主体并不是从全局的角度进行考虑，只是福利受到损害的主体进行的反抗，并不具有代表性，且抗议的主体具有多元性，目标也具有多元性，这些多元的抗议活动虽然也受到了媒体的关注，但是对西方国家的全球化政策的影响并不大。2016年美国新政府（特朗普政府）推翻了前政府一直推行的跨太平洋伙伴关系协定（TPP），并且美国、加拿大、墨西哥三国政府就北美自由贸易协定的规则进行重新谈判，欧盟2016年6月发表《欧盟对华新战略要素》，从这些事例可以看出，全球经济一体化进程已进入"盘整期"，多国贸易协定已出现重新谈判的情形，而贸易保护主义开始抬头，各国开始收回对国家主权的控制，因为全球经济一体化意味着国家会减少与外部经济往来的限制，或者把这种限制权交给国际组织，因而被看作国家放弃部分主权。英国公投脱欧，一个重要原因就是不愿意继续接受欧盟各种规定的"管辖"，不愿将本国的经济管理权交给欧盟机构，而是要依据宏观经济形势按照本国的经济利益最大化和国家意志做决策。面对全球经济的新局面，德国经济部长加布里尔对跨大西洋贸易与投资伙伴协定的进展并不看好，其认为欧美在大西洋贸易与投资伙伴协定谈判中很难达成一致。而已生效多年的北美自贸协定又受到美国的质疑，现又重新回到谈判阶段，北美自贸协议也尚未获得进一步的进展。从以上

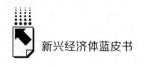

情况来看，西方大国的国家领导人支持全球化的立场都在退缩，转而走向"国家主义"。

三 金砖国家合作机制成效

（一）全球经济治理层面的合作

面对国际上的新形势，以及发达国家出现的贸易保护现象，发展中国家，尤其是金砖国家，更应该团结一致，发展区域间贸易合作，同时与其他更多发展中经济体一起合作，一起对抗当今的贸易保护主义思潮，在区域经贸合作层面上进行多元化、多层化的合作。

1. 金砖国家在国际货币系统中地位的提升

在 2008 年国际金融危机全面爆发前，全球经济治理体系存在几个典型的特征。

（1）全球经济治理组织的决策主要由发达国家主导

国家货币基金组织是重要的国际金融组织，主要是负责检查各国的经贸情况和汇率情况，为贫困国家提供技术和资金协助，确保全球金融制度的正常运作。该国际金融组织的最高权力机关是理事会，而成员国的投票权由成员国缴纳的基金份额决定，必然是发达国家主导着国际货币基金组织的决策，而另一大国际金融组织——世界银行也是如此。因而国际金融组织的制度并不公平，以美国为首的发达国家攫取了绝大部分利益，而发展中国家则遭遇不公平对待。

（2）世界储备货币发行国的权利与责任不对等，缺乏对储备货币发行国的制衡与监督机制

20 世纪 50 年代，美国借助于对西欧国家的战后重建提供大量借款，促成了欧洲离岸美元市场的形成和发展，在当时全球借贷市场资金中美国通过"马歇尔计划"提供的借贷资金占比高达78.4%，超过了世界上所有的国家和地区。欧洲离岸美元市场的形成使全球投资者融资和使用美元的成本更

低、更便利。20 世纪 60 年代，欧洲美元大约只有 20 亿，到 20 世纪末期已超过 15000 亿美元。美国不仅仅依靠离岸金融市场获得世界储备货币的地位，美国还依靠强大的经济实力，尤其是对外贸易能力建立起世界储备货币的地位，其不断扩张的贸易输出大大提升了美元的国际地位。"二战"期间美国的出口总额迅猛增长，1939 年美国的出口总额仅为 32 亿美元，而到了 1944 年，美国的出口总额变为 153.4 亿美元，增长了将近 4 倍；战后美国又主导建立了关税及贸易总协定（GATT），主张大幅度削减商品输出过程中的关税及消除其他贸易障碍，取消国际贸易中的歧视待遇，为美国的商品和服务出口扫除了障碍，美国开始在全球范围内进行大规模的产能输出。战后全球经济复苏阶段，美国正是凭借国内旺盛的生产能力，大量输出美国商品，抢占国际市场，实现长期贸易顺差，美元国际地位不断提升。20 世纪中后期至 21 世纪初美国的出口排行仍稳居世界前列，为美元的国际化提供了广阔的空间。而依靠强大的经济实力和国际离岸金融市场建立起来的国际储备货币地位，使得发展中国家大量持有美元，而美国在 2008 年国际金融危机后执行量化宽松的货币政策，此行为未能得到国际金融组织的监管，造成了大量发展中国家外汇储备缩水，损害了发展中国家的利益。

（3）国际货币基金、世界银行等国际货币金融组织均由 G7 国家操纵

事实上，两大国际金融机构决策权的主导造成国际金融组织的决策难以反映大多数成员——特别是发展中国家的利益。不合理的国际货币金融秩序，导致金砖国家成为低收益国际外汇储备的积累者，而积累的外汇储备主要用于应对短期资本流动对其国内经济、金融安全的冲击，而这又进一步强化了储备货币发行国的金融特权。

在国际货币金融体系改革问题上，中国、印度、南非和俄罗斯、巴西对美元的依赖程度不一致，而导致对革新国际货币金融体系的速度和力度要求不一致，进一步导致在 G20 峰会中不能更好地发挥金砖国家的合力。

美元在现行国际货币体系中长期占据垄断与霸权地位，中国对美进出口主要采用美元结算，因而积累了大量的美元外汇储备。2014 年金砖国家的经济总量几乎与美国经济总量相等，金砖国家对全球经济增长的贡献日趋增

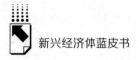

多，而经济地位提升决定了金砖国家在全球经济治理框架中的话语权和影响力的提升，近几年国际社会尤其是东南亚国家对金砖国家货币的认可度逐渐增强，本币结算项目也开始增加，而这些现象将使得发达经济体在国际金融体系中的既得利益和主导地位受到冲击。

中国由于深陷美元资产不能自拔，从而中国主张在维持美元主导地位的前提下，逐步渐进地降低对美元的依赖度。

2016年世界银行报告发布了全球各国的国内生产总值数据，美国为18.03万亿美元，占世界经济的比重为24.32%，中国为11万亿美元，占世界经济的比重为14.84%，俄罗斯国内生产总值为1.29亿美元，印度国内生产总值为2.20亿美元，南非国内生产总值为0.3亿美元，巴西国内生产总值为1.8万亿美元。金砖国家的整体实力都有提高，尤其是中国，已成为世界第二大经济体。2009年中国的出口排名升至世界第一，而且伴随着出口的增加，人民币国际使用度越来越高。中国应继续深化出口战略，坚定地实施出口市场多元化、区域化等战略，为人民币进一步国际化提供更广阔的使用空间。IMF最新一轮的特别提款权定值方法审查结果显示，现行的SDR的价值由五种货币所构成的一篮子货币的当期汇率来决定，五种货币分别为美元、欧元、人民币、日元和英镑，各自在新的SDR货币篮子的最新权重分别为41.73%、30.93%、10.92%、8.33%和8.09%。人民币在新的SDR货币篮子中的权重居于第三位，超过了日元和英镑。这说明以金砖国家的合力，联合提升金砖国家国际经济地位取得了显著成效，尤其是中国在特别提款权改革中取得的成效。近年来，中国、俄罗斯在世界经济增长和全球贸易格局发生巨大变化的浪潮中抓住机遇发展经济和对外贸易，已经跻身世界上最主要的商品和服务出口国的行列，中国居第二位，俄罗斯居第九位。

数据显示，中国的货物与服务出口额在国际货币基金组织2006～2010年的考察期内的排名一直仅次于欧元区和美国而位居世界第三。值得一提的是在2006年，中国的商品和服务出口额排在全球第三位；之后两年，中国的出口排名升至全球第二位；2009年以来中国商品出口一举超过美国和欧

表 1　全球货物和服务出口占比前 10 位的国家

国家（地区）	2005～2009 年		国家（地区）	2010～2014 年	
	SDR bn	%		SDR bn	%
欧元区	2146	19.9	欧元区	2662	18.3
美　国	1539	14.3	美　国	1985	13.6
中　国	833	7.7	中　国	1533	10.5
英　国	778	7.2	日　本	731	5.0
日　本	616	5.7	英　国	707	4.8
加拿大	341	3.2	韩　国	465	3.2
韩　国	296	2.8	新加坡	401	2.7
新加坡	269	2.5	加拿大	395	2.7
瑞　士	269	2.5	俄罗斯	388	2.7
俄罗斯	269	2.5	瑞　士	388	2.7

资料来源：IMF 网站。

元区，成为全球最大的商品出口国。2011～2015 年这五年的时间里，中国的商品与服务出口速度一直在上升，至 2012 年中国货物出口额为 38670 亿元，占全球货物出口的 11.2%，居世界第一位（联合国贸发会数据）；而中国的服务出口额为 1900 亿元，在全球服务出口总额中的占比为 4.4%，虽略低于货物出口，但仍居世界第五位。显而易见，人民币已经完全满足了基金组织对加入特别提款权货币篮子的货币提出的第一个条件，即被考察货币的发行国（或货币联盟）在 IMF 为期五年的考察内是全球五个最大的商品和服务贸易出口地之一。2009 年以后，在全球贸易举步维艰的情况下，中国的货物和服务出口仍然保持稳健增长。

一是跨境人民币结算规模的快速发展。2009 年 7 月，我国以 365 家企业为试点在上海等 5 个城市开始进行跨境贸易人民币结算；2010 年 6 月人民币跨境结算试点从上海扩大到北京等 20 个省、自治区和直辖市，试点企业扩大到 67724 家；2011 年 8 月我国的跨境人民币结算范围已经涵盖了经常项目、部分资本项目以及服务，且试点扩大至全国范围。比较明显的是 2009～2011 年，跨境人民币结算量从 35.8 亿元增长到 20799.9 亿元，急速增长了 580 倍。

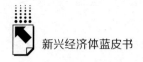
二是货币互换规模持续扩大。我国央行从 2008 年 12 月份开始已与马来西亚、韩国、澳大利亚等 17 个不同经济发展水平的国家和地区的货币当局签署了人民币本币互换协议，协议金额高达 16512 亿元。之后，人民币就可以通过官方渠道正式进入这些国家和地区经济体的金融体系中，从而在新的金融平台上推动中国与相关经济体的直接投资及双边贸易活动的开展，这不仅能促进人民币流通效率和跨境结算的双向提高，还能在同中国签订互换协议的经济体的经济活动中进一步提升人民币的世界影响力和国际地位。

三是人民币开始作为储备货币。目前人民币已经被当作外汇储备货币纳入俄罗斯央行的国家外汇储备货币体系之中。虽然说人民币在俄罗斯外汇储备中的占比低于美元、欧元及英镑等货币，但这是人民币在金砖国家中发挥国际货币储备职能的一个非常重要的开端。另外，人民币也开始在其他非金砖国家发挥储备货币的作用，智利央行、尼日利亚央行与蒙古国央行也在考虑将人民币纳入其外汇储备。

中国货币国际化的成功，离不开金砖国家在 G20 会议前召开的领导人峰会。

2010 年 12 月 15 日，中国人民币正式在莫斯科银行间外汇市场挂牌交易，这是人民币首次在境外直接挂牌交易。金砖国家本币结算业务呈现逐年扩大的趋势。2011 年中、俄两国签订新的双边本币结算协定，促使本币结算由边境贸易扩大为区域贸易。2011 年三亚峰会，金砖五国签订了《金砖国家银行合作机制金融合作框架协议》，该金融合作框架协议奠定了金砖国家合作的基础，确定了未来金砖国家金融合作的方向。2012 年，金砖五国分别签订了《金砖国家银行合作机制多边本币授信总协议》《多边信用证保兑服务协议》，对本币结算业务和贷款业务进行了更细致的合作约定，稳步推进了金砖国家间本币结算与贷款业务。

早在 1969 年，国际货币基金组织就创设了特别提款权（SDR），以缓解因布雷顿森林体系的缺陷暴露而造成的主权货币被用作储备货币的各种内在风险。由于分配机制和使用范围上的限制，特别提款权的构成早已不能体现新型经济体的利益。国际货币基金组织于 2015 年 12 月 1 日正式宣布，中国的人民币将被纳入特别提款权货币篮子。2016年10月1日，新的SDR货币篮子正式诞生，由于中国经济在国际上的重要地位，人民币的加入无疑将加大SDR的用途。相较于以日元、美元或者英镑计价，将人民币加入SDR货币篮子将有利于SDR定值的长期稳定性。

2. 金砖国家国际储备构成的变化

俄罗斯、巴西等国由于持有美元资产较少，因此积极主张采取激进措施以期快速降低对美元货币储备的依赖度。因为俄罗斯的石油结算货币是卢布而不是美元，因而俄罗斯不需要持有大量的美元，可以在国际金融市场上大量地抛售美元。中国出于自身利益的考虑，继续持有美国机构债券，客观上维护了美元地位。金砖国家中，巴西、印度、南非的资本市场运行时间较长，中国可以通过金砖国家合作机制学习资本市场的运作方式。因为中国资本市场运行时间短，且外汇管理体制改革的时间也较晚，中国积累的大量的美元外汇储备也有其历史原因，造成了当今中国大量持有美国国债、间接维护美元地位的矛盾现象。

自1994年我国外汇管理体制改革开始，原本属于我国较稀缺资源的外汇储备开始迅速增长。截至2000年时，我国已持有1655.74亿美元的外汇储备。从次年2001年起，我国外汇储备总量开始以更加迅猛的态势飞速增长，2001~2008年，我国外汇储备的年均积累速度超过了2000亿美元，截至2008年时，我国外汇储备总量已达到了19160亿美元。从2009年开始，我国外汇储备额更是呈现爆发式的增长。2009~2014年，我国外汇储备总量以年均4000亿美元的增长额增至39500亿美元，已经逼近40000亿美元大关。虽然此后我国外汇储备额开始逐年减少，但截至2016年12月，我国仍然持有30105亿美元的外汇储备。中国出于自身利益的考虑，继续持有美国机构债券，客观上维护了美元地位。

从1994年中国实施汇率体制改革后，伴随着我国经济的高速增长以及进出口贸易的快速增长，由此带来的是我国外汇储备的不断增长，而由于我国美元外汇储备规模庞大，而美国的高端资本产品的进出口受到贸易限制，因而美国国债在我国外汇储备的投资中占了较大的比重。从2008年开始，我国央行开始增持美国国债，并超过了日本持有美国国债的数量，持有总量跃居世界第一，并且随着我国经济的增长，持有美国国债的规模一直也在增长。如表2为2011年至2017年3月中国持有美国国债的规模。2011年我国持有美国国债的规模为11519亿美元，2012年我国持有美国国债的规模为12204亿美元，2013年我国持有美国国债的规模为12700亿美元，2014年我国持有美国国债的规模为12729亿美元，2015年我国持有美国国债的规模为12645亿美元，2016年我国持有美国国债的规模为10684亿美元。数据显示，2011~2015年我国持有美元国债的规模一直在增加，从2016年开始，我国持有美元国债的规模开始减少，2016年国债持有量比2017年国债持有量减少了1961亿美元，持有国债规模减少了15个百分点。2017年3月，中国连续两个月增持美国国债。中国在3月大幅增持了279亿美元（数据来源于美国财政部），持债总额上升至1.09万亿美元，增持规模为2015年3月以来的最高。

表2　我国历年持有美国国债规模

单位：万亿美元

年份	2011	2012	2013	2014	2015	2016	2017年3月
持有规模	1.15	1.22	1.27	1.27	1.26	1.07	1.09

注：数据来源于美国财政部。

（二）金砖国家内部的经贸、金融合作情况

1. 金砖国家经贸合作的特点

如前文所述，2016年世界银行报告发布了全球各国的国内生产总值数据，美国为18.03万亿美元，占世界经济的比重为24.32%，中国为11万亿美元，占世界经济的比重为14.84%，俄罗斯国内生产总值为1.29万亿美元，印度国内生产总值为2.20万亿美元，南非国内生产总值为0.3万亿美元，巴西国内生产总值为1.8万亿美元。21世纪初以来中国、印度的经济增长迅猛，但金砖国家整体与美国相比仍有较大差距。

从金砖国家来看，各个成员国宏观经济保持稳定，但也存在经济结构失衡、内需不足等问题。经济增速都有不同程度的放缓，面临的困难和不确定性因素增多，除了中国和印度两国继续保持较高的增速外，巴西、俄罗斯、南非均进入了调整期。

武敬云的研究表明，中国通过金砖国家合作机制，对俄罗斯、印度和巴西的出口增长稳定，而且中国的进口需求尤其是对能源产品的需求也可以得到保障，金砖国家从合作机制中所获贸易收益并不相同。从贸易结合度变化趋势来看，未来中国对俄罗斯、印度、巴西的出口增长率较稳定，而巴西和南非与中国市场的相互依存度越来越高；印度和巴西两国间的贸易结合度不断提高，但是两国的贸易结合度的波动较大，印巴两国有合作潜力；而南非市场对印度市场依存度高，有较大潜力，而印度向南非出口将会增长，但波动较大。而其余国家之间的贸易结合度有的有下降趋势，有的在平均值附近小幅波动。因此，金砖国家合作机制将会促进中国出口市场多元化战略的顺利推进，同时可以借此稳定中国的进口需求尤其是对能源产品的需求。

农产品、原材料产品是金砖国家内部主要的具有发展潜力的贸易产品，中国进口的产品主要有矿石、木浆、毛皮、农产品；巴西、南非"资源大国"出口国出口的主要产品为珍珠、毛皮、矿石、木浆、农产品等初级产品；俄罗斯出口的主要产品是化肥和镍及其制品。在金砖国家内部，巴西与南非、中国、俄罗斯的出口贸易结合度较高，南非和印度之间的进出口的贸易结合度较高。从整体上看，金砖国家间贸易结合度平均水平较低，意味着金砖国家的经贸合作有较大的挖潜空间。

2. 金砖国家的金融合作成效

2014年7月，金砖国家领导人通过在巴西的第六次会晤，宣布了《福塔莱萨宣言》，同时开始筹划组建金砖国家开发银行和应急储备基金。金砖国家开发银行总部设在中国上海，初始资本为1000亿美元，由5个创始成员平均出资。2014年12月，首届临时董事会在土耳其伊斯坦布尔成立；2015年7月，金砖国家开发银行在莫斯科举行了首次理事会会议，完成正式运营前的组织准备工作。2015年7月21日金砖国家开发银行正式开业，

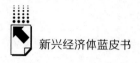

标志着金砖国家金融合作已进入实质合作的新阶段。金砖国家间的金融合作一方面通过设立应急储备基金，一起防范临时性的国际金融风险，并且促进金砖国家共同参与到国际金融秩序的构建中；另一方面通过贷款服务金砖国家经济的发展建设。

2016 年 11 月 24 日，金砖国家开发银行副行长兼首席运营官祝宪在上海举行的媒体通气会上对 2017 年金砖国家开发银行的贷款计划进行了介绍，其表示金砖国家开发银行 2017 年预计贷款规模为 25 亿美元，将支持约 15 个基础设施项目。同时，金砖国家开发银行将于 2017 年进行本币筹资，并且将在国际市场上发行债券。同时随着业务的扩大，也将扩大人员的招聘等。同时，金砖国家新开发银行新批准了两个项目：一个是福建莆田平海湾风电项目，金额为 20 亿元人民币，为中国的投资项目，就装机容量而言，该项目将成为中国海上风电领域最大的项目之一；另一个是印度中央邦道路项目，金额为 3.5 亿美元，为印度的投资项目，以升级改造中央邦约 1500 千米的主要地区道路，从而改善各种气候条件下道路的通行能力，加强道路养护及相关资产管理。印度计划对 1500 公里长的公路进行升级、翻修和改造，项目计划 5 年内完工。这两个项目均为国家主权贷款。

四　金砖国家未来合作发展的展望

（一）金融合作实体的建立

目前金砖国家基础设施建设水平差异很大，而基础设施的投资回报有很大的风险，如何才能保证金砖开发银行的可持续健康运营呢？金砖国家开发银行在制度设计中若能明晰与未来股东国之间的关系，以及金砖开发银行所代表的新兴经济体和老开发银行之间的关系，其主权贷款风险将会大大降低。而要明晰以上的关系，金砖国家开发银行在运营中需要遵循公平治理性原则、市场化运营原则、本土化的原则、建设性补充原则和不干涉内政、坚持高标准原则。金砖国家开发银行参与国来自五大洲，克服了地理上的距离差距，而且是共同平等出资，不是单由中国主导，更能够体现中国与其他国家的战略同盟关系。

1. 探寻金砖国家新开发银行与亚洲基础设施投资银行的合作模式

要想扩大金砖国家新开发银行的影响力，金砖国家新开发银行应向亚投行学习，并与亚投行相互补充。到目前为止，亚投行已经扩员到了 90 个国家，金砖国家新开发银行可以结合实际，吸纳有实力的国家加入。中国应在国际主义方面提供正能量，金砖国家开发银行虽然目前很小，但应融入"一带一路"和亚投行的开发建设中。

亚洲基础设施投资银行（Asian Infrastructure Investment Bank，AIIB）是由中国政府最先提议设立的多边金融机构，旨在促进亚洲各发展中国家自由贸易的发展，拟通过重点支持基础设施的建设，成立一个具有政府性质的亚洲区域多边开发机构。该机构总部设在中国北京，法定资本为 1000 亿美元。截至 2017 年 5 月 13 日，亚投行共有 77 个正式成员国。亚投行的成员来源很广，包含 34 个亚洲国家，18 个欧洲国家，2 个大洋洲国家，1 个美洲国家，1 个非洲国家，其中，金砖五国都参与到了亚洲基础设施投资银行的建设中，亚洲基础设施投资银行加强了与中国及其他亚洲国家和地区的合作，参与国通过互联网、智能电网、高铁网的建设达到各国经济发展互联互通。亚投行的治理结构分为理事会、董事会、管理层三个管理层次。理事会是最高决策机构，每个成员国在亚投行均有正副理事各一名。董事会有 12 名董事，管理层由行长和 5 位副行长组成。亚投行是中国发起的，按照多边开发银行的模式和原则运营，重点支持基础设施建设。

未来金砖国家新开发银行也可以参考亚投行的模式，考虑扩员，挑选优质的成员加入到金砖国家新开发银行中来，为发展中国家的发展提供优质的贷款服务。金砖国家应完善合作机制，为各领域合作提供保障，构建更广泛的伙伴关系。

金砖国家新开发银行未来的方向是，和亚投行加强合作，成为一个世界性的新的银行，并借助于金砖国家智库、大学之间的合作，寻找金砖国家新开发银行与亚洲基础设施投资银行的合作领域和模式。

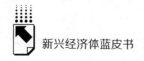

2. 探寻金砖国家新开发银行与丝路基金合作模式

丝路基金是为了响应我国"一带一路"战略而由中国外汇储备、中国投资有限责任公司、中国进出口银行、国家开发银行共同出资建立的基金，首期资本金100亿美元，中国外汇储备通过其投资平台出资65亿美元，中国投资有限责任公司、中国进出口银行、国家开发银行分别出资15亿美元、15亿美元和5亿美元，2014年12月29日，丝路基金有限责任公司在北京注册成立，并正式开始运行，金琦出任公司董事长。2015年12月14日丝路基金称，已与哈萨克斯坦出口投资署签署框架协议，并出资20亿美元，建立中国—哈萨克斯坦产能合作专项基金，这是丝路基金成立以来设立的首个专项基金。2017年5月14日，中国国家主席习近平在"一带一路"国际合作高峰论坛开幕式上宣布，中国将加大对"一带一路"建设资金的支持，向丝路基金新增资金1000亿元人民币。依照《中华人民共和国公司法》，按照市场化、国际化、专业化原则设立的中长期开发投资基金，重点是在"一带一路"发展进程中寻找投资机会并提供相应的投融资服务，其重点在于投资。而丝路基金是我国"一带一路"建设中提出来的，通过"一带一路"建设，造福沿线国家，推动国际产能和装备制造合作，本质上是通过提高有效供给，催生新的需求，改善包括金砖国家在内的世界各经济体市场空间环境，实现世界经济再平衡。推动"一带一路"建设和金砖国家合作，符合各国的利益，必将稳定区域发展，给世界经济复苏注入强劲的动力，形成全球经济新的增长动力，并将进一步完善全球的经济治理结构。

通过比较我们发现，丝路基金主要是支持沿线国家基础设施的建设，而金砖国家新开发银行主要是为发展中国家的可持续性项目提供贷款。探寻金砖国家新开发银行和亚洲基础设施投资银行加强合作的领域，形成两大银行的相互补充和支持，无论是对金砖国家的发展还是对"一带一路"的建设，都是大有裨益的。

（二）加强贸易领域合作

金砖国家作为新兴经济体，在经济快速发展的同时，存在着诸如产业结构不合理，内部结合缺乏稳定性等问题。通过对内部竞争力分析发现，在金砖国家内部各国之间，贸易竞争性要多于贸易互补性，贸易竞争在一定程度上会促进经济增长，但过于激烈的竞争则会对经济增长起到反作用。由于要素禀赋差异，因此金砖五国对外贸易存在互补性。俄罗斯出口主要依靠矿石天然气和金属，这些约占其商品出口比例的70%，南非的矿石天然气和金属的出口比例也很大，达到了42%，这与两国拥有丰厚的自然资源密切相关。印度和巴西的资源也比较丰富，但由于两国人口较多所以出口较少。中国和印度劳动力资源丰富，所以这两个国家的制造业出口比例分别达到了93%和63%。农产品方面，各国出口比例都相对较少。在进口方面，俄罗斯具有丰富的矿产资源，因此其对于矿石能源等的进口较少。南非和巴西的进口比例为20%左右，印度和中国的能源进口比较多，分别达到了28.8%和40.95%。粗略地看，各国制造品进口所占比例最大，而农业原料进口比例相对较小。金砖国家是一个代表发展中国家利益的合作机制，可加深中国与发展中国家的友谊，巩固中国在发展中国家中的"领头羊"地位。随着中国的快速发展，中国与发达国家的合作逐渐加强，来自发展中国家的抱怨将增多。金砖国家是一个代表发展中国家利益的机制，将能够成为稳定中国与发展中国家友谊的重要纽带。

（三）金砖国家智库的建立

智力资源是技术创新的基础，是提高生产效率必不可少的资源。如何加快金砖国家合作的进度以及推动金砖国家合作机制的进一步完善？这需要金砖国家通力合作，共同建设一批具有较大国际影响力的专业化高端智库，同时为日后金砖国家合作机制进一步深化提供更专业化的人才，金砖国家应更进一步制定智库建设的制度规范。

目前金砖国家已经认识到智库建设对金砖国家合作模式的影响，因而中国和俄罗斯主导了"金砖国家大学联盟"和"金砖国家网络大学"的建设。金砖国家大学联盟秘书处分别设在中国和俄罗斯的大学——北京师范大学和乌拉尔联邦大学。"金砖国家大学联盟"共有"金砖五国"38所高校参与，其中中国

19 所，俄罗斯 7 所，巴西 5 所，印度 2 所，南非 5 所。而"金砖国家网络大学"共有"金砖五国" 55 所高校参与项目，每个国家各有 11 所高校参加，各成员国拟在能源、计算机科学与信息安全、金砖国家研究、生态和气候变化、水资源和污染处理、经济学这六大领域展开合作。除了大学联盟提供智力支持外，金砖国家经济智库也于 2011 年 11 月建立起来，成员主要由金砖国家的智库、前政府官员、学者及其他国对金砖国家合作机制感兴趣的研究者构成。

目前金砖国家合作机制中的智库平台已经搭建起来，但是要利用好已经建立起来的"金砖国家大学联盟""金砖国家网络大学""金砖国家经济智库"这三大平台，切实地推进金砖国家高校间青年学生的学习平台的搭建，同时要利用高校科研和学科的优势，培养金砖国家团队的科研人才，为金砖国家合作机制的进一步深化提供支持。另外，学术性的智库不能和经济主体发生脱离，智库也应和金砖国家新开发银行、金砖国家工商理事会开展事务性的项目合作，这样有利于智库更好地协调金砖国家在国际组织中的立场。

参考文献

1. 毕红毅：《金砖国家内外部贸易竞争力研究》，《东岳论丛》2014 年第 3 期。
2. 郭连成：《全球产业结构变动与俄罗斯产业结构调整和产业发展》，《俄罗斯中亚东欧研究》2012 年第 12 期。
3. 梁顺：《金砖国家国际储备的比较分析》，《商业时代》2013 年第 1 期。
4. 李冠杰：《试析印度的金砖国家战略》，《南亚研究》2014 年第 1 期。
5. 刘明礼：《西方国家"反全球化"现象透析》，《现代国家关系》2017 年第 1 期。
6. 汤碧：《中国与金砖国家农产品贸易比较优势与合作潜力》，《农业经济问题》2012 年第 11 期。
7. 武敬云：《金砖国家的贸易互补性和竞争性分析》，《国际商务——对外经贸贸易大学学报》2012 年第 2 期。
8. 沙乌缅因：《现代地缘政治中的印度、上海合作组织和金砖国家》，《俄罗斯文艺》2013 年第 10 期。
9. 王永中：《金砖国家峰会的经济议题、各方立场与中国对策》，《国际经济评论》2011 年第 3 期。

❖ 皮书起源 ❖

"皮书"起源于十七、十八世纪的英国，主要指官方或社会组织正式发表的重要文件或报告，多以"白皮书"命名。在中国，"皮书"这一概念被社会广泛接受，并被成功运作、发展成为一种全新的出版形态，则源于中国社会科学院社会科学文献出版社。

❖ 皮书定义 ❖

皮书是对中国与世界发展状况和热点问题进行年度监测，以专业的角度、专家的视野和实证研究方法，针对某一领域或区域现状与发展态势展开分析和预测，具备原创性、实证性、专业性、连续性、前沿性、时效性等特点的公开出版物，由一系列权威研究报告组成。

❖ 皮书作者 ❖

皮书系列的作者以中国社会科学院、著名高校、地方社会科学院的研究人员为主，多为国内一流研究机构的权威专家学者，他们的看法和观点代表了学界对中国与世界的现实和未来最高水平的解读与分析。

❖ 皮书荣誉 ❖

皮书系列已成为社会科学文献出版社的著名图书品牌和中国社会科学院的知名学术品牌。2016年，皮书系列正式列入"十三五"国家重点出版规划项目；2012~2016年，重点皮书列入中国社会科学院承担的国家哲学社会科学创新工程项目；2017年，55种院外皮书使用"中国社会科学院创新工程学术出版项目"标识。

中国皮书网

发布皮书研创资讯，传播皮书精彩内容
引领皮书出版潮流，打造皮书服务平台

栏目设置

关于皮书：何谓皮书、皮书分类、皮书大事记、皮书荣誉、
皮书出版第一人、皮书编辑部

最新资讯：通知公告、新闻动态、媒体聚焦、网站专题、视频直播、下载专区

皮书研创：皮书规范、皮书选题、皮书出版、皮书研究、研创团队

皮书评奖评价：指标体系、皮书评价、皮书评奖

互动专区：皮书说、皮书智库、皮书微博、数据库微博

所获荣誉

2008 年、2011 年，中国皮书网均在全国新闻出版业网站荣誉评选中获得"最具商业价值网站"称号；

2012 年，获得"出版业网站百强"称号。

网库合一

2014 年，中国皮书网与皮书数据库端口合一，实现资源共享。更多详情请登录 www.pishu.cn。

权威报告·热点资讯·特色资源

皮书数据库
ANNUAL REPORT(YEARBOOK)
DATABASE

当代中国与世界发展高端智库平台

所获荣誉

- 2016年，入选"国家'十三五'电子出版物出版规划骨干工程"
- 2015年，荣获"搜索中国正能量 点赞2015""创新中国科技创新奖"
- 2013年，荣获"中国出版政府奖·网络出版物奖"提名奖
- 连续多年荣获中国数字出版博览会"数字出版·优秀品牌"奖

成为会员

通过网址www.pishu.com.cn或使用手机扫描二维码进入皮书数据库网站，进行手机号码验证或邮箱验证即可成为皮书数据库会员（建议通过手机号码快速验证注册）。

会员福利

- 使用手机号码首次注册会员可直接获得100元体验金，不需充值即可购买和查看数据库内容（仅限使用手机号码快速注册）。
- 已注册用户购书后可免费获赠100元皮书数据库充值卡。刮开充值卡涂层获取充值密码，登录并进入"会员中心"—"在线充值"—"充值卡充值"，充值成功后即可购买和查看数据库内容。

数据库服务热线：400-008-6695
数据库服务QQ：2475522410
数据库服务邮箱：database@ssap.cn
图书销售热线：010-59367070/7028
图书服务QQ：1265056568
图书服务邮箱：duzhe@ssap.cn

社会科学文献出版社 皮书系列
SOCIAL SCIENCES ACADEMIC PRESS (CHINA)
卡号：181678852873
密码：

S子库介绍
ub-Database Introduction

中国经济发展数据库

涵盖宏观经济、农业经济、工业经济、产业经济、财政金融、交通旅游、商业贸易、劳动经济、企业经济、房地产经济、城市经济、区域经济等领域，为用户实时了解经济运行态势、把握经济发展规律、洞察经济形势、做出经济决策提供参考和依据。

中国社会发展数据库

全面整合国内外有关中国社会发展的统计数据、深度分析报告、专家解读和热点资讯构建而成的专业学术数据库。涉及宗教、社会、人口、政治、外交、法律、文化、教育、体育、文学艺术、医药卫生、资源环境等多个领域。

中国行业发展数据库

以中国国民经济行业分类为依据，跟踪分析国民经济各行业市场运行状况和政策导向，提供行业发展最前沿的资讯，为用户投资、从业及各种经济决策提供理论基础和实践指导。内容涵盖农业，能源与矿产业，交通运输业，制造业，金融业，房地产业，租赁和商务服务业，科学研究，环境和公共设施管理，居民服务业，教育，卫生和社会保障，文化、体育和娱乐业等100余个行业。

中国区域发展数据库

对特定区域内的经济、社会、文化、法治、资源环境等领域的现状与发展情况进行分析和预测。涵盖中部、西部、东北、西北等地区，长三角、珠三角、黄三角、京津冀、环渤海、合肥经济圈、长株潭城市群、关中—天水经济区、海峡经济区等区域经济体和城市圈，北京、上海、浙江、河南、陕西等34个省份及中国台湾地区。

中国文化传媒数据库

包括文化事业、文化产业、宗教、群众文化、图书馆事业、博物馆事业、档案事业、语言文字、文学、历史地理、新闻传播、广播电视、出版事业、艺术、电影、娱乐等多个子库。

世界经济与国际关系数据库

以皮书系列中涉及世界经济与国际关系的研究成果为基础，全面整合国内外有关世界经济与国际关系的统计数据、深度分析报告、专家解读和热点资讯构建而成的专业学术数据库。包括世界经济、国际政治、世界文化与科技、全球性问题、国际组织与国际法、区域研究等多个子库。

法 律 声 明